Marcus Frederico Donnici Sion

Comentários sobre o Código Brasileiro de Justiça Desportiva

com enfoque no futebol

Explicações sobre Infrações
Explicações sobre Medidas Processuais Desportivas
Legislações Complementares

MAUAD

Clube dos 13
União dos Grandes Clubes Brasileiros

Capa e Projeto Gráfico
Cesar Oliveira
cesar52@superig.com.br

Participação Especial
Mario Henrique G. Bittencourt
(OAR-RJ 110.415)
mario@donnicision.com

Preparação de Originais
Roberto Porto
portoroberto@uol.com.br

Revisão Jurídica
Donnici Sion Advogados
www.donnicision.com

Produção
Mauad Editora
Av. Treze de Maio, 13
Grupos 507 a 509 – Centro
20031-000 – Rio de Janeiro – RJ
Tel.: (21)2533-7422
Fax: (21)2220-4451
www.mauad.com.br
mauad@mauad.com.br

Apoio Cultural
Clube dos 13
Rua Florêncio Ygartua, 270
Conjunto 601 – Moinhos de Vento
90430-010 – Porto Alegre – RS
Tel.: (51)3333-9078 e 3333-9095
Sede Comercial:
Rua Iguatemi, 192 – Conjunto 191 – Itaim Bibi
01451-010 – São Paulo – SP
Tel.: (11)3168-4019
http://clubedostreze.globo.com/index.asp
clube13@terra.com.br

CIP-Brasil. Catalogação-na-Fonte
Sindicato Nacional dos Editores de Livros, RJ

S625c

Sion, Marcus Frederico Donnici
Comentários sobre o código brasileiro de justiça desportiva : com enfoque no futebol / Marcus Donnici. – Rio de Janeiro : Mauad, 2004.

Inclui bibliografia
ISBN 85-7478-138-X

1. Esportes - Legislação. 2. Brasil. (Lei nº 9.615, de 24 de março de 1988). 3. Futebol - Legislação.
I. Título.

CDU 34:796.071(81) (094)

AGRADECIMENTOS

"Foi-me bom ter eu passado
pela aflição para que aprendesse...."
Salmo 119, verso 71

Inicialmente, Graças dou ao Senhor Jesus pela minha vida e de minha família e de sua Infinita Misericórdia.

Agradeço, profissionalmente, ao Dr. Virgílio Luiz Donnici, meu avô, homem íntegro de caráter e reputação ilibada, que me iniciou na carreira do Direito.

Agradeço, desportiva e pessoalmente, ao Dr. David Fischel, Presidente do Fluminense Football Club, homem de caráter irretocável que me convidou, em 1998 a ocupar o cargo de advogado do Fluminense Football Club até hoje, onde iniciei minha jornada e aprendizado desportivo.

Agradeço ao Dr. Peter Eduardo Siemsen, Vice-Presidente de Interesses Legais do Fluminense Football Club, homem de personalidade marcante e grande amigo, que me convenceu a assumir o cargo de advogado do Fluminense Football Club, ensinando-me a honrar o manto tricolor.

Agradeço ao Dr. Mario Henrique Guimarães Bittencourt que me ajudou, em muito, na elaboração do presente livro e no conhecimento do Direito Desportivo.

Faço agradecimentos especiais ao Srs. Gilberto Bueno, Superintendente de Futebol do Fluminense F. C., que me ensinou o traquejo da legislação que envolve o Futebol; ao Dr. Herman Seixal Borges, Procurador do Superior Tribunal de Justiça Desportiva, pelo carinho e seus ensinamentos; e ao Sr. Fernando Barreto Filho, Secretário responsável pelo Tribunal de Justiça Desportiva do Rio de Janeiro, pelos seus esclarecimentos de homem que conhece Direito Desportivo e suas maravilhosas histórias.

Finalizando, agradeço a boa vontade e amizade do Jornalista Roberto Porto e do Dr. Celso S. Rodriguez, Diretor Jurídico do Clube dos Treze, um grande amigo, em engendrar seus vastos conhecimentos para revisar e me aconselhar profissionalmente, me concedendo a honra, ainda, de apresentar o meu livro.

Não posso esquecer os representantes jurídicos de cada agremiação associada ao *Clube dos 13*, que receberam antecipadamente este trabalho, de quem recebi várias sugestões que foram acrescidas ao livro. A eles, meu agradecimento pelo gesto de união.

Por fim, não posso me esquecer de minha esposa Paola, mulher nas horas agradáveis e também nas horas de tormenta, mulher temente a Deus e excelente mãe, minha incentivadora pessoal.

Marcus Donnici

O novo Código Brasileiro de Justiça Desportiva introduziu mudanças que estabelecem um maior rigor nas penalidades impostas a aqueles que militam o esporte, principalmente no futebol.

Assim, o trabalho desenvolvido pelo Donnici reveste-se de grande importância ao explicar, de forma didática, com exemplos e comentários, o Novo Código, alertando quanto ao risco das infrações e às punições conseqüentes.

Trata-se de uma leitura recomendável a atletas, treinadores, dirigentes e advogados pela importância que o assunto representa e os prejuízos que o seu desconhecimento pode afetar os clubes, tanto no aspecto técnico quanto financeiro.

O Autor conseguiu reunir, em um só volume, os principais tópicos que regulamentam a Nova Legislação Desportiva e, também o Estatuto do Torcedor, que criou uma série de obrigações e responsabilidades para as instituições desportivas e seus dirigentes.

Donnici, embora especializado em Direito Trabalhista, é um entusiasta e estudioso da Justiça Desportiva, tendo participado com brilhantismo de várias comissões de assuntos jurídicos no *Clube dos 13*, que reúne os principais clubes de futebol do Brasil.

É, portanto, merecedor de sinceros cumprimentos e agradecimentos pela valiosa contribuição que, com este livro, vem trazer para o melhor conhecimento da Cultura Juridico-Desportiva Nacional.

David Fischel
Fluminense Football Club
Presidente

Marcus Donnici não é apenas um advogado transitando, eventualmente, pelo território esportivo. Alicerçado na sua invulgar capacidade intelectual e tão excepcional quanto reconhecida contração ao trabalho, Donnici elevou-se à condição de referência nacional e fonte de consultas quando o tema envolve questões jurídico-desportivas. Integrando o *Grupo de Advogados do Clube dos 13*, firmou-se como liderança natural entre os seus pares. Na condição de advogado do Fluminense, uma das mais tradicionais instituições do futebol brasileiro, ou representando outros clubes e jogadores no STJD e nos tribunais esportivos de vários Estados, acumulou invejável carga de experiências que o tornaram verdadeiro especialista em Justiça Desportiva.

O advento do novo Código Brasileiro de Justiça Desportiva, elaborado em Dezembro de 2003 para substituir o Código Brasileiro Disciplinar de Futebol, outorgado em plena ditadura militar, exerceu sobre o autor o fascínio que as novidades sempre exercem sobre todos nós. Motivado pela intenção exclusiva de colaborar com os Operadores do Direito Desportivo, Donnici percorreu os caminhos visíveis da nova carta disciplinar, mergulhou na obscuridade infiel que se oculta sob as bordas da subjetividade e emergiu com a compreensão absoluta e definitiva das novas regras. Neste livro, ele oferece suas inestimáveis reflexões sobre o tema, especialmente voltadas para o futebol, acrescidas de didáticas explicações sobre infrações disciplinares e modos de procedimentos junto aos Tribunais.

O novo CBJD nasceu da obrigatoriedade expressa pelo Estatuto de Defesa do Torcedor. Embora fosse consensual a necessidade de que se atualizassem as normas disciplinares desportivas, Marcus Donnici identificou em vários pontos do novo Código uma rançosa gana punitiva, assim como incompatibilidades com a realidade que produzem deformação do objetivo prioritário e essencial de promover a justiça. Sóbrio na argumentação, mas sem abdicar da sua paixão pela matéria, que domina com rara maestria, o autor expõe com clareza, simplicidade e objetividade o resultado das suas avaliações, permitindo entendimento e boa utilização do seu trabalho, não só pelos profissionais do Direito como, também, por acadêmicos e até leigos interessados pelo assunto. Com linguagem crítica, espontânea e inequívoca, Donnici faz desta obra uma contribuição que, queira Deus, seja apreciada e considerada, principalmente, por aqueles que detêm poder para que sejam promovidas as indispensáveis correções que se impõem ao CBJD.

Registre-se que Marcus Donnici foi redator das alterações sugeridas pelo Clube dos 13 e na companhia do presidente dessa entidade, Fábio André Koff, e deste Assessor Jurídico, levadas ao Ministro do Esporte, Agnelo Queiroz, no dia 13 de março de 2004.

Dr. Celso S. Rodriguez
Diretor Jurídico do Clube do 13

CÓDIGO BRASILEIRO DE JUSTIÇA DESPORTIVA

MINISTÉRIO DO ESPORTE
Gabinete do Ministro

CONSELHO NACIONAL DE ESPORTE

Resolução CNE Nº 01, de 23 de Dezembro de 2003

Aprova o Código Brasileiro de Justiça Desportiva

O Presidente do Conselho Nacional do Esporte, no uso de suas atribuições regulamentares e,

CONSIDERANDO o que dispõem o inciso VI do Art. 11 da Lei nº 9.615, de 24 de março de 1998, e o Art. 42 da Lei nº 10.671, de 15 de maio de 2003;

CONSIDERANDO a deliberação unânime do Conselho Nacional do Esporte, em sessão do dia 22 de dezembro de 2003, RESOLVE:

Art. 1º – Fica aprovado o Código Brasileiro de Justiça Desportiva, nos termos do anexo desta Resolução, a que se submetem todas as competições desportivas que se iniciarem após sua vigência.

Art. 2º – Esta Resolução entra em vigor na data de sua publicação, revogadas as disposições em contrário.

AGNELO QUEIROZ
Ministro de Estado do Esporte
Presidente do Conselho Nacional do Esporte

Publicada no D. O. U. – Seção I, de 24 de dezembro de 2003; Republicada, em parte, no D. O. U. – Seção I, de 29 de dezembro de 2003

LIVRO I
DA JUSTIÇA DESPORTIVA

Título I – Da Organização da Justiça e do Processo Desportivo
Capítulo I – Da Organização da Justiça (arts. 1° a 8°).
Capítulo II – Do Presidente e do Vice-presidente do STJD, dos Tribunais e das Comissões Disciplinares (arts 9° e 10°)
Capítulo III – Dos Auditores (arts. 11° a 20°)
Capítulo IV – Da Procuradoria de Justiça Desportiva (arts 21 e 22)
Capítulo V – Da Secretaria (Art. 23°)

Título II – Da Jurisdição e da Competência
Capítulo I – Disposições Gerais (Art. 24°)
Capítulo II – Do Superior Tribunal de Justiça Desportiva (Art. 25°)
Capítulo III – Da Comissão Disciplinar junto ao STJD (Art. 26°)
Capítulo IV – Dos Tribunais de Justiça Desportiva (Art. 27)
Capítulo V – Da Comissão Disciplinar junto ao TJD (Art. 28)
Capítulo VI – Dos Defensores (arts. 29 a 32)

Título III – Do Processo Desportivo
Capítulo I – Das Disposições Gerais (arts. 33 e 34)
Capítulo II – Da Suspensão Preventiva (Art. 35)
Capítulo III – Dos Atos Processuais (arts. 36 a 41)
Capítulo IV – Dos Prazos (arts. 42 a 44)
Capítulo V – Das Comunicações dos Atos (arts. 45 a 51)
Capítulo VI – Das Nulidades (arts 52 a 54)
Capítulo VII – Da Intervenção de Terceiro (Art. 55)
Capítulo VIII – Das Provas
Seção I – Das Disposições Gerais (arts.56 a 59)
Seção II – Do Depoimento Pessoal (Art. 60)
Seção III – Da Prova Documental (Art. 61)
Seção IV – Da Exibição de Documento ou Coisa (Art. 62)
Seção V – Da Prova Testemunhal (arts. 63 e 64)
Seção VI – Dos Meios Audiovisuais (arts. 65 a 67)
Seção VII – Da Prova Pericial (arts. 68 e 69)
Seção VIII – Da Inspeção (arts. 70 e 71)
Capítulo IX – Do Registro e da Distribuição (Art. 72)

Título IV – Do Processo Disciplinar
Capítulo I – Do Procedimento Sumário (arts. 73 a 79)
Capítulo II – Do Procedimento Especial
Seção I – Das Disposições Gerais (Art. 80)
Seção II – Do Inquérito (arts. 81 a 83)
Seção III – Da Impugnação de Partida, Prova ou Equivalente em Cada Modalidade ou de seu Resultado (arts. 84 a 87)
Seção IV – Do Mandado de Garantia (arts. 88 a 98)

LIVRO I
DA JUSTIÇA DESPORTIVA

TÍTULO I
DA ORGANIZAÇÃO DA JUSTIÇA E DO PROCESSO DESPORTIVO

CAPÍTULO I
DA ORGANIZAÇÃO DA JUSTIÇA

Art. 1 – A organização da Justiça Desportiva e o Processo Disciplinar, no que se referem ao desporto de prática formal, regulam-se por este Código, a que ficam submetidas, em todo o território nacional, as entidades compreendidas pelo Sistema Nacional do Desporto e todas as pessoas físicas e jurídicas que lhes forem direta ou indiretamente filiadas ou vinculadas.

Parágrafo único – Na aplicação do presente Código, será considerado o tratamento diferenciado ao desporto de prática profissional e ao de prática não profissional, previsto no inciso III do Art. 217 da Constituição Federal.

Art. 2 – O presente Código observará os seguintes princípios:

I – ampla defesa;
II – celeridade;
III – contraditório;
IV – economia processual;
V – impessoalidade;
VI – independência;
VII – legalidade;
VIII – moralidade;
IX – motivação;
X – oficialidade;
XI – oralidade;
XII – proporcionalidade;
XIII – publicidade;
XIV – razoabilidade.

Art. 3 – São órgãos da Justiça Desportiva, autônomos e independentes das entidades de administração do desporto, com o custeio de seu funcionamento promovido na forma da Lei:

I – o Superior Tribunal de Justiça Desportiva (STJD), com a mesma jurisdição da correspondente entidade nacional de administração do desporto;

II – os Tribunais de Justiça Desportiva (TJD), com a mesma jurisdição da correspondente entidade regional de administração do desporto;

III – as Comissões Disciplinares (CD), colegiado de primeira instância dos órgãos judicantes mencionados nos incisos I e II dispensável deste artigo.

Art. 4 – O Superior Tribunal de Justiça Desportiva (STJD) compõe-se de 9 (nove) membros, denominados auditores, sendo:

I – 2 (dois) indicados pela entidade nacional de administração do desporto;

II – 2 (dois) indicados pelas entidades de prática desportiva que participem da principal competição da entidade Nacional de administração do Desporto;

III – 2 (dois) advogados indicados pelo Conselho Federal da Ordem dos Advogados do Brasil.

IV – 1 (um) representante dos árbitros, indicado pelo seu órgão de classe; e

V – 2 (dois) representantes dos atletas, indicados pelo seu órgão de classe.

Art. 5 – Os Tribunais de Justiça Desportiva (TJD) compõem-se de 9 (nove) membros, denominados Auditores, sendo:

I – 2 (dois) indicados pela entidade regional de administração de desporto;

II – 2 (dois) indicados pelas entidades de prática desportiva que participem da principal competição da entidade regional de administração do desporto;

III – 2 (dois) advogados indicados pela Ordem dos Advogados do Brasil, por intermédio da seção correspondente à territorialidade;

IV – 1 (um) representante dos árbitros, indicados pelo seu órgão regional de classe; e

V – 2 (dois) representantes dos atletas, indicados pelo seu órgão regional de classe.

Art. 6 – Junto ao Superior Tribunal de Justiça Desportiva, para apreciação de questões envolvendo competições interestaduais ou nacionais, e junto aos Tribunais de Justiça Desportiva, funcionarão tantas Comissões Disciplinares quantas se fizerem necessárias, compostas, cada uma, de cinco auditores que não pertençam aos referidos órgãos judicantes e que por estes sejam indicados.

Art. 7 – Os órgãos judicantes só poderão deliberar e julgar com a maioria dos auditores.

Art. 8 – Os órgãos enumerados no Art. 3 serão dirigidos por um Presidente e um Vice-presidente, eleitos na forma da Lei e do regimento interno.

CAPÍTULO II

DO PRESIDENTE E DO VICE-PRESIDENTE DO SUPERIOR TRIBUNAL DE JUSTIÇA DESPORTIVA, DOS TRIBUNAIS E DAS COMISSÕES DISCIPLINARES

Art. 9 – São atribuições do Presidente do STJD ou do TJD, além das que lhes forem conferidas por Lei ou Regimento Interno:

I – zelar pelo perfeito funcionamento da Justiça Desportiva e fazer cumprir suas decisões;

II – ordenar a restauração de autos;

III – dar imediata ciência, por escrito, das vagas verificadas no Tribunal ao presidente da entidade indicante;

IV – determinar sindicâncias e aplicar pena de advertência e suspensão aos seus funcionários;

V – sortear ou designar os relatores dos processos;

VI – dar publicidade às decisões prolatadas;

VII – representar o respectivo Órgão Judicante nas solenidades e atos oficiais, podendo delegar essa função a qualquer dos auditores;

VIII – designar dia e hora para as sessões ordinárias e extraordinárias e dirigir os trabalhos;

IX – dar posse aos auditores do respectivo Órgão Judicante e de suas Comissões Disciplinares, aos Procuradores e aos Secretários;

X – exigir da entidade de administração o ressarcimento das despesas correntes e dos custos de funcionamento do Tribunal e prestar-lhe contas;

XI – acolher e processar os recursos voluntários e os necessários;

XII – conceder efeito suspensivo a qualquer recurso, em decisão fundamentada, quando a simples devolução da matéria possa causar prejuízo irreparável ao recorrente;

XIII – conceder licença do exercício de suas funções aos auditores, inclusive aos das Comissões Disciplinares, procuradores, secretários e demais auxiliares.

§1° – Nas licenças dos auditores os órgãos que representam deverão indicar auditor substituto para a composição do colegiado durante o período do afastamento.

§2° – Compete ao Presidente da Comissão Disciplinar, além das atribuições que forem definidas pelo regimento interno do Órgão Judicante (STJD e TJD), examinar os requisitos de admissibilidade do recurso, encaminhando-o à instância superior.

§3° – O presidente do STJD ou do TJD, perante seus órgãos judicantes e dentro da respectiva competência, em casos excepcionais e no interesse do desporto, em ato fundamentado, poderá permitir o ajuizamento de qualquer medida não prevista neste Código, desde que requerida no prazo de 5 (cinco) dias contados da decisão, do ato, do despacho ou da inequívoca ciência do fato, podendo conceder efeito suspensivo ou liminar quando houver fundado receio de dano irreparável.

Art. 10 – Compete ao Vice-presidentes:

I – substituir o Presidente nos impedimentos eventuais e definitivamente quando da vacância;

II – representar o Órgão Judicante a que pertença nas solenidades e atos oficiais, quando delegada essa função;

III – exercer as funções de Corregedor, na forma que dispuser o regimento interno.

CAPÍTULO III

DOS AUDITORES

Art. 11 – Os auditores dos órgãos judicantes serão empossados na conformidade do que dispuser o respectivo regimento interno de cada órgão.

Art. 12 – O mandato dos auditores da Justiça Desportiva terá duração prevista em Lei.

Art. 13 – A antigüidade dos auditores conta-se da data da posse; quando a posse houver ocorrido na mesma data, considera-se mais antigo o auditor que tiver maior número de mandatos; se persistir o empate, considera-se mais antigo o auditor mais idoso.

Art. 14 – Ocorre vacância do cargo de auditor:

I – pela morte ou renúncia;

II – pela condenação passada em julgado, na Justiça Desportiva, ou na Justiça Comum, quando importar incapacidade moral do agente;

III – pelo não comparecimento a 3 (três) sessões consecutivas ou 5 (cinco) intercaladas, salvo justo motivo, assim considerado pelo Tribunal;

IV – por declaração de incompatibilidade, decidida por 2/3 (dois terços) dos auditores.

Art. 15 – Ocorrendo a vacância do cargo de auditor, o Presidente do Órgão Judicante (STJD ou TJD) fará imediata comunicação da ocorrência ao órgão indicante competente para preenchê-la.

Parágrafo único – Se, decorridos 30 (trinta) dias do recebimento da comunicação, o órgão indicante competente não houver preenchido a vaga, o respectivo Órgão Judicante (STJD ou TJD) designará substituto para ocupar, interinamente, o cargo até a efetiva indicação.

Art. 16 – Respeitadas as exceções da Lei, é vedado o exercício de função na Justiça Desportiva:

a) aos membros do Conselho Nacional do Esporte;

b) aos dirigentes das entidades de administração do desporto;

c) aos dirigentes das entidades de prática do desporto.

Art. 17 – Não podem integrar o mesmo Órgão Judicante auditores que tenham parentesco na linha ascendente ou descendente, nem auditor que seja cônjuge, irmão, cunhado durante o cunhado, tio, sobrinho, sogro, padrasto ou enteado de outro auditor.

Art. 18 – O auditor fica impedido de intervir no processo:

I – quando for credor, devedor, avalista, fiador, sócio, patrão ou empregado, direta ou indiretamente, de qualquer das partes;

II – quando se houver manifestado, previamente, sobre fato concreto do objeto da causa em julgamento.

§1° – Os impedimentos a que se refere este artigo devem ser declarados pelo próprio auditor tão logo tome conhecimento do processo; se não o fizer, podem as partes ou a Procuradoria argüi-los na primeira oportunidade em que se manifestarem no processo.

§2° – Argüido o impedimento, decidirá o respectivo Órgão Judicante (STJD, TJD ou a CD) em caráter irrecorrível.

Art. 19 – Compete ao auditor, além das atribuições conferidas por este Código e pelo respectivo regimento interno:

I – comparecer, obrigatoriamente, às sessões e audiências com a antecedência mínima de 20 (vinte) minutos, quando regularmente convocado;

II – empenhar-se no sentido da estrita observância das leis, do contido neste Código e zelar pelo prestígio das instituições desportivas;

III – manifestar-se rigorosamente dentro dos prazos processuais;

IV – representar contra qualquer irregularidade, infração disciplinar ou sobre fatos ocorridos nas competições dos quais tenha tido conhecimento;

V – apreciar, livremente, a prova dos autos, tendo em vista, sobretudo, o interesse do desporto, fundamentando, obrigatoriamente, a sua decisão;

VI – devolver à Secretaria, em até 48 (quarenta e oito) horas antes da sessão de julgamento, qualquer processo que tenha em seu poder e que esteja incluído em pauta.

Art. 20 – O auditor tem livre acesso a todas as dependências do local, seja público ou particular, onde esteja sendo realizada qualquer competição da modalidade do Órgão Judicante a que pertença, devendo ser-lhe reservado assento em setor designado para as autoridades desportivas ou não.

Parágrafo único – O descumprimento do previsto no *caput* deste artigo deverá ser imediatamente comunicado ao Presidente do STJD, que poderá interditar, liminarmente, o local para a prática de qualquer atividade relativa à respectiva modalidade, intimando a entidade nacional de administração do Desporto para que, incontinente, tome as medidas necessárias ao cumprimento da decisão, sob pena de suspensão até que o faça.

CAPÍTULO IV
DA PROCURADORIA DA JUSTIÇA DESPORTIVA

Art. 21 – A Procuradoria da Justiça Desportiva é exercida, no mínimo, por dois procuradores, nomeados pelo respectivo Órgão Judicante (STJD ou TJD), com mandato idêntico ao estabelecido para os auditores, aos quais compete:

I – oferecer denúncia, nos casos previstos em Lei;

II – dar parecer nos processos de competência do Órgão Judicante ao qual esteja vinculado;

III – exercer as atribuições que lhes forem conferidas pela legislação desportiva;

IV – interpor os recursos previstos em Lei.

Art. 22 – Aplicam-se aos procuradores o disposto no artigo 20, e no que couber, as incompatibilidades e impedimentos impostos aos auditores, assim declarados pelo respectivo Órgão Judicante, na forma do inciso IV do artigo 14.

CAPÍTULO V
DA SECRETARIA

Art. 23 – As atribuições da Secretaria, além das estabelecidas neste Código, serão previstas no Regimento Interno do respectivo Órgão Judicante.

TÍTULO II
DA JURISDIÇÃO E DA COMPETÊNCIA

CAPÍTULO I
DISPOSIÇÕES GERAIS

Art. 24 – Os órgãos da Justiça Desportiva, nos limites da jurisdição territorial de cada entidade de administração do desporto e da respectiva modalidade, têm competência para processar e julgar matérias referentes às infrações disciplinares e competições desportivas, praticadas por pessoas físicas ou jurídicas mencionadas no artigo 1°.

CAPÍTULO II
DO SUPERIOR TRIBUNAL DE JUSTIÇA DESPORTIVA

Art. 25 – Compete ao Superior Tribunal de Justiça Desportiva (STJD):

I – Processar e julgar, originariamente:

a) seus auditores, os de suas Comissões Disciplinares e os procuradores;

b) os litígios entre entidades regionais de administração do desporto;

c) os membros de poderes e órgãos da entidade nacional de administração do desporto;

d) os mandados de garantia contra atos dos poderes das entidades nacionais de administração do desporto e outras autoridades desportivas;

e) a revisão de suas próprias decisões e as de suas Comissões Disciplinares;

f) os pedidos de reabilitação;

g) os conflitos de competência entre Tribunais de Justiça Desportiva;

II – Julgar, em grau de recurso:

a) as decisões de suas Comissões Disciplinares (CD) e dos Tribunais de Justiça Desportiva (TJD);

b) os atos e despachos do Presidente do Tribunal;

c) as penalidades aplicadas pelas entidades nacionais de administração do desporto e de prática desportiva, que lhe sejam filiadas, que imponham sanção administrativa de suspensão, desfiliação ou desvinculação.

III – declarar os impedimentos e incompatibilidades de seus auditores e procuradores;

IV – criar Comissões Disciplinares, indicar seus auditores, destituí-los e declarar a incompatibilidade;

V – instaurar inquéritos;

VI – estabelecer súmulas de sua jurisprudência predominante;

VII – requisitar ou solicitar informações para esclarecimento de matéria submetida a sua apreciação;

VIII – expedir instruções aos Tribunais de Justiça Desportiva e às Comissões Disciplinares;

IX – elaborar e aprovar o seu regimento interno;

X – declarar a vacância do cargo de seus auditores e procuradores;

XI – deliberar sobre casos omissos.

Parágrafo único – A súmula dos julgados será estabelecida por 2/3 (dois terços) dos auditores do Superior Tribunal de Justiça Desportiva.

CAPÍTULO III
DA COMISSÃO DISCIPLINAR JUNTO AO STJD

Art. 26 – Compete às Comissões Disciplinares junto ao STJD:

I – Processar e julgar as ocorrências em competições interestaduais promovidas, organizadas ou autorizadas por entidade nacional de administração do desporto e em competições internacionais amistosas;

II – declarar os impedimentos de seus auditores.

CAPÍTULO IV
DOS TRIBUNAIS DE JUSTIÇA DESPORTIVA

Art. 27 – Compete aos Tribunais de Justiça Desportiva – TJD:

I – processar e julgar, originariamente:

a) os seus auditores, os de suas Comissões Disciplinares e procuradores;

b) os mandados de garantia contra atos dos poderes das entidades regionais de administração do desporto;

c) os dirigentes da entidade regional de administração do desporto e das entidades de prática desportiva;

d) a revisão de suas próprias decisões e as de suas Comissões Disciplinares;

e) os pedidos de reabilitação.

II – julgar em grau de recurso:

a) as decisões de suas Comissões Disciplinares (CD);

b) os atos e despachos do presidente do Tribunal;

c) as penalidades aplicadas pela entidade regional de administração do desporto e de prática desportiva que imponham sanção administrativa de suspensão, desfiliação ou desvinculação.

III – Declarar os impedimentos e incompatibilidades de seus auditores e procuradores;

IV – Criar Comissões Disciplinares e indicar-lhes os auditores, podendo instituí-las

para que funcionem junto às ligas constituídas na forma da legislação anterior;

V – Declarar a incompatibilidade dos auditores das Comissões Disciplinares;

VI – Instaurar inquéritos;

VII – Requisitar ou solicitar informações para esclarecimento de matéria submetida a sua apreciação;

VIII –Elaborar e aprovar o seu Regimento Interno;

IX – Deliberar sobre casos omissos.

CAPÍTULO V
DA COMISSÃO DISCIPLINAR JUNTO AO TJD

Art. 28 – Compete às Comissões Disciplinares (CD) junto ao TJD, processar e julgar as infrações disciplinares praticadas em competições por pessoas físicas ou jurídicas, direta ou indiretamente subordinadas às entidades regionais de administração do desporto e de prática desportiva, e declarar os impedimentos de seus auditores.

CAPÍTULO VI
DOS DEFENSORES

Art. 29 – Qualquer pessoa maior e capaz poderá funcionar como defensor, observados os impedimentos legais.

Art. 30 – A declaração formalizada pela parte habilita o defensor a intervir no processo, até o final e em qualquer grau de jurisdição, podendo as entidades de administração do desporto e de prática desportiva credenciar defensores para atuar em seu favor, de seus dirigentes, atletas e outras pessoas que lhes forem subordinadas, salvo quando colidentes os interesses.

Parágrafo único – Ainda que não colidentes os interesses, é lícita a qualquer das pessoas mencionadas neste artigo a nomeação de outro defensor.

Art. 31 – O menor de 18 (dezoito) anos que não tiver defensor será defendido por pessoa designada pelo Presidente do Órgão Judicante.

Art. 32 – Os presidentes do STJD e do TJD poderão nomear pessoas maiores e capazes para o exercício da função de defensor dativo.

TÍTULO III
DO PROCESSO DESPORTIVO

CAPÍTULO I
DAS DISPOSIÇÕES GERAIS

Art. 33 – O processo desportivo, instrumento pelo qual os órgãos judicantes aplicam o Direito Desportivo aos casos concretos, será iniciado na forma prevista neste Código e será desenvolvido por impulso oficial.

Art. 34 – O processo desportivo observará os procedimentos sumário ou especial, regendo-se ambos pelas disposições que lhes são próprias e aplicando-se-lhes, obrigatoriamente, os princípios gerais de direito.

§1º – O procedimento sumário aplica-se aos processos disciplinares.

§2º – O procedimento especial aplica-se aos processos de:

I – inquérito;
II – impugnação;
III – mandado de garantia;
IIV – reabilitação;
V – dopagem;
VI – infrações punidas com eliminação;
VII – suspensão, desfiliação ou desvinculação imposta pelas entidades de administração ou de prática desportiva;
VIII – revisão;
IX – demais medidas admitidas no §3º do artigo 9º.

CAPÍTULO II
DA SUSPENSÃO PREVENTIVA

Art. 35 – Cabe suspensão preventiva quando a gravidade do ato ou fato infracional a justifique e desde que requerido pela Procuradoria.

Parágrafo único – O prazo da suspensão preventiva deverá ser compensado no caso de punição.

CAPÍTULO III

DOS ATOS PROCESSUAIS

Art. 36 – Os atos do processo desportivo não dependem de forma determinada senão quando este Código expressamente o exigir, reputando-se válidos os que, realizados de outro modo, lhe preencham a finalidade essencial.

Art. 37 – Não correm em segredo os processos em curso perante a Justiça Desportiva, salvo as exceções previstas em Lei.

Art. 38 – Todas as decisões deverão ser fundamentadas, mesmo que sucintamente.

Art. 39 – O acórdão só será redigido quando requerido pela parte e deverá conter, resumidamente, relatório, fundamentação, parte dispositiva e, quando houver, a divergência.

Parágrafo único – Os órgãos judicantes poderão utilizar meios eletrônicos e procedimentos de tecnologia e informação para dar cumprimento ao princípio da celeridade.

Art. 40 – As decisões proferidas pelos órgãos da Justiça Desportiva devem ser publicadas na forma da Lei, podendo, em face do princípio da celeridade, ser feita via edital ou Internet.

Art. 41 – A secretaria numerará e rubricará todas as folhas dos autos, e fará constar, em notas datadas e rubricadas, os termos de juntada, vista, conclusão e outros.

CAPÍTULO IV

DOS PRAZOS

Art. 42 – Os atos relacionados ao processo desportivo serão realizados nos prazos previstos por este Código.

§1º – Quando houver omissão, o presidente do Órgão Judicante fixará o prazo, tendo em conta a complexidade da causa e do ato a ser praticado, que não poderá exceder a 3 (três) dias.

§2º – Não havendo preceito normativo nem fixação de prazo pelo presidente do Órgão Judicante, será de 3 (três) dias o prazo para a prática de ato processual a cargo da parte.

Art. 43 – Os prazos correrão da intimação da parte ou de seu representante e serão contados excluindo-se o dia do começo e incluindo-se o dia do vencimento, salvo disposição em contrário.

§1º – Os prazos são contínuos, não se interrompendo ou suspendendo no sábado, domingo e feriado.

§2º – Considera-se prorrogado o prazo até o primeiro dia útil se o início ou vencimento cair em sábado, domingo, feriado ou em dia em que não houver expediente normal na sede do Órgão Judicante.

Art. 44 – Decorrido o prazo, extingue-se para a parte, independentemente de declaração, o direito de praticar o ato.

CAPÍTULO V
DA COMUNICAÇÃO DOS ATOS

Art. 45 – Citação é o ato processual pelo qual a pessoa física ou jurídica é convocada para, perante os órgãos judicantes desportivos, comparecer e defender-se das acusações que lhe são imputadas.

Art. 46 – Intimação é o ato processual pelo qual se dá ciência à pessoa física ou jurídica dos atos e termos do processo, para que faça ou deixe de fazer alguma coisa.

Art. 47 – A citação ou intimação far-se-á por edital e, alternativamente, por telegrama, *fac-símile* ou ofício, dirigido à entidade à qual o destinatário estiver vinculado.

Parágrafo único – Desde que possível a comprovação de entrega, poderão ser utilizados outros meios eletrônicos, para efeito do previsto no *caput*.

Art. 48 – O instrumento de citação indicará o nome do citando, a entidade a que estiver vinculado, dia, hora e local de comparecimento e finalidade de sua convocação.

Art. 49 – O instrumento de intimação indicará o nome do intimando, a entidade a que estiver vinculado, prazo para realização do ato e finalidade de sua intimação.

Art. 50 – Feita a citação, por qualquer das formas estabelecidas, o processo terá seguimento em todos os seus termos, independentemente do comparecimento do citado.

Parágrafo único – O comparecimento da parte supre a falta ou a irregularidade da citação. Se a parte, ao comparecer, alegar que o faz para argüi-las e a argüição for acolhida, considerar-se-á feita a citação na data do comparecimento, adiando-se o julgamento para a sessão subseqüente.

Art. 51 – O intimado que deixar de cumprir a ordem expedida pelo Órgão Judicante fica sujeito às cominações previstas por este Código.

CAPÍTULO VI
DAS NULIDADES

Art. 52 – Quando a norma prescrever determinada forma, sem cominação de nulidade, o Órgão Judicante considerará válido o ato se, realizado de outro modo, lhe alcançar a finalidade.

Art. 53 – A nulidade dos atos deve ser alegada na primeira oportunidade em que couber à parte manifestar-se nos autos e só será declarada se ficar comprovada a inobservância ou violação dos princípios que orientam o processo desportivo.

Parágrafo único – O Órgão Judicante, ao declarar a nulidade, definirá os atos atingidos, ordenando as providências necessárias, a fim de que sejam repetidos ou retificados.

Art. 54 – A nulidade não será declarada:

I – quando se tratar de mera inobservância de formalidade não essencial;

II – quando o processo, no mérito, puder ser resolvido a favor da parte a quem a declaração de nulidade aproveitaria;

III – em favor de quem lhe houver dado causa.

CAPÍTULO VII
DA INTERVENÇÃO DE TERCEIRO

Art. 55 – A intervenção de terceiro será admitida, em qualquer grau de jurisdição, apenas quando houver legítimo interesse, devendo o pedido ser acompanhado da prova de legitimidade e desde que requerido até a véspera da sessão de julgamento.

Parágrafo único – Não se admitirá a intervenção de terceiro na condição de assistente da Procuradoria.

CAPÍTULO VIII
DAS PROVAS

SEÇÃO I
DAS DISPOSIÇÕES GERAIS

Art. 56 – Todos os meios legais, bem assim os moralmente legítimos, ainda que não especificados neste Código, são hábeis para provar a verdade dos fatos alegados no processo desportivo.

Art. 57 – A prova dos fatos alegados no processo desportivo caberá à parte que a requerer, arcando esta com os eventuais custos de sua produção.

Parágrafo único – Independem de prova os fatos:

I – notórios;

II – alegados por uma parte e confessados pela parte contrária;

III – que gozarem da presunção de veracidade.

Art. 58 – A súmula e o relatório dos árbitros, auxiliares e representantes da entidade ou aquele que lhes faça as vezes, gozarão da presunção relativa de veracidade.

§1º – A presunção de veracidade contida no *caput* deste artigo servirá de base para a formulação da denúncia pela procuradoria ou como meio de prova, não constituindo verdade absoluta.

§2º – Quando houver indício de infração praticada pelas pessoas referidas no *caput*, não se aplica o disposto neste artigo.

Art. 59 – A matéria de prova pertinente à dopagem será objeto de capítulo próprio.

SEÇÃO II
DO DEPOIMENTO PESSOAL

Art. 60 – O Presidente do Órgão Judicante pode, de ofício, ou a requerimento da procuradoria ou da parte interessada, determinar o comparecimento pessoal da parte a fim de ser interrogada sobre os fatos da causa.

§1° – O depoimento pessoal deve ser, preferencialmente, tomado no início da sessão de instrução e julgamento.

§2° – A parte será interrogada na forma determinada para inquirição de testemunhas.

SEÇÃO III
DA PROVA DOCUMENTAL

Art. 61 – Compete à parte interessada produzir a prova documental que entenda necessária.

SEÇÃO IV
DA EXIBIÇÃO DE DOCUMENTO OU COISA

Art. 62 – O Presidente do Órgão Judicante poderá ordenar, de ofício ou a requerimento motivado da parte, a exibição de documento ou coisa necessária à apuração dos fatos.

SEÇÃO V
DA PROVA TESTEMUNHAL

Art. 63 – Toda pessoa pode servir como testemunha, exceto o incapaz, o impedido ou o suspeito, assim definidos na Lei.

§1° – A testemunha assumirá o compromisso de bem servir ao desporto, de dizer a verdade sobre o que souber e lhe for perguntado, devendo qualificar-se e declarar se tem parentesco ou amizade com as partes.

§2° – Quando o interesse do desporto o exigir, o Órgão Judicante ouvirá testemunha incapaz, impedida ou suspeita, mas não lhe deferirá compromisso e dará ao seu depoimento o valor que possam merecer.

Art. 64 – Incumbe à parte, até o início da sessão de instrução e julgamento, apresentar suas testemunhas.

§1° – É permitido a cada parte apresentar, no máximo, 3 (três) testemunhas.

§2° – Nos processos com mais de 3 (três) interessados, o número de testemunhas não poderá exceder a nove 9 (nove).

§3º – As testemunhas deverão comparecer independentemente de intimação, salvo nos casos previstos nos procedimentos especiais.

§4º – É vedado à testemunha trazer o depoimento por escrito, ou fazer apreciações pessoais sobre os fatos testemunhados, salvo quando inseparáveis da respectiva narração.

§5º – Os auditores diretamente, a procuradoria e as partes por intermédio do presidente, poderão reinquirir as testemunhas.

§6º – O relator ouvirá as testemunhas separada e sucessivamente; primeiro, as da procuradoria e, em seguida, as das partes, providenciando para que uma não ouça os depoimentos das demais.

SEÇÃO VI

DOS MEIOS AUDIOVISUAIS

Art. 65 – As provas fotográficas, fonográficas, cinematográficas, de videoteipe e as imagens fixadas por qualquer meio ou processo eletrônico serão apreciadas com a devida cautela, cabendo à parte que as quiser produzir o pagamento das despesas com as providências que o Órgão Judicante determinar.

Art. 66 – As provas previstas no artigo anterior deverão ser requeridas pela parte até o dia anterior ao da sessão de instrução e julgamento, quando serão produzidas.

Art. 67 – As provas referidas no artigo 65, quando não houver motivo que justifique a sua conservação no processo, poderão ser restituídas, mediante requerimento da parte, depois de ouvida a Procuradoria, desde que devidamente certificado nos autos.

SEÇÃO VII

DA PROVA PERICIAL

Art. 68 – A prova pericial consiste em exame e vistoria.

Parágrafo único – O Presidente do Órgão Judicante indeferirá a produção de prova pericial quando:

I – o fato não depender do conhecimento especial de técnico;

II – for desnecessária em vista de outras provas produzidas ou passíveis de produção;

III – for impraticável;

IV – for requerida com fins meramente protelatórios.

Art. 69 – Deferida a prova pericial, o presidente do Órgão Judicante nomeará perito, formulará quesitos e fixará prazo para apresentação do laudo.

§1º – É facultado às partes indicar assistente técnico e formular quesitos, no prazo de 24 (vinte e quatro) horas.

§2º – A nomeação de peritos deverá, necessariamente, recair sobre agente público com qualificação técnica.

§3º – O prazo para conclusão do laudo será de 48 (quarenta e oito) horas, podendo o presidente prorrogá-lo a pedido do perito, em casos excepcionais.

SEÇÃO VIII

DA INSPEÇÃO

Art. 70 – O presidente do Órgão Judicante, de ofício, a requerimento da procuradoria ou da parte interessada, poderá promover a realização de inspeção, a fim de buscar esclarecimento sobre fato que interesse à decisão da causa.

Art. 71 – Concluída a inspeção, o presidente mandará lavrar auto circunstanciado, mencionando nele tudo quanto for útil ao julgamento da causa.

CAPÍTULO IX

DO REGISTRO E DA DISTRIBUIÇÃO

Art. 72 O registro e distribuição dos processos submetidos à Justiça Desportiva serão regulados no regimento interno do respectivo Órgão Judicante.

TÍTULO IV

DO PROCESSO DISCIPLINAR

CAPÍTULO I

DO PROCEDIMENTO SUMÁRIO

Art. 73 – O processo disciplinar será iniciado de ofício mediante denúncia da procuradoria, ou por queixa a ela endereçada, formulada pela parte interessada.

Art. 74 – Qualquer pessoa poderá provocar a iniciativa da procuradoria, fornecendo-lhe informação circunstanciada sobre o fato.

Art. 75 – A súmula e o relatório da competição serão elaborados e entregues pelo árbitro e seus auxiliares dentro do prazo estipulado em Lei ou, em sendo omissa, no regulamento.

§1º – A inobservância do prazo previsto no *caput* não impedirá o início do processo pela procuradoria, independentemente de eventual punição dos responsáveis pelo atraso.

§2º – A entidade responsável pela organização da competição dará publicidade aos documentos previstos no *caput*, na forma da Lei.

Art. 76 – A entidade de administração do desporto, quando verificar existência de qualquer irregularidade anotada nos documentos mencionados no artigo anterior, os remeterá ao respectivo Órgão Judicante (STJD ou TJD), no prazo de um dia, contado do seu recebimento.

Art. 77 – Recebida e despachada a documentação, pelo presidente do Órgão Judicante (STJD ou TJD), a secretaria procederá ao registro, encaminhando-os à procuradoria para manifestação no prazo de dois dias.

Art. 78 – Se a Procuradoria requerer o arquivamento, o Presidente do Órgão Judicante (STJD ou TJD), considerando procedentes as razões invocadas, determinará o arquivamento do processo, em decisão fundamentada.

§1º – Se o Presidente considerar improcedentes as razões invocadas, fará remessa dos autos a outro procurador para reexame da matéria.

§2º – Mantida a manifestação contrária à denúncia, os autos serão arquivados.

§3º – Oferecida à denúncia, os autos serão conclusos ao presidente do respectivo Órgão Judicante (STJD ou TJD) que, no prazo de dois 2 (dois) dias a contar de seu recebimento:

I – nomeará relator;
II – analisará a incidência da suspensão preventiva, caso já não tenha sido determinada;
III – designará dia e hora da sessão de instrução e julgamento;
IV – determinará o cumprimento dos atos de comunicação processual e demais providências cabíveis.

§4º – Sendo de competência da Comissão Disciplinar o processamento da denúncia será a ela encaminhada, procedendo o Presidente da Comissão Disciplinar na forma dos incisos I, III e IV do parágrafo anterior.

Art. 79 – A denúncia deverá conter:

I – descrição sumária da infração;
II – qualificação do infrator;
III – dispositivo infringido.

CAPÍTULO II
DO PROCEDIMENTO ESPECIAL

SEÇÃO I
DAS DISPOSIÇÕES GERAIS

Art. 80 – Nos procedimentos especiais, o pedido inicial deverá ser, obrigatoriamente, acompanhado do comprovante do pagamento do preparo, quando incidente, no valor e forma estabelecidos pelo regimento de emolumentos a ser editado pelo Superior Tribunal de Justiça Desportiva de cada modalidade, sob pena de indeferimento.

SEÇÃO II
DO INQUÉRITO

Art. 81 – O inquérito tem por fim apurar a existência de infração disciplinar e determinar a sua autoria, para subseqüente instauração do processo disciplinar.

Art. 82 – A instauração do inquérito será determinada de ofício pelo presidente do Órgão Judicante competente (STJD ou TJD), ou a requerimento da procuradoria ou da parte interessada.

§1º – O requerimento deve conter a indicação de elementos que evidenciem suposta prática de infração disciplinar, das provas que pretenda produzir, das testemunhas a serem ouvidas, se houver, sendo facultado ao presidente a determinação de atos complementares.

§2º Deferido o pedido, o presidente designará auditor processante que terá o prazo de quinze dias para sua conclusão, prorrogável por igual período.

Art. 83 O pedido de inquérito será indeferido pelo presidente quando verificar a inexistência dos elementos indispensáveis ao procedimento.

SEÇÃO III

DA IMPUGNAÇÃO DE PARTIDA, PROVA OU EQUIVALENTE EM CADA MODALIDADE OU DE SEU RESULTADO

Art. 84 – O pedido de impugnação será dirigido ao presidente do Órgão Judicante (STJD ou TJD), em duas vias, acompanhado dos documentos que comprovem os fatos alegados, devidamente assinado pelo impugnante ou por procurador com poderes especiais, e da prova do pagamento dos emolumentos.

§1º – São partes legítimas para promover a impugnação as pessoas físicas ou jurídicas que tenham disputado a partida, prova ou equivalente em cada modalidade ou as que tenham imediato e comprovado interesse no seu resultado, desde que participante da mesma competição.

§2º A petição inicial será liminarmente indeferida pelo presidente do Órgão Judicante competente quando:

I – manifestamente inepta;

II – manifesta a ilegitimidade da parte;

III – faltar condição exigida pelo Código para a iniciativa da impugnação

IV – não comprovado o pagamento dos emolumentos.

§3º – O presidente do Órgão Judicante (STJD ou TJD), ao receber a impugnação, dará imediato conhecimento da instauração do processo ao presidente da entidade, para que não aprove a partida, prova ou equivalente até a decisão final da impugnação.

Art. 85 – A impugnação deverá ser protocolada no Órgão Judicante competente, em até 2 (dois) dias depois da entrada da súmula na entidade de administração do desporto.

Art. 86 – Recebida a impugnação, dar-se-á vista à parte contrária, pelo prazo de 2 (dois) dias, para pronunciar-se, indo o processo, em seguida, à procuradoria, por igual prazo, para manifestação.

Art. 87 – Decorrido o prazo da Procuradoria, o Presidente do Órgão Judicante (STJD ou TJD) designará relator, incluindo o feito em pauta para julgamento.

SEÇÃO IV

DO MANDADO DE GARANTIA

Art. 88 – Conceder-se-á mandado de garantia sempre que, ilegalmente ou com abuso de poder, alguém sofrer violação em seu direito líquido e certo, ou tenha justo receio de sofrê-la por parte de qualquer autoridade desportiva.

Parágrafo único – O prazo para interposição do mandado de garantia extingüe-se decorridos 20 (vinte) dias contados da prática do ato ou decisão.

Art. 89 – Não se concederá mandado de garantia contra ato ou decisão de que caiba recurso próprio e não tenha sido concedido efeito suspensivo.

Art. 90 – A petição inicial, dirigida ao presidente do Órgão Judicante (STJD ou TJD) e acompanhada do comprovante do pagamento dos emolumentos, será apresentada em duas vias, devendo os documentos que instruir a primeira via serem reproduzidos na outra.

Parágrafo único – Após a apresentação da petição inicial não poderão ser juntados novos documentos nem aduzidas novas razões.

Art. 91 – Ao despachar a inicial, o presidente do Órgão Judicante ordenará que se notifique a autoridade coatora, à qual será enviada uma via da inicial, com a cópia dos documentos, para que, no prazo de 3 (três) dias, preste informações.

Art. 92 – Em caso de urgência, será permitido, observados os requisitos desta seção, impetrar mandado de garantia por telegrama, *fac-símile* ou meio eletrônico que possibilite comprovação de recebimento, desde que comprovada a remessa do original no prazo do parágrafo único do artigo 88, sob pena de extinção do processo, podendo o presidente do Órgão Judicante, pela mesma forma, determinar a notificação da autoridade coatora.

Art. 93 – Quando relevante o fundamento do pedido e a demora possa tornar ineficaz a medida, o presidente do Órgão Judicante, ao despachar a inicial, poderá conceder medida liminar.

Art. 94 – A inicial será, desde logo, indeferida quando não for caso de mandado de garantia ou quando lhe faltar algum dos requisitos previstos neste Código.

Parágrafo único – Do despacho de indeferimento caberá recurso para o respectivo Órgão Judicante.

Art. 95 – Findo o prazo para as informações, com ou sem elas, o Presidente do Órgão Judicante, depois de designar o relator, mandará dar vista do processo à procuradoria, que terá 2 (dois) dias para manifestação.

Parágrafo único – Restituídos os autos pela procuradoria, será designada data para julgamento.

Art. 96 – Da decisão que julgar o pedido de mandado de garantia caberá recurso voluntário para a instância imediatamente superior.

Art. 97 – Os processos de mandado de garantia têm prioridade sobre os demais.

Art. 98 – O pedido de mandado de garantia poderá ser renovado se a decisão denegatória não lhe houver apreciado o mérito.

SEÇÃO V

DA REABILITAÇÃO

Art. 99 – A pessoa física que houver sofrido eliminação poderá pedir reabilitação ao Órgão Judicante que lhe impôs a pena definitiva, se decorridos mais de 04 (quatro) anos do trânsito em julgado da decisão, instruindo o pedido com a documentação que julgar conveniente e, obrigatoriamente, com a prova do pagamento dos emolumentos, com a prova do exercício de profissão ou de atividade escolar e com a declaração de no mínimo, 3 (três) pessoas vinculadas ao desporto, de notória idoneidade, que atestem plenamente as condições de reabilitação.

Art. 100 – Recebido o pedido, será dada vista à procuradoria, pelo prazo de 3 (três) dias, para emitir parecer, sendo o processo encaminhado ao Presidente que, designando relator, incluirá em pauta de julgamento.

SEÇÃO VI

DA DOPAGEM

Art. 101 – Dopagem é a utilização de substância, método ou qualquer outro meio proibido, com o objetivo de obter modificação artificial de rendimento mental ou físico de um atleta, que agrida à saúde ou o espírito de jogo, por si mesmo ou por intermédio de outra pessoa, devidamente configurado mediante processo regular de análise, observadas as normas nacionais e internacionais.

Art. 102 – Configurado o resultado anormal na análise antidopagem, o Presidente da entidade de administração do desporto ou quem o represente, em 24 (vinte e quatro) horas, remeterá o laudo correspondente, acompanhado do laudo da contraprova, ao Presidente do Órgão Judicante (STJD ou TJD), que decretará, também em 24 (vinte e quatro) horas, o afastamento preventivo do atleta, pelo prazo máximo de 30 (trinta) dias.

§1º – No mesmo despacho, assinará ao atleta, à entidade de prática ou entidade de administração do desporto a que pertencer e aos demais responsáveis, quando houver, o prazo comum de 5 (cinco) dias, para oferecer defesa escrita e as provas que tiver.

§2º – Esgotado o prazo a que se refere o parágrafo anterior, com defesa ou sem ela, o Presidente do Órgão Judicante competente, nas 24 (vinte e quatro) horas seguintes, remeterá o processo à Procuradoria para oferecer denúncia no prazo de 2 (dois) dias.

Art. 103 – Oferecida a denúncia, o Presidente do Órgão Judicante, nas 24 (vinte e quatro) horas seguintes, designará o auditor relator e marcará, desde logo, dia para a sessão de julgamento, que se realizará dentro de 10 (dez) dias.

Art. 104 – Na sessão de julgamento não será permitida a produção de novas provas e as partes terão o prazo máximo de 10 (dez) minutos para sustentação oral.

Art. 105 – Proclamado o resultado do julgamento, a decisão produzirá efeitos a partir do dia imediato, independentemente da presença das partes ou de seus procuradores, desde que regularmente intimados para a sessão de julgamento, cabendo detração nos casos de cumprimento do afastamento preventivo.

Art. 106 – A decisão proferida no processo fica sujeita a recurso necessário, que será remetido, em 3 (três) dias, à instância superior, ressalvada a hipótese de interposição de recurso voluntário, que não poderá ser recebido com efeito suspensivo.

SEÇÃO VII
DAS INFRAÇÕES PUNIDAS COM ELIMINAÇÃO

Art. 107 – Nos casos de denúncia por infração cuja pena prevista seja de eliminação, o denunciado será citado para apresentar, no prazo de 3 (três) dias, defesa escrita, e requerer diligências, inclusive a audiência das testemunhas que arrolar.

Art. 108 – O presidente do Órgão Judicante (STJD ou TJD), ao receber a denúncia, poderá decretar a suspensão preventiva do denunciado até final julgamento, devendo decidir, no despacho em que receber a defesa, sobre as diligências requeridas.

Parágrafo único – Na hipótese de indeferimento de qualquer diligência, o despacho será fundamentado.

Art. 109 – As testemunhas que residam fora da sede do Órgão Judicante serão ouvidas por precatória, perante auditor do Órgão Judicante deprecado, fixando-se prazo improrrogável para devolução.

Art. 110 – Concluídas as diligências, o presidente do Órgão Judicante designará relator, marcando dia para a sessão de julgamento e determinando a intimação do denunciado.

SEÇÃO VIII
DA SUSPENSÃO, DESFILIAÇÃO OU DESVINCULAÇÃO IMPOSTAS PELAS ENTIDADES DE ADMINISTRAÇÃO OU DE PRÁTICA DESPORTIVA

Art. 111 – A imposição das sanções de suspensão, desfiliação ou desvinculação, pelas entidades desportivas, com o objetivo de manter a ordem desportiva, somente serão aplicadas após decisão definitiva da justiça desportiva.

Parágrafo único – O procedimento para os efeitos do *caput* são os previstos nas alíneas c, incisos II, dos artigos 25 e 27, deste Código, mediante remessa de ofício.

SEÇÃO IX
DA REVISÃO

Art. 112 – A revisão dos processos findos será admitida:

I – quando a decisão houver resultado de manifesto erro de fato ou de falsa prova;
II – quando a decisão tiver sido proferida contra literal disposição de Lei ou contra a evidência da prova;
III – quando, após a decisão, se descobrirem provas da inocência do punido.

Art. 113 – A revisão é admissível até 3 (três) anos após o trânsito em julgado da decisão condenatória, mas não admite reiteração ou renovação, salvo se fundada em novas provas.

Art. 114 – Não cabe revisão da decisão que houver imposto pena de perda de pontos, de classificação ou de renda, se a competição estiver definitivamente homologada.

Art. 115 – A revisão só pode ser pedida pelo prejudicado, que deverá formulá-la em petição escrita, desde logo instruída com as provas que a justifiquem, nos termos do artigo 112.

Art. 116 – O Órgão Judicante, se julgar procedente o pedido de revisão, poderá alterar a classificação da infração, absolver o requerente, modificar a pena ou anular o processo.

Art. 117 – Em nenhum caso poderá ser agravada a pena imposta na decisão revista.

Art. 118 – É obrigatória, nos pedidos de revisão, a intervenção da procuradoria.

SEÇÃO X
DEMAIS MEDIDAS ADMITIDAS NO §3º DO ARTIGO 9

Art. 119 – O processo previsto nesta seção obedecerá ao procedimento estabelecido na legislação pertinente.

CAPÍTULO III
DA SESSÃO DE INSTRUÇÃO E JULGAMENTO

Art. 120 – Nas sessões de instrução e julgamento será observada a pauta previamente elaborada pela secretaria, de acordo com a ordem numérica dos processos.

§1° – Terão preferência os processos especiais e os pedidos de preferência das partes que estiverem presentes, com prioridade para as que residirem fora da sede do Órgão Judicante.

§2° – As sessões de instrução e julgamento serão públicas, podendo o presidente do Órgão Judicante, por motivo de ordem ou segurança, determinar que a sessão seja secreta, garantida, porém, a presença da procuradoria, das partes e seus representantes.

§3° – Na impossibilidade de comparecimento do relator, anteriormente designado, o processo poderá ser redistribuído e julgado na mesma sessão.

Art. 121 – No dia e hora designados, havendo *quorum*, o presidente do Órgão Judicante declarará aberta a sessão de instrução e julgamento.

Art. 122 – Poderá ser lavrada ata na qual deverá constar o essencial.

Art. 123 – Em cada processo, antes de dar a palavra ao relator, o presidente indagará das partes se têm provas a produzir.

Art. 124 – Durante a sessão de instrução e julgamento, após a apresentação do relatório, as provas deferidas serão produzidas na seguinte ordem:

I – documental;
II – cinematográfica;
III – fonográfica;
IV – depoimento pessoal;
V – testemunhal;
VI – outras pertinentes.

Art. 125 – Concluída a fase instrutora, com a produção das provas, será dado o prazo de 10 (dez) minutos, sucessivamente, à procuradoria e cada uma das partes, para sustentação oral.

§1° – Quando duas ou mais partes forem representadas pelo mesmo defensor, o prazo para sustentação oral será de quinze minutos.

§2° – Em casos especiais, poderão ser prorrogados os prazos previstos neste artigo, a critério do Presidente do órgão.

Art. 126 – Encerrados os debates, o presidente indagará dos auditores se pretendem algum esclarecimento ou diligência e, não havendo, manter o julgamento.

§1° – Se algum dos auditores pretender esclarecimento, este lhe será dado pelo relator.

§2° – As diligências propostas por qualquer auditor e deferidas pelo Órgão Judicante, quando não puderem ser cumpridas desde logo, adiarão o julgamento para a sessão seguinte.

Art. 127 – Após os votos do relator e do Vice-Presidente, votarão os demais auditores, por ordem de antigüidade e, por último, o Presidente.

Art. 128 – O auditor, na oportunidade de proferir o seu voto, poderá pedir vista do processo e, quando mais de um o fizer, a vista será comum.

§1º – O pedido de vista não impedirá que o processo seja julgado na mesma sessão, após o tempo concedido pelo Presidente para a vista.

§2º – Reiniciado o julgamento, prosseguir-se-á na apuração dos votos, podendo rever os já proferidos.

§3º – Nenhum julgamento será reiniciado sem a presença do relator.

Art. 129 – O auditor pode usar da palavra 2 (duas) vezes sobre a matéria em julgamento.

Art. 130 – Só poderá votar o auditor que tenha assistido ao relatório.

Art. 131 – Nos casos de empate na votação, ao presidente é atribuído o voto de qualidade, salvo quando se tratar de imposição de pena disciplinar, caso em que prevalecerão os votos mais favoráveis ao denunciado, considerando-se a pena de multa mais branda do que a de suspensão.

Art. 132 – Quando, na votação para a aplicação da pena, não se verificar maioria, em virtude da diversidade de votos, considerar-se-á o auditor que houver votado por pena maior como tendo votado pela pena em concreto imediatamente inferior.

Art. 133 – Proclamado o resultado do julgamento, a decisão produzirá efeitos a partir do dia imediato, independentemente de publicação ou da presença das partes ou de seus procuradores, desde que regularmente intimados para a sessão de julgamento.

Art. 134 – Os processos incluídos em pauta deverão estar na secretaria na véspera da sessão, sendo, caso contrário, adiado seu julgamento, desde que requerido pela parte.

Art. 135 – Se até 30 (trinta) minutos após a hora marcada para o início da sessão não houver auditores em número legal, desde que requerido pela parte, o julgamento do seu processo será automaticamente adiado para a sessão seguinte, independentemente de nova intimação.

TÍTULO IV
DOS RECURSOS

CAPÍTULO I
DAS DISPOSIÇÕES GERAIS

Art. 136 – Das decisões dos órgãos judicantes caberá recurso nas hipóteses previstas neste Código:

§1º – As decisões do Superior Tribunal de Justiça Desportiva (STJD) são irrecorríveis.

§2º – São igualmente irrecorríveis as decisões dos Tribunais de Justiça Desportiva (TJD) que impuserem multa de até R$5.000,00 (cinco mil reais).

Art. 137 – Os recursos poderão ser interpostos pelo punido, pela parte vencida, por terceiro interessado e pela procuradoria.

Parágrafo único. A Procuradoria não poderá desistir do recurso por ela interposto.

Art. 138 – Os recursos são:

I – necessário, interposto na própria decisão;

II – voluntário, interposto mediante oferecimento de razões, se quiser, no prazo de 3 (três) dias, contados da proclamação do resultado do julgamento.

§1º – O recurso será interposto para a instância imediatamente superior desde logo, acompanhado da prova do pagamento dos emolumentos devidos.

§2º – A parte contrária, tem o prazo comum de 3 (três) dias para impugnar o recurso, a partir do despacho que lhe abrir vista do processo.

§3º – A procuradoria terá 3 (três) dias para emitir parecer.

Art. 139 – Havendo urgência, o recurso poderá ser interposto por telegrama, *fac-símile*, via postal ou *e-mail*, com as cautelas devidas, devendo ser comprovada a remessa do original no prazo do §2º do artigo anterior, sob pena de não ser conhecido.

Art. 140 – No recurso voluntário, salvo se interposto pela procuradoria, a penalidade não poderá ser agravada.

Art. 141 – Ultimada a autuação, a secretaria, no prazo de 2 (dois) dias, remeterá o processo à instância superior; que em igual prazo, o devolverá ao juízo de origem, depois de passada em julgado a nova decisão.

Art. 142 – O recurso devolve à instância superior o conhecimento de toda a matéria discutida no processo, salvo quando só tiver por objeto parte da decisão.

CAPÍTULO II

DO RECURSO NECESSÁRIO

Art. 143 – Cabe recurso necessário da decisão:

I – que comine pena de eliminação;

II – proferida em processo relativo à corrupção, concussão, prevaricação, dopagem e agressão física;

III – proferida em processo movido contra membro de entidade dirigente ou presidente de entidade de prática desportiva ou membro da Justiça Desportiva.

Art. 144 – O recurso necessário, independentemente de outras formalidades, subirá no prazo de 3 (três) dias à instância superior, ressalvada a hipótese de interposição de recurso voluntário.

Art. 145 – No recurso necessário não poderá ser modificada a tipificação da infração, a não ser quando prevista idêntica espécie de penalidade.

CAPÍTULO III
DO RECURSO VOLUNTÁRIO

Art. 146 – Ressalvados os casos previstos neste Código, cabe recurso voluntário de qualquer decisão dos órgãos da Justiça Desportiva, salvo decisões do STJD, as quais são irrecorríveis.

CAPÍTULO IV
DOS EFEITOS DOS RECURSOS

Art. 147 – Os recursos não terão efeito suspensivo, salvo quando houver previsão legal, ou concedido nos termos do disposto no inciso XII do artigo 9o do presente Código.

CAPÍTULO V
DO JULGAMENTO DOS RECURSOS

Art. 148 – Os recursos serão julgados pela instância superior, de acordo com a competência fixada neste Código.

Art. 149 – Protocolado o recurso na secretaria do Órgão Judicante de origem, verificada por seu presidente as condições de admissibilidade, será ele remetido ao tribunal competente para o devido processamento.

Parágrafo único – Será considerado deserto o recurso que não estiver acompanhado do seu devido preparo.

Art. 150 – Em grau de recurso não será admitida a produção de novas provas.

Art. 151 – A secretaria dará ciência aos interessados ou a seus defensores e à procuradoria, com a antecedência mínima de 2 (dois) dias, da inclusão do processo na pauta do julgamento.

Art. 152 – A sessão de julgamento será realizada de acordo com o disposto neste Código.

LIVRO II
DAS MEDIDAS DISCIPLINARES

TÍTULO I
DAS DISPOSIÇÕES GERAIS

Art. 153 – É punível toda infração disciplinar, tipificada no presente Código.

Art. 154 – Ninguém será punido por fato que Lei posterior deixe de considerar infração disciplinar, cessando, em virtude dela, a execução e os efeitos da punição.

Parágrafo único – A Lei posterior que, de outro modo favoreça o infrator, aplica-se ao fato não definitivamente julgado.

Art. 155 – Considera-se praticada a infração no momento da ação ou omissão, ainda que outro seja o momento do resultado.

TÍTULO II
DA INFRAÇÃO

Art. 156 – Infração disciplinar, para os efeitos deste Código é toda ação ou omissão antidesportiva, típica e culpável.

Parágrafo único – A omissão é juridicamente relevante quando o omitente deveria e poderia agir para evitar o resultado. O dever de agir incumbe precipuamente a quem:

I – tenha, por ofício, a obrigação de velar pela disciplina ou coibir violências ou animosidades;

II – com seu comportamento anterior, tenha criado o risco da ocorrência do resultado.

Art. 157 – Diz-se a infração:

I – consumada, quando nela se reúnem todos os elementos de sua definição;

II – tentada quando, iniciada a execução, não se consuma por circunstâncias alheias à vontade do agente.

III – dolosa, quando o agente quis o resultado ou assumiu o risco de produzi-lo;

IV – culposa, quando o agente deu causa ao resultado por imprudência, negligência ou imperícia.

§1° – Salvo disposição em contrário, pune-se a tentativa com a pena correspondente à infração consumada, reduzida da metade.

§2° – Não se pune a tentativa quando, por ineficácia absoluta do meio ou por absoluta impropriedade do objeto, é impossível consumar-se a infração.

Art. 158 – O agente que, voluntariamente, desiste de prosseguir na execução ou impede que o resultado se produza, só responde pelos atos já praticados.

Art. 159 – O erro quanto à pessoa contra a qual a infração é praticada não isenta o agente de pena.

Art. 160 – Se a infração é cometida em obediência à ordem de superior hierárquico, não manifestamente ilegal, ou sob coação comprovadamente irresistível, só é punível o autor da ordem ou da coação.

Art. 161 – Não há infração quando as circunstâncias que incidem sobre o fato são de tal ordem que impeçam que do agente se possa exigir conduta diversa.

TÍTULO III
DA RESPONSABILIZAÇÃO PELA ATITUDE ANTIDESPORTIVA PRATICADA POR MENORES DE 14 (QUATORZE) ANOS

Art. 162 – Os menores de 14 (quatorze) anos são considerados desportivamente irresponsáveis, ficando apenas sujeitos à reorientação de caráter pedagógico, que deverá constar no regulamento da competição.

Parágrafo único – Nos casos de reincidência da prática de atitude antidesportiva por menores de 14 (quatorze) anos, responderá o seu técnico ou representante legal na respectiva competição, caso não tenham sido adotadas as medidas cabíveis para reorientar e inibir novas infrações.

TÍTULO IV
DO CONCURSO DE PESSOAS

Art. 163 – Quem, de qualquer modo, concorre para a infração, incide nas penas a esta cominadas, na medida de sua culpabilidade.

TÍTULO V
DA EXTINÇÃO DA PUNIBILIDADE

Art. 164 – Extingüe-se a punibilidade:

I – pela morte do infrator;
II – pela retroatividade da Lei que não mais considera o fato como infração;
III – pela prescrição ou decadência;
IV – pelo cumprimento da pena;
V – pela reabilitação.

Art. 165 – Prescreve a ação em 60 (sessenta) dias, contados da data do fato ou, nos casos de falsidade ideológica ou material e nas infrações permanentes ou continuadas, contados do conhecimento da falsidade ou da cessação da permanência ou continuidade.

Art. 166 – A condenação prescreve, em 1 (um) ano, quando não executada, a contar da data que transitou em julgado a decisão.

Art. 167 – Ocorre a decadência quando a parte não exerce o direito de queixa no prazo de dez dias, a contar da ocorrência do ato ou conhecimento do fato que lhe deu causa.

Art. 168 – Interrompe-se a prescrição:

I – pelo recebimento da denúncia ou queixa;

II – pela decisão condenatória.

Art. 169 – Interrompida a prescrição, todo o prazo começa a correr, novamente, do dia da interrupção.

TÍTULO VI
DAS PENALIDADES

CAPÍTULO I
DAS ESPÉCIES DE PENALIDADES

Art. 170 – Às infrações disciplinares previstas neste Código correspondem as seguintes penas:

I – advertência;
II – multa;
III – suspensão por partida;
IV – suspensão por prazo;
V – perda de pontos;
VI – interdição de praça de desportos;
VII – perda de mando de campo;
VIII – indenização;
IX – eliminação;
X – perda de renda;
XI – exclusão de campeonato ou torneio.

§1° – As penas disciplinares não serão aplicadas a menores de 14 (quatorze) anos.

§2° – As penas pecuniárias não serão aplicadas a atletas de prática não profissional.

§3° – Atleta não-profissional é aquele definido nos termos da Lei.

Art. 171 – A suspensão por partida será cumprida na mesma competição, torneio ou campeonato em que se verificou a infração.

§1° – Quando a suspensão não puder ser cumprida na mesma competição, campeonato ou torneio, o Tribunal poderá determinar seu cumprimento em outra competição, campeonato ou torneio realizado pela mesma entidade de administração ou na forma de medida de interesse social.

§2° – Quando resultante de infração praticada em partida amistosa, a suspensão será cumprida em partida da mesma natureza ou executada na forma de medida de interesse social.

Art. 172 – A suspensão por prazo priva o punido de participar de quaisquer competições na respectiva modalidade desportiva, de ter acesso a recintos reservados de praças de desportos, excluída a entidade de prática a que pertencer, de praticar atos oficiais referentes à respectiva modalidade desportiva e exercer qualquer cargo ou função em poderes de entidades de administração do desporto da modalidade e na Justiça Desportiva.

Parágrafo único – A critério e na forma estabelecida pelo Órgão Judicante, e desde que requerido pelo punido, 1/3 (um terço) da pena de suspensão por prazo poderá ser cumprida mediante a execução de atividades de interesse público, nos campos da assistência social, desporto, cultura, educação, saúde, voluntariado, além da defesa, preservação e conservação do meio ambiente.

Art. 173 – A suspensão por prazo, imposta à entidade de prática do desporto, impede sua participação em qualquer partida, jogo ou prova no período da suspensão e de exercer qualquer direito previsto em Lei, estatuto ou regulamento.

Parágrafo único – A entidade que estiver disputando qualquer competição manterá todos os resultados obtidos até o início do cumprimento da punição, e aos eventuais e futuros adversários serão computados o que prever o regulamento da competição para o caso de W.O.

Art. 174 – A interdição de praça de desportos impede que nela se realize qualquer partida da respectiva modalidade, até que sejam cumpridas as exigências impostas na decisão, a critério do Órgão Judicante (STJD ou TJD).

Art. 175 – A entidade de prática punida com a perda de mando de campo fica obrigada a disputar as suas partidas, provas ou equivalentes em local designado pela entidade promotora da competição.

Art. 176 – O não-cumprimento da obrigação de indenizar, de efetuar qualquer pagamento em pecúnia ou de realizar medida de interesse social, no prazo marcado pela decisão, acarretará a automática aplicação da pena de suspensão por prazo, até a efetiva satisfação da obrigação.

§1º – O recolhimento das penas pecuniárias deverá ser efetuado à Tesouraria da entidade de administração do desporto que tenha a mesma jurisdição do Órgão Judicante (STJD ou TJD).

§2º – A critério e na forma estabelecida pelo Órgão Judicante (STJD ou TJD) e desde que requerido pelo punido, 1/3 (um terço) da pena pecuniária imposta poderá ser cumprida mediante medida de interesse social.

Art. 177 – A pena de eliminação priva o punido de qualquer atividade desportiva na respectiva modalidade, em todo o território nacional.

CAPÍTULO II
DA APLICAÇÃO DA PENALIDADE

Art. 178 – O Órgão Judicante, na fixação das penalidades entre limites mínimos e máximos, levará em conta a gravidade da infração, a sua maior ou menor extensão, os meios empregados, os motivos determinantes, os antecedentes desportivos do infrator e as circunstâncias agravantes e atenuantes.

Art. 179 – São circunstâncias que agravam a penalidade a ser aplicada, quando não constituem ou qualificam a infração:

I – ter sido praticada com o concurso de outrem;

II – ter sido praticada com o uso de instrumento ou objeto lesivo;

III – ter o infrator, de qualquer modo, concorrido para a prática de infração mais grave;

IV – ter causado prejuízo patrimonial ou financeiro;

V – ser o infrator membro ou auxiliar da justiça desportiva, membro ou representante das entidades;

VI – ser o infrator reincidente.

§1° – Verifica-se a reincidência quando o infrator comete nova infração depois de transitar em julgado a decisão que o haja punido anteriormente.

§2° – Para efeito de reincidência, não prevalece a condenação anterior se, entre a data do cumprimento ou execução da pena e a infração posterior. tiver decorrido período de tempo superior a 2 (dois) anos.

Art. 180 – São circunstâncias que sempre atenuam a penalidade:

I – ser o infrator menor de 18 (dezoito) anos, na data da infração;

II – ter o infrator prestado relevante serviço ao desporto;

III – ter sido o infrator agraciado com prêmio conferido na forma das leis do desporto;

IV – não ter o infrator sofrido qualquer punição nos 2 (dois) anos imediatamente anteriores à data do julgamento;

V – ter sido a infração cometida em desafronta a grave ofensa moral;

VI – ter o infrator confessado infração atribuída a outrem.

Art. 181 – Havendo agravantes e atenuantes, a pena a ser aplicada será mensurada pelo julgador.

Art. 182 – As penas previstas neste Código serão diminuídas pela metade quando a infração for cometida por pessoa física praticante do desporto não-profissional.

Parágrafo único – Se a diminuição da pena resultar em número fracionado, aplicar-se-á o número inteiro imediatamente inferior, sempre respeitada a pena mínima prevista.

Art. 183 – Quando o agente, mediante uma única ação, pratica duas ou mais infrações, a de pena maior absorve a de pena menor.

Art. 184 – Quando o agente mediante mais de uma ação ou omissão, pratica duas ou mais infrações, aplicam-se cumulativamente as penas.

TÍTULO VII
DAS INFRAÇÕES DAS PESSOAS

CAPÍTULO I
DAS OFENSAS FÍSICAS

Art. 185 – Praticar agressão física, por fato ligado ao desporto:

I – contra pessoa vinculada ao Conselho Nacional de Esporte e à Justiça Desportiva;

PENA: Suspensão de 1 (um) a 2 (dois) anos.

II – contra árbitro ou auxiliar ou contra pessoa vinculada à entidade de administração do desporto ou de prática desportiva;

PENA: Suspensão de 120 (cento e vinte) a 720 (setecentos e vinte) dias.

Art. 186 – Praticar ato hostil, por fato ligado ao desporto:

I – contra pessoa vinculada ao Conselho Nacional de Esporte e à Justiça Desportiva;

PENA: Suspensão de 60 (sessenta) a 480 (quatrocentos e oitenta) dias.

II – contra árbitro ou auxiliar ou contra pessoa vinculada à entidade de administração ou de prática desportiva;

PENA: Suspensão de 60 (sessenta) a 360 (trezentos e sessenta) dias.

CAPÍTULO II
DAS OFENSAS MORAIS

Art. 187 – Ofender moralmente:

I – pessoa subordinada ou vinculada à entidade desportiva, por fato ligado ao desporto;

PENA: Suspensão de 30 (trinta) a 120 (cento e vinte) dias.

II – árbitro ou auxiliar em função;

PENA: Suspensão de 30 (vinte) a 180 (cento e oitenta) dias.

III – membros de Órgãos Judicantes ou autoridades públicas;

PENA: Suspensão de 60 (vinte) a 360 (trezentos e sessenta dias) dias.

Parágrafo único – A ofensa moral, quando praticada por árbitro ou auxiliar em função, será punida com suspensão de 60 (sessenta) a 360 (trezentos e sessenta) dias.

Art. 188 – Manifestar-se de forma desrespeitosa, ou ofensiva, contra membros do Conselho Nacional de Esporte (CNE); dos poderes das entidades desportivas ou da Justiça Desportiva, e contra árbitro ou auxiliar em razão de suas atribuições, ou ameaçá-los.

PENA: Suspensão de 30 (trinta) a 180 (cento e oitenta) dias.

Parágrafo único – Quando a manifestação for feita por meio da imprensa, rádio, televisão, Internet ou qualquer meio eletrônico, a pena será de 60 (sessenta) a 360 (trezentos e sessenta) dias.

Art. 189 – Atribuir fato inverídico a membros ou dirigentes do Conselho Nacional de Esporte (CNE), das entidades desportivas ou da Justiça Desportiva.

PENA: Suspensão de 60 (sessenta) a 180 (cento e oitenta) dias.

TÍTULO VIII
DAS INFRAÇÕES REFERENTES À ORGANIZAÇÃO, À ADMINISTRAÇÃO DO DESPORTO E À COMPETIÇÃO

CAPÍTULO I
DAS INFRAÇÕES REFERENTES ÀS ENTIDADES DE ADMINISTRAÇÃO DO DESPORTO, ÓRGÃOS PÚBLICOS DO DESPORTO E À COMPETIÇÃO

Art. 190 – Manifestar-se de forma desrespeitosa ou ofensiva contra ato ou decisão de entidade de administração do desporto e da Justiça Desportiva.

PENA: Suspensão de 30 (trinta) a 360 (trezentos e sessenta) dias.

Parágrafo único – Quando a manifestação for feita por meio de imprensa, rádio ou televisão, a pena será de 60 (sessenta) a 720 (setecentos e vinte) dias.

Art. 191 – Deixar de cumprir deliberação, resolução, determinação ou requisição do Conselho Nacional de Esporte (CNE), ou de entidade de administração do desporto.

PENA: Suspensão de 30 (trinta) a 180 (cento e oitenta) dias. No caso do descumprimento da obrigação no prazo fixado, sujeita-se a entidade à infratora pena acessória de suspensão automática até que o faça.

Art. 192 – Deixar de enviar, sem justificativa, ao Conselho Nacional de Esporte (CNE) ou à entidade de administração do desporto, documentação exigida.

PENA: Multa de até R$5.000,00 (cinco mil reais) sem prejuízo de obrigação de cumprimento, no prazo que for fixado, sob pena acessória de suspensão automática até que o faça.

Art. 193 – Alterar e usar uniforme de competição, em evento desportivo oficial, sem prévio consentimento da entidade de administração do desporto.

PENA: Multa de até R$5.000,00 (cinco mil reais) sem prejuízo de fixação de prazo para regularização, sob pena de suspensão automática até seu efetivo cumprimento.

Art. 194 – Usar propaganda proibida em uniforme de competição.

PENA: Multa de R$5.000,00 (cinco mil reais) a R$50.000,00 (cinqüenta mil reais) sem prejuízo de fixação de prazo para regularização, sob pena de suspensão automática até seu efetivo cumprimento.

Art. 195 – Usar em uniforme de competição, propaganda em desacordo com as normas existentes.

PENA: Multa de R$5.000,00 (cinco mil reais) a R$50.000,00 (cinqüenta mil reais), sem prejuízo de fixação de prazo para regularização, sob pena de suspensão automática até seu efetivo cumprimento.

Art. 196 – Deixar de comunicar à entidade dirigente hierarquicamente superior, no prazo de 30 (trinta) dias, a eleição de membro de seus poderes, qualquer alteração neles verificada, reforma introduzida em seu estatuto ou mudança de sua sede ou praça de desportos.

PENA: Multa de R$5.000,00 (cinco mil reais) a R$50.000,00 (cinqüenta mil reais), sem prejuízo de obrigação de cumprimento, no prazo que for fixado, sob pena acessória de suspensão automática até que o faça.

Art. 197 – Deixar de cumprir ato ou decisão da entidade de administração do desporto a que estiver filiado ou vinculado, dificultar o seu cumprimento ou deixar de colaborar com as autoridades desportivas na apuração de irregularidades ou infrações disciplinares ocorridas em sua praça de desporto, sede ou dependência.

PENA: Multa de R$5.000,00 (cinco mil reais) a R$50.000,00 (cinqüenta mil reais) e obrigação de cumprimento, quando for o caso, no prazo que for fixado, sob pena de suspensão automática até que o faça.

Art. 198 – Deixar de comparecer à entidade de administração do desporto quando regularmente convocado.

PENA: Suspensão até o comparecimento

Art. 199 – Deixar de tomar providências para o comparecimento à entidade de administração do desporto, quando convocadas por seu intermédio, pessoas que lhe sejam subordinadas.

PENA: Multa de até R$5.000,00 (cinco mil reais).

Art. 200 – Recusar, sem justa causa, a cessão de sua praça de desportos, quando legalmente requisitada.

PENA: Interdição da praça de desporto por 90 (noventa) dias.

Art. 201 – Recusar acesso em praça de desporto, pública ou particular, aos membros do Conselho Nacional de Esporte (CNE) e aos membros de poderes da entidade de administração do desporto da modalidade que estiver sendo praticada.

PENA: Suspensão das atividades oficiais da respectiva modalidade na praça pelo tempo em que durar a recusa.

Art. 202 – Não assegurar ao representante de entidade de administração de desporto localização adequada ao desempenho de suas funções.

PENA: Multa no valor de até R$5.000,00 (cinco mil reais), a ser imposta à entidade desportiva detentora do mando de jogo.

Art. 203 – Deixar de disputar, sem justa causa, partida, prova ou o equivalente na respectiva modalidade.

PENA: Perda de pontos em disputa a favor do adversário, na forma do regulamento, e proibição de participar do campeonato, torneio ou equivalente, subseqüente, da mesma entidade de administração.

Art. 204 – Abandonar a disputa de campeonato, torneio ou equivalente, da respectiva modalidade, após o seu início.

PENA: Multa de R$50.000,00 (cinqüenta mil reais) a R$500.000,00 (quinhentos mil reais) e proibição de participar dos dois próximos campeonatos, torneios ou equivalentes, em qualquer entidade de administração do desporto da mesma modalidade, sendo as conseqüências desportivas do abandono decorrentes dirimidas pelo respectivo regulamento.

Art. 205 – Dar causa à não-realização ou impedir o prosseguimento de partida, prova ou equivalente que estiver disputando, por simulação de contusão, por insuficiência numérica intencional de seus atletas ou por qualquer outra forma.

PENA: Multa de R$50.000,00 (cinqüenta mil reais) a R$500.000,00 (quinhentos mil reais) e perda de pontos em disputa a favor do adversário, na forma do regulamento, e proibição de participar do subseqüente campeonato, torneio ou equivalente da mesma modalidade.

> Parágrafo único – A entidade fica sujeita às penas deste artigo se a suspensão da partida tiver sido comprovadamente causada ou provocada por sua torcida.

Art. 206 – Dar causa ao atraso do início da realização da competição marcada para sua praça de desportos.

PENA: Multa de até R$5.000,00 (cinco mil reais) por minuto.

Art. 207 – Ordenar ao atleta que não atenda à requisição ou convocação feita por entidade de administração de desporto, para competição oficial ou amistosa, ou que se omita, de qualquer modo.

PENA: Suspensão de 180 (cento e oitenta) dias a 360 (trezentos e sessenta) dias.

Art. 208 – Não restituir, em perfeito estado de conservação, troféu ou qualquer material desportivo sob sua guarda temporária.

PENA: Indenização a ser fixada pelo Órgão Judicante.

Art. 209 – Tomar atitudes, assumir compromissos ou adotar providências, quando na chefia de delegação em congressos ou competições internacionais, possíveis de comprometer a moralidade ou a reputação dos poderes públicos ou das entidades desportivas de grau superior, nacionais ou estrangeiras.

PENA: Suspensão de 360 (trezentos e sessenta) a 720 (setecentos e vinte) dias e eliminação na reincidência.

Art. 210 – Deixar de consignar em relatório as infrações disciplinares e outros atos contrários à reputação do desporto brasileiro, praticados por membros de delegações em congressos ou competições internacionais, ainda que essas infrações e esses atos já tenham sido apreciados pelo órgão competente da delegação.

PENA: Suspensão de 60 (sessenta) a 120 (cento e vinte) dias.

Art. 211 – Deixar de manter o local que tenha indicado para realização do evento com infra-estrutura necessária a assegurar plena garantia e segurança para sua realização.

PENA: Multa de R$5.000,00 (cinco mil reais) a R$50.000,00 (cinqüenta mil reais) e interdição do local, quando for o caso, até a satisfação das exigências que constem da decisão.

Art. 212 – Não apresentar, quando indicante, o local para realização de competição oficial de que participe regularmente marcado, ou não oferecer ao árbitro o material desportivo necessário, inclusive sobressalente, dando causa ao retardamento do início ou reinício da competição, ou impossibilitando a sua realização.

PENA: Multa de R$5.000,00 (cinco mil reais) a R$50.000,00 (cinqüenta mil reais); se a partida, prova ou equivalente não se realizar, além da multa, o infrator perderá a sua parte na renda e seu adversário será considerado vencedor da competição.

Art. 213 – Deixar de tomar providências capazes de prevenir ou reprimir desordens em sua praça de desporto.

PENA: Multa de R$50.000,00 (cinqüenta mil reais) a R$500.000,00 (quinhentos mil reais) e perda do mando de campo de uma a três partidas, provas ou equivalente quando participante da competição oficial.

§1° – Incide nas mesmas penas a entidade que, dentro de sua praça de desporto, não prevenir ou reprimir a sua invasão, bem assim o lançamento de objeto no campo ou local da disputa do evento desportivo, que possa causar gravame aos que dele estejam participando.

§2° – Caso a invasão seja feita pela torcida da entidade adversária, sofrerá esta a mesma apenação.

Art. 214 – Incluir atleta que não tenha condição legal de participar de partida, prova ou equivalente.

PENA: Perda do dobro do número de pontos previstos no regulamento da competição para o caso de vitória e multa de R$5,000,00 (cinco mil reais) a R$50.000,00 (cinqüenta mil reais).

§1° – Fica mantido o resultado da partida, prova ou equivalente para todos os efeitos previstos no regulamento da competição.

§2° – Não sendo possível aplicar-se a regra prevista no parágrafo anterior em face da forma de disputa da competição, o infrator será desclassificado.

§3º – A entidade de prática desportiva que ainda não tiver obtido pontos suficientes ficará com pontos negativos.

§4º – A ação disciplinar, nos casos previstos neste artigo, cabe privativamente à Justiça Desportiva.

Art. 215 – Deixar de apresentar a sua equipe em campo até a hora marcada para o início ou reinício da partida, prova ou equivalente.

PENA: Multa de até R$5.000,00 (cinco mil reais) por minuto que atrasar.

Parágrafo único – Se o atraso for superior ao tempo previsto no regulamento de competição da respectiva modalidade, o infrator responderá pelas penas previstas no artigo 203.

CAPÍTULO II

DAS INFRAÇÕES REFERENTES ÀS ENTIDADES DE PRÁTICA DESPORTIVA

Art. 216 – Requerer inscrição por duas ou mais entidades de prática desportiva.

PENA: Suspensão de 60 (sessenta) a 120 (cento e vinte) dias.

Art. 217 – Omitir, no pedido de inscrição, sua vinculação a outra entidade de prática desportiva.

PENA: Suspensão de 120 (cento e vinte) a 360 (trezentos e sessenta) dias.

Art. 218 – Firmar o atleta profissional contratos de trabalho com duas ou mais entidades de prática desportiva, por tempo de vigência sobrepostos, levados a registro.

PENA: Suspensão de 120 (cento e vinte) a 360 (trezentos e sessenta) dias.

Art. 219 – Danificar praça de desportos, sede ou dependência de entidade de prática desportiva.

PENA: Suspensão de 30 (trinta) a 120 (cento e vinte) dias e indenização pelos danos causados, a ser fixada pelo Órgão Judicante competente.

CAPÍTULO III

DAS INFRAÇÕES REFERENTES À JUSTIÇA DESPORTIVA

Art. 220 – Deixar a autoridade desportiva que tomou conhecimento de falsidade documental de comunicar a infração ao competente Órgão Judicante.

PENA: Suspensão de 30 (trinta) a 90 (noventa) dias, e, na reincidência, eliminação.

Art. 221 – Oferecer queixa infundada ou dar causa, por erro grosseiro ou sentimento pessoal, à instauração de inquérito ou processo na Justiça Desportiva.

PENA: Suspensão de 90 (noventa) a 360 (trezentos e sessenta) dias ou, tratando-se de entidade de administração ou de prática desportiva, multa de R$5.000,00 (cinco mil reais) a R$50.000,00 (cinqüenta mil reais).

Art. 222 – Prestar depoimento falso perante a Justiça Desportiva.

PENA: Suspensão de 90 (noventa) a 360 (trezentos e sessenta) dias e, na reincidência, eliminação.

Parágrafo único – A infração deixa de ser punível se o agente, antes do julgamento, se retrata e declara a verdade.

Art. 223 – Deixar de cumprir ou retardar o cumprimento de decisão da Justiça Desportiva.

PENA: Multa de R$50.000,00 (cinqüenta mil reais) a R$500.000,00 (quinhentos mil reais) e suspensão até que cumpra a decisão.

Parágrafo único – Quando o infrator for pessoa física, a pena será de suspensão de 90 (noventa) a 360 (trezentos e sessenta) dias.

Art. 224 – Deixar de comparecer, injustificadamente, ao órgão de Justiça Desportiva, quando regularmente intimado.

PENA: Suspensão de 30 (trinta) a 240 (duzentos e quarenta) dias.

Art. 225 – Deixar a entidade desportiva de tomar providências para o comparecimento a órgão da Justiça Desportiva, quando intimado por seu intermédio, de qualquer pessoa que lhe seja subordinada.

PENA: Multa de R$5.000,00 (cinco mil reais) a R$50.000,00 (cinqüenta mil reais).

Art. 226 – Deixar a entidade de administração do desporto da mesma jurisdição territorial de prover os órgãos da justiça desportiva dos recursos humanos e materiais necessários ao seu pleno e célere funcionamento quando devidamente notificado pelo presidente do Órgão Judicante (STJD ou TJD), dentro do prazo fixado na notificação.

PENA: Suspensão do Presidente da entidade desportiva ou de quem suas vezes o fizer até o integral cumprimento da obrigação.

Art. 227 – Admitir ao exercício de cargo ou função, remunerados ou não, quem estiver eliminado ou em cumprimento de pena disciplinar, na mesma modalidade.

PENA: Multa de R$5.000,00 (cinco mil reais) a R$50.000,00 (cinqüenta mil reais).

Art. 228 – Exercer cargo, função ou atividade, na modalidade desportiva, durante o período em que estiver suspenso por decisão da Justiça Desportiva.

PENA: Suspensão de 90 (noventa) a 180 (cento e oitenta) dias, sem prejuízo da pena anteriormente imposta.

Art. 229 – Dar ou oferecer vantagem a testemunha, perito, tradutor, intérprete, para fazer afirmação falsa, negar ou calar a verdade em depoimento, perícia, tradução, interpretação.

PENA: Suspensão de 2 (dois) a 4 (quatro) anos e eliminação na reincidência.

Art. 230 – Não devolver os autos à Secretaria no prazo estabelecido:

PENA: Multa de até R$5.000,00 (cinco mil reais).

Art. 231 – Pleitear, antes de esgotadas todas as instâncias da Justiça Desportiva, matéria referente à disciplina e competições perante o Poder Judiciário, ou beneficiar-se de medidas obtidas pelos mesmos meios por terceiro.

PENA: Exclusão do campeonato ou torneio que estiver disputando e multa de R$50.000,00 (cinqüenta mil reais) a R$500.000,00 (quinhentos mil reais).

CAPÍTULO IV
DAS INFRAÇÕES POR DESCUMPRIMENTO DE OBRIGAÇÃO

Art. 232 – Deixar de cumprir obrigação assumida em qualquer documento referente às atividades desportivas.

PENA: Multa de até R$5.000,00 (cinco mil reais) e cumprimento da obrigação no prazo que for fixado, além da indenização pelos prejuízos causados, quando requerida.

Art. 233 – Deixar de cumprir obrigação legal por fato ligado ao desporto.

PENA: Multa de R$5.000,00 (cinco mil reais) a R$50.000,00 (cinqüenta mil reais) e suspensão até o cumprimento da obrigação.

TÍTULO IX
DAS INFRAÇÕES CONTRA A MORAL DESPORTIVA

CAPÍTULO I
DAS FALSIDADES

Art. 234 – Falsificar, no todo ou em parte, documento público ou particular, omitir declaração que nele deveria constar, inserir ou fazer inserir declaração falsa ou diversa da que deveria ser escrita, para o fim de usá-lo perante a Justiça Desportiva ou entidade desportiva.

PENA: Suspensão de 180 (cento e oitenta) a 720 (setecentos e vinte) dias e eliminação na reincidência.

§1º – Nas mesmas penas incorrerá quem fizer uso do documento falsificado na forma deste artigo, conhecendo-lhe a falsidade.

§2º – No caso de falsidade de documento público, após o trânsito em julgado da decisão que a reconhecer, o presidente do Órgão Judicante encaminhará ao Ministério Público os elementos necessários à apuração da responsabilidade criminal.

§3º – Equipara-se a documento, para os efeitos deste artigo, as provas fotográficas, fonográficas, cinematográficas, de vídeoteipe e as imagens fixadas por qualquer meio eletrônico.

Art. 235 – Atestar ou certificar falsamente, em razão da função, fato ou circunstância que habilite atleta a obter registro, condição de jogo, inscrição, transferência ou qualquer vantagem indevida.

PENA: Suspensão de 180 (cento e oitenta) a 720 (setecentos e vinte) dias e eliminação na reincidência.

Art. 236 – Usar, em atividade desportiva, como própria, carteira de atleta ou qualquer documento de identidade de outrem ou ceder a outrem, para que dele se utilize, documento dessa natureza, próprio ou de terceiro.

PENA: Suspensão de 180 (cento e oitenta) a 720 (setecentos e vinte) dias e eliminação na reincidência.

CAPÍTULO II
DA CORRUPÇÃO, DA CONCUSSÃO E DA PREVARICAÇÃO

Art. 237 – Dar ou prometer vantagem indevida a quem exerça cargo ou função, remunerados ou não, em qualquer entidade desportiva ou Órgão da Justiça Desportiva, para que pratique, omita ou retarde ato de ofício ou, ainda, para que o faça contra disposição expressa de norma desportiva.

PENA: Suspensão de 2 (dois) a 4 (quatro) anos e eliminação na reincidência.

Art. 238 – Receber ou solicitar, para si ou para outrem, vantagem indevida em razão de cargo ou função, remunerados ou não, em qualquer entidade desportiva ou órgão da justiça desportiva, para praticar, omitir ou retardar ato de ofício, ou, ainda, para fazê-lo contra disposição expressa de norma desportiva.

PENA: Suspensão de 2 (dois) a 4 (quatro) anos e eliminação na reincidência.

Art. 239 – Deixar de praticar ato de ofício, por interesse pessoal ou para favorecer ou prejudicar outrem ou praticá-lo, para os mesmos fins, com abuso de poder ou excesso de autoridade.

PENA: Suspensão de 120 (cento e vinte) a 360 (trezentos e sessenta) dias e eliminação na reincidência.

Art. 240 – Aliciar atleta autônomo ou pertencente a qualquer entidade desportiva.

PENA: Suspensão de 60 (sessenta) a 180 (cento e oitenta) dias.

Parágrafo único – Comprovado o comprometimento da Entidade Desportiva no aliciamento, será ela punida com a pena de multa de R$50.000,00 (cinqüenta mil reais) a R$500.000,00 (quinhentos mil reais).

Art. 241 – Dar ou prometer qualquer vantagem a árbitro ou auxiliar de arbitragem para que influa no resultado da partida, prova ou equivalente.

PENA: Eliminação.

Parágrafo único – Na mesma pena incorrerá:

I – o intermediário;

II – o árbitro e o auxiliar de arbitragem que aceitarem a vantagem.

Art. 242 – Dar ou prometer vantagem indevida a membro de entidade desportiva, dirigente, técnico ou atleta, para que, de qualquer modo, influencie o resultado de partida, prova ou equivalente.

PENA: Eliminação.

Parágrafo único – Na mesma pena incorrerá o intermediário.

Art. 243 – Atuar, deliberadamente, de modo prejudicial à equipe que defende.

PENA: Suspensão de 180 (cento e oitenta) a 360 (trezentos e sessenta) dias.

§1° – Se o atleta cometer a infração mediante pagamento ou promessa de qualquer vantagem, a pena será de suspensão de 2 (dois) a 4 (quatro) anos e eliminação na reincidência.

§2° – O autor da promessa ou da vantagem será punido com pena de eliminação.

CAPITULO III

DAS INFRAÇÕES POR DOPAGEM

Art. 244 – Ser flagrado, comprovadamente dopado, dentro ou fora da partida, prova ou equivalente.

PENA: Suspensão de 120 (cento e vinte) a 360 (trezentos e sessenta) dias e eliminação na reincidência.

§1° – Se comprovada a participação direta da entidade desportiva a que pertença, o atleta, será ela punida com a perda de pontos, eventualmente obtidos na partida, prova ou equivalente, além de, no caso de desporto profissional, multa de R$50.000,00 (cinqüenta mil reais) a R$500.000,00 (quinhentos mil reais) e perda de sua parte na renda em favor do adversário, se houver.

§2° – Havendo reincidência na hipótese prevista no parágrafo anterior, a entidade desportiva será excluída da competição, partida, prova ou equivalente.

§3° – Se o atleta for praticante de modalidade de natureza olímpica ou paraolímpica, a pena será comunicada ao respectivo Comitê.

§4° – Não há prazo para a caracterização da reincidência nas infrações por dopagem.

§5° – Presume-se dopado, para os efeitos deste artigo, o atleta que não se submeter ao procedimento do controle de dopagem, quando regularmente notificado.

§6° Considera-se a infração consumada, nos casos de controle de dopagem fora-de-competição, quando o atleta, regulamente notificado não se submeter ao procedimento do controle de dopagem.

Art. 245 – Violar embalagem, frasco ou recipiente em que estiverem contidas as amostras destinadas a exame.

PENA: Suspensão de 120 (cento e vinte) a 180 (cento e oitenta) dias e eliminação na reincidência.

Parágrafo único. Se da violação resulta a inutilização da amostra, a pena será de 180 (cento e oitenta) a 360 (trezentos e sessenta) dias de suspensão.

Art. 246 Agir com negligência ou imprudência na guarda, transporte ou conservação da amostra, de modo a torná-la imprestável para o fim a que se destina.

PENA: Suspensão de 90 (noventa) a 120 (cento e vinte) dias e eliminação na reincidência.

Art. 247 – Falsificar, no todo ou em parte, o resultado da análise fornecida pelo laboratório ou nele inserir ou fazer inserir declaração falsa.

PENA: Eliminação.

Parágrafo único – Nas mesmas penas incorrerá quem fizer uso do resultado falsificado, se lhe conhecer a falsidade.

Art. 248 – Deixar de cumprir, no que se refere à dopagem, na forma ou nos prazos estabelecidos, as determinações deste Código, legislação federal, normas nacionais e internacionais e regras de cada modalidade, se da omissão resultar prejuízo para o controle da dopagem.

PENA: Suspensão de 30 (trinta) a 90 (noventa) dias e eliminação na reincidência.

Art. 249 – Ministrar ou prescrever ao atleta substância ou método proibido.

PENA: Eliminação.

§1º – Fica sujeita à mesma pena qualquer pessoa que tenha concorrido, direta ou indiretamente, para a ministração ou prescrição.

§2º – Se o autor da ministração ou prescrição exercer atividade pertinente à saúde, o fato, com todas as suas circunstâncias, será comunicado, após o trânsito em julgado da decisão, ao órgão de fiscalização do exercício profissional respectivo, para as providências previstas em Lei e, em caso de indícios de crime, contravenção ou outro, imediatamente comunicado à Autoridade competente e ao Ministério Público.

CAPÍTULO IV
DAS INFRAÇÕES DOS ATLETAS

Art. 250 – Praticar ato desleal ou inconveniente durante a partida, prova ou equivalente.

PENA: Suspensão de 1 (uma) a 3 (três) partidas, provas ou equivalentes.

Art. 251 – Reclamar, por gestos ou palavras, contra as decisões da arbitragem ou desrespeitar o árbitro e seus auxiliares.

PENA: Suspensão de 1 (uma) a 4 (quatro) partidas, provas ou equivalentes.

Art. 252 – Ofender moralmente o árbitro ou seus auxiliares:

PENA: Suspensão de 2 (duas) a 6 (seis) partidas, provas ou equivalentes.

Parágrafo único – Para todos os efeitos, o árbitro e seus auxiliares são considerados em função desde a escalação até o término do prazo fixado para a entrega dos documentos da competição na entidade.

Art. 253 – Praticar agressão física contra o árbitro ou seus auxiliares, ou contra qualquer outro participante do evento desportivo.

PENA: Suspensão de 120 (cento e vinte) a 540 (quinhentos e quarenta) dias.

§1º – Se da agressão resultar lesão corporal grave, a pena será de suspensão de 240 (duzentos e quarenta) a 720 (setecentos e vinte) dias.

§2º – Se, ultrapassado o prazo de suspensão fixado pelo Órgão Judicante, na forma do parágrafo anterior, e o atleta agredido permanecer impossibilitado da pratica da atividade por força da agressão sofrida, continuará o agressor suspenso até total recuperação do agredido.

Art. 254 – Praticar jogada violenta.

PENA: Suspensão de 2 (duas) a 6 (seis) partidas, provas ou equivalentes.

Art. 255 – Praticar ato de hostilidade contra adversário ou companheiro de equipe:

PENA: Suspensão de 1 (uma) a 3 (três) partidas, provas ou equivalentes.

Art. 256 – Desistir de disputar partida, depois de iniciada, por abandono de campo, simulação de contusão, ou tentar impedir, por qualquer meio, o seu prosseguimento.

PENA: Suspensão de 120 (cento e vinte) a 360 (trezentos e sessenta) dias.

Parágrafo único – Se a infração for praticada em virtude de cumprimento de ordem superior, ficará o autor da ordem sujeito à pena de suspensão de 1 (um) a 4 (quatro) anos.

Art. 257 – Participar de rixa, conflito ou tumulto, durante a partida, prova ou equivalente.

PENA: Suspensão de 2 (duas) a 10 (dez) partidas, provas ou equivalentes.

Parágrafo único – As entidades de prática desportiva cujos atletas tenham participado da rixa, conflito ou tumulto, perderão os pontos e a suas respectivas partes na renda.

Art. 258 – Assumir atitude contrária à disciplina ou à moral desportiva, em relação a componente de sua representação, representação adversária ou de espectador.
PENA: Suspensão de 1 (uma) a 10 (dez) partidas, provas ou equivalentes.

CAPÍTULO V

DAS INFRAÇÕES DOS ÁRBITROS, AUXILIARES E DELEGADOS

Art. 259 – Deixar de observar as regras da modalidade.

PENA: Suspensão de 30 (trinta) a 120 (cento e vinte) dias e, na reincidência, suspensão de 120 (cento e vinte) a 240 (duzentos e quarenta) dias.

Parágrafo único – A partida, prova ou equivalente poderá ser anulada se ocorrer, comprovadamente, erro de Direito.

Art. 260 – Omitir-se no dever de prevenir ou de coibir violência ou animosidade entre os atletas, no curso da competição.

PENA: Suspensão de 60 (sessenta) a 180 (cento e oitenta) dias e, na reincidência, suspensão de 180 (cento e oitenta) a 360 (trezentos e sessenta) dias.

Art. 261 – Não se apresentar devidamente uniformizado ou apresentar-se sem o material necessário ao desempenho das suas atribuições.

PENA: Suspensão de 10 (dez) a 90 (noventa) dias.

Art. 262 – Deixar de apresentar-se, sem justo motivo, no local destinado a realização da partida, prova ou equivalente com a antecedência mínima exigida no regulamento para o início da competição.

PENA: Multa de até R$5.000,00 (cinco mil reais).

Art. 263 – Deixar de comunicar à autoridade competente, em tempo oportuno, que não se encontra em condições de exercer suas atribuições.

PENA: Suspensão de 10 (dez) a 90 (noventa) dias.

Art. 264 – Não conferir documento de identificação das pessoas físicas constantes da súmula ou equivalente.

PENA: Suspensão de 30 (trinta) a 90 (noventa) dias.

Parágrafo único – Quando da omissão resultar a anulação da partida, prova ou equivalente ou desclassificação do atleta, a pena será de suspensão de 60 (sessenta) a 120 (cento e vinte) dias.

Art. 265 – Deixar de entregar ao órgão competente, no prazo legal, os documentos da partida, prova ou equivalente, regularmente preenchidos.

PENA: Suspensão de 30 (trinta) a 90 (noventa) dias.

Art. 266 – Deixar de relatar as ocorrências disciplinares da partida, prova ou equivalente, ou fazê-lo de modo a impossibilitar ou dificultar a punição de infratores, deturpar os fatos ocorridos ou fazer constar fatos que não tenha presenciado.

PENA: Suspensão de 120 (cento e vinte) a 720 (setecentos e vinte) dias.

Art. 267 – Deixar de solicitar às autoridades competentes as providências necessárias à segurança individual de atletas e auxiliares ou deixar de interromper a partida, caso venham a faltar essas garantias.

PENA: Suspensão de 60 (sessenta) a 180 (cento e oitenta) dias.

Art. 268 – Dar início à partida, prova ou equivalente, ou não interrompê-la quando, no local exclusivo destinado a sua prática, houver qualquer pessoa que não as previstas nas regras das modalidades, regulamentos e normas da competição.

PENA: Suspensão de 120 (cento e vinte) a 360 (trezentos e sessenta) dias.

Parágrafo único – Quando da infração resultarem ocorrências graves a pena será de suspensão de 1 (um) a 2 (dois) anos.

Art. 269 – Recusar-se, injustificadamente, a iniciar a partida, prova ou equivalente, ou abandoná-la antes do seu término.

PENA: Suspensão de 60 (sessenta) a 180 (cento e oitenta) dias.

Art. 270 – Dar publicidade a documento sem que esteja autorizado a fazê-lo.

PENA: Suspensão de 30 (trinta) a 90 (noventa) dias.

Art. 271 – Manifestar-se, publicamente, de forma desrespeitosa ou ofensiva sobre a atuação de árbitros ou auxiliares, bem como sobre o desempenho de atletas e equipes.

PENA: Suspensão de 60 (sessenta) a 120 (cento e vinte) dias.

Art. 272 – Assumir em praças desportivas, antes, durante ou depois da partida, atitude contrária à disciplina ou à moral desportiva.

PENA: Suspensão de 60 (sessenta) a 120 (cento e vinte) dias.

Art. 273 – Praticar atos com excesso ou abuso de autoridade.
PENA: Suspensão de 60 (sessenta) a 180 (cento e oitenta) dias.

CAPÍTULO VI
DAS INFRAÇÕES EM GERAL

Art. 274 – Invadir local destinado à equipe de arbitragem, ou à partida, prova ou equivalente, durante sua realização, inclusive intervalo regulamentar, sem a necessária autorização.

PENA: Suspensão de 120 (cento e vinte) a 720 (setecentos e vinte) dias.

Art. 275 – Proceder de forma atentatória à dignidade do desporto, com o fim de alterar resultado de competição.

PENA: Eliminação.

> Parágrafo único – Se do procedimento resultar a alteração pretendida, o Órgão Judicante anulará a partida, prova ou equivalente.

Art. 276 – Dar ou transmitir instruções a atletas, durante a realização de partida, prova ou equivalente, em local proibido pelas regras ou regulamento da modalidade desportiva.

PENA: Suspensão de 30 (trinta) a 120 (cento e vinte) dias.

Art. 277 – Constranger alguém, mediante violência, grave ameaça ou por qualquer outro meio, a não fazer o que a Lei permite ou a fazer o que ela proíbe.

PENA: Suspensão de 30 (trinta) a 120 (cento e vinte) dias.

Art. 278 – Ameaçar alguém, por palavra, escrito, gestos ou por qualquer outro meio, causar-lhe mal injusto ou grave.

PENA: Suspensão de 30 (trinta) a 120 (cento e vinte) dias.

Art. 279 – Incitar publicamente a prática de infração.

PENA: Suspensão pelo prazo de 1 (um) a 2 (dois) anos.

Art. 280 – Submeter criança ou adolescente, sob sua autoridade, guarda ou vigilância, a vexame ou a constrangimento, sendo, nesse caso, os autos remetidos ao Conselho Tutelar da Criança e do Adolescente.

PENA: Suspensão pelo prazo de 1 (um) a 2 (dois) anos.

Parágrafo único – Nas mesmas penas incorre, na medida de sua culpabilidade, o técnico responsável pelo atleta desportivamente reincidente na mesma competição.

TÍTULO X
DAS DISPOSIÇÕES GERAIS, TRANSITÓRIAS E FINAIS

CAPÍTULO I
DAS DISPOSIÇÕES GERAIS

Art. 281 – Não existindo ou, se existindo, deixar de funcionar o Órgão Judicante, a entidade de administração do desporto designará os seus representantes, que procederão na forma do parágrafo único do Art. 15 deste Código.

Art. 282 – Os casos omissos e as lacunas deste código serão resolvidos com a adoção dos princípios gerais de direito e dos princípios que regem este Código, vedadas, na definição e qualificação de infrações, as decisões por analogia.

Art. 283 – A interpretação das normas deste Código far-se-á com observância das regras gerais de hermenêutica, visando à defesa da disciplina e da moralidade do desporto.

Art. 284 – Após o trânsito em julgado das decisões condenatórias, serão elas remetidas, quando for o caso, aos respectivos órgãos de fiscalização do exercício profissional, para as providências que entenderem necessárias.

CAPÍTULO II
DISPOSIÇÕES TRANSITÓRIAS E FINAIS

Art. 285 – Os mandatos dos atuais auditores ficam mantidos até o seu término.

Art. 286 – Este Código entrará em vigor na data de sua publicação, mantidas as regras anteriores aos processos em curso.

Art. 287 – Ficam revogadas as Portarias MEC nº 702, de 17 de dezembro de 1981; nº 25 de 24 de janeiro de 1984; nº 328, de 12 de maio de 1987; relativas ao Código Brasileiro Disciplinar de Futebol (CBDF); Portarias MEC nº 629, de 2 de setembro de 1986; nº 877, de 23 de dezembro de 1986, relativas ao Código Brasileiro de Justiça e Disciplina Desportivas (CBJDD), e as Resoluções de Diretoria das entidades de administração do desporto que se tenham incorporado às Portarias ora revogadas, e demais disposições em contrário.

2. DAS INFRAÇÕES DISCIPLINARES

a) INFRAÇÕES CONTRA ATLETAS

Art. 250 – Praticar ato desleal ou inconveniente durante a partida, prova ou equivalente.

PENA: Suspensão de 1 (uma) a 3 (três) partidas.

EXPLICAÇÃO PELO ENTENDIMENTO DA MAIORIA DOS TRIBUNAIS DESPORTIVOS:

- Puxar a camisa;
- Chutar a bola para longe com o jogo paralisado;
- Obstruir;
- Colocar a mão na bola.

Art. 251 – Reclamar, por gestos ou palavras, contra as decisões da arbitragem ou desrespeitar o árbitro e seus auxiliares.

PENA: Suspensão de 1 (uma) a 4 (quatro) partidas.

EXPLICAÇÃO PELO ENTENDIMENTO DA MAIORIA DOS TRIBUNAIS DESPORTIVOS:

- Jogar bola contra o chão após a marcação da arbitragem
- Abrir os braços reclamando
- Virar de costas para o árbitro
- Reclamar com gestos ou palavras, desde que não atinja a moral do árbitro ou auxiliar

Art. 252 – Ofender moralmente o Árbitro ou seus auxiliares.

Vale esclarecer que o árbitro e seus auxiliares são considerados em função, desde a escalação até o término do prazo fixado para a entrega dos documentos da competição em até 4 (quatro) horas contadas do término da partida, a súmula e os relatórios da partida ao representante da entidade responsável pela organização da competição.

PENA: Suspensão de duas a seis partidas.

EXPLICAÇÃO PELO ENTENDIMENTO DA MAIORIA DOS TRIBUNAIS DESPORTIVOS:

- Proferir palavras de baixo calão contra o árbitro e seus auxiliar;
- Girar o dedo polegar na palma da mão, insinuando que o árbitro está "roubando".

Art. 253 – Praticar agressão física contra o árbitro ou seus auxiliares, ou contra qualquer outro participante do evento desportivo.

PENA: Suspensão de 120 (cento e vinte) a 540 (quinhentos e quarenta) dias. Se resultar em lesão corporal grave, pena de 240 a 720 dias. Se a lesão do agredido permanecer após o tempo de cumprimento da pena, continuará o agressor suspenso até a total recuperação do agredido.

EXPLICAÇÃO PELO ENTENDIMENTO DA MAIORIA DOS TRIBUNAIS DESPORTIVOS:

- Troca de socos;
- Qualquer tipo de agressão com os pés, cotovelo e ombro.

DA DISTORÇÃO TRAZIDA PELO CÓDIGO:

O presente artigo 253 do CBJD, veio não somente "tentar" substituir o artigo 310 do Código Brasileiro Disciplinar de Futebol (CBDF), como deixar uma aresta intransponível não só para defesa que deverá ser apresentada em prol de cada atleta, como, também, para o julgamento do processo disciplinar pelos próprios Auditores designados.

O tema "Agressão Física", tipificada pelo *caput* do artigo, leva a crer que a punição seja aplicada quando a agressão física resultar em lesão corporal leve ou seus desmembramentos – O QUE NECESSITARIA DE REGISTRO DE OCORRÊNCIA POLICIAL, EXAME DE CORPO DELITO, INSTAURAÇÃO DE PROCESSO CRIMINAL (E/OU CÍVEL DE RESPONSABILIDADE CIVIL OBJETIVA), APÓS DENÚNCIA DO MINISTÉRIO PÚBLICO, O QUE SOMENTE PODERIA FICAR CARACTERIZADO, APÓS O TRÂNSITO EM JULGADO DO PROCESSO JUDICIAL CRIMINAL.

Entendo, salvo melhor juízo, que não poderá ser aplicada a punição de lesão corporal, sem a produção de prova pericial que deverá ser produzida pela Procuradoria. Para que não haja qualquer dúvida de interpretação, caso a Procuradoria não requeira a produção de tal instrumentalização, deve a parte requer no prazo legal, antes do julgamento para ser apreciado pelo Relator.

O não deferimento de prova pericial é o caso flagrante de imposição de cerceamento da ampla defesa e contraditório, institutos esses consagrados pela Constituição federal e Pela Lei 9.615/98.

A prova pericial, pelo Código, tem a funcionalidade na forma do artigo 65, para "Exame". Ora, não se pode verificar a existência de lesão corporal leve ou grave, senão por exame de prova pericial médica, onde é facultado às partes indicar assistente-técnico e formular quesitos. Não se pode alegar ato protelatório e desnecessidade de prova, eis que os julgadores, não tem conhecimento técnico para apurar ou não se houve lesão. É o mesmo caso do *Doping*, sem laudo pericial não se pode constar o tipo.

A Descrição acima não deve ser desconsiderada, eis que o parágrafo único do mesmo artigo, prevê punição maior se a agressão física resultar de LESÃO CORPORAL GRAVE.

Como se pode delimitar e discriminar a separação do tipo penal, senão obedecendo ao Ordenamento Jurídico Judicial, conseqüentemente aguardando a garantia dos direitos fundamentais estatuído pela Constituição Federal.

A legislação desportiva revogada (CBDF) possuía uma vertente de menor gravidade do estabelecido pelo Novo Código, qual seria: a figura das "Vias de Fato". Certamente tal distorção será revista na própria legislação, pois entendo que a jurisprudência do Tribunal não pode suprir a falta de tipificação de infração delimitada pela FIFA.

Somente a título de exemplo de distorção do artigo 253 e uma indagação que deve ser estudada e repensada:

- A primeira distorção seria a prática de um simples empurrão, um pequeno entrevero entre atletas para ficar com a posse da bola e o Sr. Árbitro da partida, anuncia na súmula que expulsou o(s) atleta(s) por "agressões mútuas". A pergunta é: mesmo sendo a Súmula, a partir de agora, de presunção relativa, certamente, dado a palavra "agressão", o(s) atleta(s) seria(m) denunciado(s) pela Procuradoria desportiva pelo *Caput* do artigo, podendo suspender o(s) mesmo(s), dado a elasticidade dos prazos, de um ou dois campeonatos seguidos!
- O outro fato seria a punição contínua de um atleta suspenso quando ultrapassado o prazo de suspensão fixado pelo Órgão Judicante, na forma do parágrafo 2º do Art. 253, e o atleta agredido permanecer impossibilitado da pratica da atividade por força da agressão sofrida, continuando o agressor suspenso até total recuperação do agredido.

A pergunta se desenvolve em duas vertentes distintas:

a) Se o atleta supostamente agredido, em final de carreira, por uma hipotética lesão, encerrar sua carreira?

b) Tem o Tribunal Desportivo legitimidade legal para julgar o Direito ao (não do) Trabalho, estabelecido em cláusula pétrea da Constituição?

O fato, se ocorrer, deverá ser discutido na esfera penal e civil, sendo esta última a única com competência absoluta para analisar o nexo de causalidade, com a apuração de dolo ou culpa, não necessariamente nesta ordem.

Mais, numa simples disputa de bola, por uma fatalidade, um dos adversários sofre uma lesão grave, como, por exemplo, rompimento de ligamentos ou fratura, o outro atleta sofrerá a mesma punição do artigo em tela?

O QUE DETERMINAM OS CÓDIGOS:

CBJD – CAPÍTULO IV

DAS INFRAÇÕES DOS ATLETAS

Art. 253 – Praticar agressão física contra o árbitro ou seus auxiliares, ou contra qualquer outro participante do evento desportivo.

PENA: Suspensão de 120 (cento e vinte) a 540 (quinhentos e quarenta) dias.

§1º – Se da agressão resultar lesão corporal grave, a pena será de suspensão de 240 (duzentos e quarenta) a 720 (setecentos e vinte) dias.

§2º – Se, ultrapassado o prazo de suspensão fixado pelo Órgão Judicante, na forma do parágrafo anterior, e o atleta agredido permanecer impossibilitado da pratica da atividade por força da agressão sofrida, continuará o agressor suspenso até total recuperação do agredido.

DA LEGISLAÇÃO ANTERIOR REVOGADA (CBDF)
Aprovado pela Portaria MEC nº 702, de 17 de dezembro de 1981

Art. 310 – Praticar vias de fato contra companheiro de equipe ou componente de equipe adversária.

PENA: Suspensão de 2 (duas) a 4 (quatro) partidas.

Parágrafo Único – Se da infração resultar lesão corporal grave, a pena será de suspensão de trinta (30) a noventa (90) dias.

Como as penas não só foram agravadas e tendo o tipo disciplinar das vias de fato sido revogado, hoje o atleta que for expulso por uma agressão física (sem lesão corporal), como, por exemplo, um tapa, poderá ser "condenado" a suspensão de até 540 dias, inclusive, se a lesão do agredido permanecer após o tempo de cumprimento da pena, continuará o agressor suspenso até a total recuperação do agredido, PENA ESSA SOMENTE EQUIPARADA A PENA DE PRISÃO PERPÉTUA OU PENA DE MORTE, vedadas constitucionalmente.

A posição deve ser revista, pois a súmula da partida de futebol é de presunção relativa, porém em alguns casos a partida não é gravada em televisionamento, especialmente das categorias de base, o que deixa a prova desamparada, além de estar sendo a competência da Justiça desportiva extrapolada.

Em termos práticos, como não há mais a figura do artigo 310 acima citado, ou o Tribunal Desportivo pune o atleta por agressão física, ou desqualifica a denúncia para o artigo de prática de ato de hostilidade (Art. 255 do CBJD) ou para prática de jogada violenta (Art. 254 do CBJD), eis que não ficou caracterizada a agressão física.

Ocorre que, nem a definição do ato de hostilidade ou jogada violenta, conforme determinação da FIFA, serviria para o fim da caracterização da agressão física sem qualquer seqüela.

Para não gerar qualquer dúvida, em uma maior digressão no artigo 253 do CBJD, deveria ficar esclarecido que a agressão física sem a caracterização de lesão corporal seria punida por suspensão a ser delimitada em partidas e não em dias como atualmente está determinado.

Ainda assim, segundo o jurista desportivo Manoel Machado, o CBJD relaciona três tipos diversos de infrações em que podem ser enquadrados os conflitos ocorridos em campo entre os atletas, a depender da sua natureza e gravidade: a) ato de hostilidade (Art. 255); b) rixa, conflito ou tumulto (Art. 257); c) agressão física (Art. 253).

O Dicionário Aurélio define *hostilidade* como "ato de hostilizar, tratar como inimigo". E *rixa* como "contenda, briga, desordem, motim, revolta". A *agressão* é definida como "ato de agredir, que tem como sinônimos "atacar", "assaltar", "surrar", "espancar" etc.

O enquadramento da ação no tipo de infração depende de uma interpretação sistemática do que dispõe o CBJD. A agressão é punida com suspensão de 120 a 240 dias, dispondo o §1° do Art. 253 que a pena será de 240 (duzentos e quarenta) a 720 (setecentos e vinte) dias, "se da agressão resultar lesão corporal grave"

A leitura do dispositivo (*caput* e parágrafos) conduz à inarredável conclusão que somente há agressão quando dela resulta lesão do ofendido. O parágrafo pune mais severamente quando a lesão é grave, o que leva à conclusão inarredável de que o *caput* se aplica quando a lesão é leve.

A existência de lesão, portanto, é da essência do tipo descrito no Art. 253. Daí, a apenação mais severa.

Art. 254 – Praticar jogada violenta.

PENA: Suspensão de duas a seis partidas.

EXPLICAÇÃO PELO ENTENDIMENTO DA MAIORIA DOS TRIBUNAIS DESPORTIVOS:

- "Carrinho"
- Calço
- Solada
- Rasteira
- Pontapé

Art. 255 – Praticar ato de hostilidade contra adversário ou companheiro de equipe.

PENA: Suspensão de 1 (uma) a 3 (três) partidas.

EXPLICAÇÃO PELO ENTENDIMENTO DA MAIORIA DOS TRIBUNAIS DESPORTIVOS:

- Empurrão
- Cusparada
- Empurrar o rosto com a mão

Art. 256 – Desistir de disputar a partida, depois de iniciada, por abandono de campo, simulação de contusão, ou tentar impedir, por qualquer meio seu prosseguimento.

PENA: Suspensão de 120 (cento e vinte) a 360 (trezentos e sessenta) dias.

Se a infração for praticada em virtude de cumprimento de ordem superior, ficará o autor da ordem sujeito à pena de suspensão de um (um) a 4 (quatro) anos.

EXPLICAÇÃO PELO ENTENDIMENTO DA MAIORIA DOS TRIBUNAIS DESPORTIVOS:

- É vulgarmente conhecido como "cai-cai";
- Deixar o campo sem autorização do Árbitro com objetivo de terminar a partida.

Art. 257 – Participar de rixa, conflito ou tumulto, durante a partida.

PENA: Suspensão de 2 (duas) a 10 (dez) partidas.

As entidades de prática desportiva cujos atletas tenham participado da rixa, conflito ou tumulto, perderão os pontos e suas respectivas partes na renda.

EXPLICAÇÃO PELO ENTENDIMENTO DA MAIORIA DOS TRIBUNAIS DESPORTIVOS:

- Briga generalizada envolvendo vários atletas das duas equipes.
- Desordem, revolta, contenda, algazarra, luta.

Art. 258 – Assumir atitude contrária a disciplina ou a moral desportiva em relação a componentes de sua representação, representação adversária ou de espectador.

PENA: Suspensão de 1 (uma) a 10 (dez) partidas.

EXPLICAÇÃO PELO ENTENDIMENTO DA MAIORIA DOS TRIBUNAIS DESPORTIVOS:

- Gesto obsceno;
- Abaixar a calça;
- Mostrar os órgãos genitais.

b) INFRAÇÕES CONTRA TÉCNICOS, MÉDICOS, MASSAGISTAS, ROUPEIROS, DIRIGENTES E DEMAIS INTEGRANTES DA COMISSÃO TÉCNICA DURANTE A PARTIDA.

Art. 274 – Invadir o local destinado à equipe e arbitragem, ou à partida, durante sua realização, inclusive intervalo regulamentar, sem a necessária autorização.

PENA: Suspensão de 120 (cento e vinte) a 720 (setecentos e vinte) dias.

EXPLICAÇÃO PELO ENTENDIMENTO DA MAIORIA DOS TRIBUNAIS DESPORTIVOS:

- Invadir vestiário de árbitro.
- Invadir vestiário dos clubes.
- Invadir o campo durante a realização do jogo, inclusive durante o intervalo.

Art. 275 – Proceder de forma atentatória à dignidade do desporto, com fim de alterar resultado de competição.

PENA: Eliminação.

Se do procedimento resultar alteração pretendida, o Órgão Judicante anulará a partida.

EXPLICAÇÃO PELO ENTENDIMENTO DA MAIORIA DOS TRIBUNAIS DESPORTIVOS:

- Tentar ou subornar árbitros, atletas adversários.

Art. 276 – Dar ou transmitir instruções a atletas, durante a realização de partida, em local proibido pelas regras ou regulamento da modalidade desportiva.

PENA: Suspensão de 30 (trinta) a 120 (cento e vinte) dias.

EXPLICAÇÃO PELO ENTENDIMENTO DA MAIORIA DOS TRIBUNAIS DESPORTIVOS:

- Ultrapassar a linha limítrofe destinada ao técnico.

Art. 277 – Constranger alguém, mediante violência, grave ameaça ou por qualquer outro meio, a não fazer o que a Lei permite ou a fazer o que ela proíbe.

PENA: Suspensão de 30 (trinta) a 120 (cento e vinte) dias

EXPLICAÇÃO PELO ENTENDIMENTO DA MAIORIA DOS TRIBUNAIS DESPORTIVOS:

- Impor com violência física ou verbal ou qualquer outro meio alguém descumprir a legislação.

Art. 278 – Ameaçar alguém, por palavra, escrito, ou gestos ou por qualquer outro meio, causar-lhe mal injusto ou grave.

PENA: Suspensão de 30 (trinta) a 120 (cento e vinte) dias.

EXPLICAÇÃO PELO ENTENDIMENTO DA MAIORIA DOS TRIBUNAIS DESPORTIVOS:

- Ameaça que qualquer força que fira a honra, seu trabalho, sua função, causando a pessoa algum mal injusto ou grave.

Art. 279 – Incitar publicamente a prática de infração.

PENA: Suspensão de 1 (um) a 2 (dois) anos.

EXPLICAÇÃO PELO ENTENDIMENTO DA MAIORIA DOS TRIBUNAIS DESPORTIVOS:

- Incitar atleta a cometer qualquer infração, conforme determinado nos artigos 250 a 258, já explicados acima.

c) MÉDICO – DOPAGEM

Art. 249 – Ministrar ou prescrever ao Atleta substância ou método proibido.

> *Dopagem é a utilização de substância, método ou qualquer outro meio proibido, com o objetivo de obter modificação artificial de rendimento mental, ou físico de um atleta, que agrida à saúde ou o espírito de jogo, por si mesmo, ou por intermédio de outra pessoa, devidamente configurado mediante processo regular de análise, observadas as normas nacionais e internacionais.*

PENA: Eliminação.

Fica sujeita à mesma pena qualquer pessoa que tenha concorrido, direta ou indiretamente para a ministração ou prescrição.

> *Obs.: Se o Autor da ministração ou prescrição exercer atividade pertinente à saúde, o fato, com todas as suas circunstâncias, será comunicado, após o trânsito em julgado da decisão, ao órgão de fiscalização do exercício profissional respectivo, para as providências previstas em Lei e, em caso de indícios de crime, contravenção ou outro imediatamente comunicado à autoridade competente e ao ministério público.*

EXPLICAÇÃO PELO ENTENDIMENTO DA MAIORIA DOS TRIBUNAIS DESPORTIVOS:

- O Artigo tem o objetivo de reprimir os profissionais da área médica que incentivam a dopagem.

2.1 O QUE ENTENDE A FIFA SOBRE AS INFRAÇÕES DISCIPLINARES, COM DESCRIÇÃO E ESCLARECIMENTOS:

2.1.1 Instruções Adicionais para Árbitros, Árbitros-Assistentes e Quarto Árbitro.

A finalidade destas instruções adicionais para árbitros, Árbitros-Assistentes e quarto árbitro é facilitar a correta aplicação das regras de jogo.

O futebol é um esporte competitivo e o contato físico entre os jogadores é um aspecto normal e aceitável do jogo. Não obstante, os jogadores devem jogar respeitando as regras de jogo e os princípios do *Fair Play*, ou seja, do jogo limpo.

O jogo brusco grave e a conduta violenta são duas faltas que contribuem para uma agressão física inaceitável, punida com a expulsão na Regra 12.

a) Jogo Brusco Grave

Um jogador será culpado de jogo brusco grave se emprega força excessiva ou brutalidade contra seu adversário no momento de disputar a bola no jogo.

Todo jogador que tente tirar a bola de seu adversário que está à sua frente, pelo lado ou por detrás, trancando com força excessiva e pondo em perigo a integridade física do adversário, será culpado de jogo brusco grave.

b) Conduta Violenta

A conduta violenta pode ocorrer quer seja dentro ou fora do campo, estando ou não a bola em jogo. Um jogador será culpado de conduta violenta se emprega força excessiva ou brutalidade contra um adversário sem que a bola esteja em disputa entre os dois.

Será assim mesmo culpado de conduta violenta se emprega força excessiva ou brutalidade contra um companheiro ou qualquer outra pessoa.

c) Faltas Contra o Goleiro

Se recorda aos árbitros que:

- É infração se um jogador obstrui o goleiro no momento em que vai pôr a bola em movimento ou chutá-la
- Se deverá punir a um jogador por jogo perigoso se chuta ou tenta chutar a bola quando o goleiro a está pondo em jogo
- É infração obstruir de forma anti-esportiva o goleiro durante a execução de um tiro de canto.

d) Proteger a bola

Não é infração se um jogador que controla a bola a distância de jogo tenta protegê-la com o corpo, sem estender os braços.

Todavia, se impede que o adversário possa se apossar da bola utilizando a mão, os braços, as pernas ou o corpo de maneira anti-regulamentar, será punido com um tiro livre direto ou um penal, se a infração foi cometida na área penal.

e) Tesoura ou bicicleta

A tesoura ou a bicicleta são permitidas sempre que, na opinião do árbitro, não constitua uma ação perigosa para um adversário.

f) Mão intencional

Se recorda aos árbitros que a mão intencional se pune geralmente com um tiro livre direto ou penal, se a falta foi cometida na área penal. Normalmente não será aplicada uma advertência (cartão amarelo) ou uma expulsão (cartão vermelho).

g) Frustrar uma oportunidade clara de gol

Todavia, será expulso o jogador que impede com a mão intencional um gol ou frustre uma oportunidade clara de gol.
Essa punição não se impõe por mão intencional, e sim pela intervenção inaceitável e anti-regulamentar que impede marcar um gol.

h) Advertência por conduta antiesportiva devido a mão intencional

Existem circunstâncias nas quais, além de cobrar um tiro livre direto, se deverá advertir (cartão amarelo) a um jogador por conduta anti-esportiva, por exemplo, quando o jogador:

- toca ou golpeia deliberada e intencionalmente a bola para evitar que o adversário a receba
- se tenta marcar um gol tocando ou golpeando deliberadamente a bola.
- segurar um adversário

Uma crítica muito comum contra os árbitros é sua incapacidade de identificar corretamente e punir a infração de segurar a um adversário. Esta incapacidade de avaliar adequadamente a ação de segurar a camisa ou o braço pode conduzir a situações controvertidas, de modo que é imprescindível que os árbitros intervenham imediatamente e com firmeza ante esta situação, em virtude da Regra 12.

Geralmente, um tiro livre direto é punição suficiente, porém em certas circunstâncias se deverá impor uma punição adicional. Por exemplo:

- será advertido (cartão amarelo) por conduta anti-esportiva se um jogador segura o adversário para impedir que este obtenha a posse da bola ou possa colocar-se numa posição de jogo vantajosa
- será expulso o jogador que impeça uma oportunidade clara de gol ao segurar o adversário (o mesmo critério se aplicará nos casos de mão deliberada e intencional).

i) Execução de tiros livres

Se recorda aos árbitros que se deverá advertir a um jogador se:

- retarda o reinicio do jogo
- não observa a distância regulamentar quando se reinicia o jogo.

j) Sinais de impedimento

O fato de estar na posição de impedimento não constitui uma infração em si.

Os Árbitros-Assistentes deverão sinalizar o impedimento somente quando se deve punir o jogador por encontrar-se na dita posição.

k) Infração do goleiro

Se recorda aos árbitros que os goleiros não podem reter a bola em suas mãos por mais de seis segundos.

Todo goleiro culpado por infringir este dispositivo será punido com um tiro livre indireto.

l) Infratores persistentes

Infringir persistentemente as regras.
Os árbitros deverão ficar sempre atentos a respeito de jogadores que infringem persistentemente as regras de jogo. Considerarão acima de tudo que, inclusive quando um jogador comete diferentes infrações em distintos momentos, deverá ser advertido (cartão amarelo) por infringir persistentemente as regras.

m) Comportamento frente ao árbitro

O capitão de uma equipe não goza de condições especiais ou de privilégios de acordo com as regras do jogo, porém tem um certo grau de responsabilidade no que diz respeito à conduta de sua equipe.

Todo jogador que seja culpado em desaprovar com palavras a decisão do árbitro deverá ser advertido (cartão amarelo).

Todo jogador que agride a um árbitro ou que seja culpado de empregar linguagem ou gestos ofensivos, grosseiros e obscenos deverá ser expulso (cartão vermelho).

n) Simulação

Todo jogador que tente enganar o árbitro simulando contusão ou pretendendo ter sido alvo de receber uma falta será culpado de simulação e será advertido (cartão amarelo) por conduta anti-esportiva.

o) Retardar o reinicio do jogo

Os árbitros advertirão os jogadores que retardem o reinicio do jogo mediante as seguintes táticas:

- cobrar um tiro livre de lugar errado com a deliberada intenção de obrigar o árbitro a ordenar a sua repetição
- simular a intenção de lançar um arremesso lateral, porém deixar de imediato a bola para um companheiro para que este efetue o arremesso
- chutar para longe a bola ou levá-la nas mãos depois que o árbitro tenha paralisado o jogo
- retardar excessivamente o lançamento de um arremesso lateral ou de um tiro livre
- retardar a saída do campo de jogo durante uma substituição.

p) Comemoração de um gol

Por mais que seja permitido que os jogadores expressem sua alegria quando marcam um gol, a celebração não deverá ser excessiva.

Na Circular nº 579, a FIFA autoriza a comemoração, de forma razoável, de um gol. Todavia, não se deverá encorajar a prática de comemoração coreografada se esta ocasiona uma perda de tempo excessiva; neste caso, os árbitros deverão intervir.

Se advertirá a um jogador se, na opinião do árbitro:

- faz gestos ofensivos, debochados ou provocadores
- sobe nos alambrados em volta do campo para celebrar um gol

O fato de abandonar o campo para celebrar um gol não é, em si, uma infração punível, porém é essencial que os jogadores retornem ao campo de jogo imediatamente.

Se pretende que os árbitros atuem de maneira preventiva e utilizem o bom senso ao deparar-se com as celebrações de um gol.

q) Bebidas refrescantes

Os jogadores têm direito a tomar bebidas refrescantes durante uma interrupção da partida, porém unicamente na margem da linha lateral.

Não está permitido lançar bolsas de água ou qualquer outro tipo de recipiente com água no campo de jogo.

r) Jóias

Se recorda aos árbitros que, em virtude da Regra 4, os jogadores não deverão portar nenhum tipo de jóias.

s) Indicação dos minutos de acréscimo

Se recorda aos quarto árbitros que, por instrução do árbitro, a indicação dos minutos acrescidos ao final de cada tempo, será indicado unicamente ao final do último minuto do jogo de cada tempo.

t) Procedimentos em caso de jogadores contundidos

O árbitro deverá ater-se às seguintes instruções em caso de que um jogador fique contundido:

- permitirá seguir jogando até que a bola esteja fora de jogo se, em sua opinião, a lesão é leve
- interromperá o jogo se, na sua opinião, a lesão é grave
- depois de consultar com o jogador contundido, o árbitro autorizará a entrada no campo de jogo de um, máximo dois médicos, para avaliar o tipo de lesão e coordenar o transporte seguro e rápido do jogador para fora do campo.
- maqueiros entrarão no campo de jogo ao mesmo tempo que os médicos para acelerar o transporte do jogador
- o árbitro se assegurará que o jogador contundido seja transportado com segurança e rapidez para fora do campo
- não está permitido tratar o jogador em campo
- todo jogador com ferimento sangrando abandonará o campo de jogo e não poderá retornar até que o árbitro considere que o ferimento tenha deixado de sangrar
- quando autorizada a entrada dos médicos no campo de jogo, o jogador contundido deverá abandonar o campo, seja de maca ou caminhando. Se não cumpre esta regra, será advertido (cartão amarelo) por conduta anti-esportiva
- um jogador lesionado somente poderá reincorporar-se ao campo de jogo depois que a partida tenha sido reiniciada
- quando a bola está em jogo, o jogador contundido poderá ingressar novamente no campo de jogo, porém somente pela linha lateral

- quando a bola está fora de jogo, poderá entrar no campo de jogo por qualquer linha de demarcação
- unicamente o árbitro está autorizado a permitir que um jogador contundido volte a entrar no campo de jogo, independentemente de que a bola esteja ou não em jogo
- se o jogo não tenha sido interrompido por quaisquer outros motivos ou se a contusão sofrida pelo jogador não é causada por uma infração às Regras de Jogo, o árbitro reinicia o jogo com uma bola ao chão
- o árbitro acrescentará ao final de cada tempo o tempo perdido por contusão.

u) Exceções

As exceções a este procedimento só se verificam no caso de:

- contusão do goleiro
- quando o goleiro e um jogador se chocam e necessitam uma atenção imediata
- quando ocorre uma contusão grave, por exemplo, engolir a língua, concussão cerebral, fratura de perna etc.

v) A Área Técnica

Se espera que o quarto árbitro supervisione a área técnica de forma preventiva e sem buscar uma confrontação.

Não obstante, se os ocupantes da área técnica têm uma má conduta, o quarto árbitro deverá chamar imediatamente a atenção do árbitro.

2.2 DESCRIÇÃO DAS INFRAÇÕES SEGUNDO A FIFA

a) ENTRADAS VIOLENTAS

Um jogador que aplique uma entrada violenta será punido com um cartão vermelho.

Uma entrada violenta é quando um jogador se lança com um pé ou os dois pés para frente, quer seja de frente ou às costas do jogador que tenha a bola sem tocar esta última; ou quando se atira com a clara intenção de parar o jogador de forma violenta e sem se importar em que na ação toque ou não a bola.

b) AGARRAR E/OU PUXAR

O *International Football Association Board* manifestou sua preocupação pelo aumento dos AGARRÕES e PUXÕES no futebol atual, e reconheceu que nem todos esses casos são produtos de uma conduta antidesportiva, como é o caso de mão deliberada. Não obstante, expressou seu pesar porque os árbitros não aplicam rigorosamente as regras, ao sancionar os casos ostensivos de agarrões e puxões, e decidiu dar as seguintes instruções de CUMPRIMENTO OBRIGATÓRIO:

"Os árbitros deverão punir com um tiro livre direto, ou um tiro penal se a infração for cometida dentro da área penal, qualquer caso de agarrão ou puxão ostensivo e mostrarão ao jogador infrator cartão amarelo por comportamento antidesportivo."

c) JOGADOR QUE DEVA SER EXPULSO POR HAVER RECEBIDO UMA SEGUNDA ADVERTÊNCIA (CARTÃO AMARELO) NA MESMA PARTIDA

Se um jogador vai ser expulso por haver recebido uma segunda advertência (cartão amarelo) durante uma partida, o árbitro deverá primeiro mostrar o cartão amarelo e imediatamente depois o cartão vermelho, deixando bem claro que o jogador está sendo expulso por ter cometido pela segunda vez uma falta que mereça advertência (cartão amarelo) e não devido a uma falta que mereça expulsão imediata.

Quando um jogador cometer uma falta que mereça expulsão imediata, o árbitro mostrará de imediato o cartão vermelho, independente que esse jogador tenha ou não sido previamente advertido com o cartão amarelo.

d) CONDUTA VIOLENTA

A conduta violenta pode ocorrer quer seja dentro ou fora do campo de jogo, estando ou não a bola em jogo. Um jogador será culpado de conduta violenta se emprega força excessiva ou brutalidade contra um adversário sem que a bola esteja em disputa entre os dois.

É culpado de conduta violenta, também, se emprega força excessiva ou brutalidade contra um companheiro ou qualquer outra pessoa.

e) JOGO BRUSCO GRAVE

Um jogador será culpado de jogo brusco grave se emprega força excessiva ou brutalidade contra seu adversário no momento de disputar a bola em jogo.

O jogo brusco grave e a conduta violenta são duas faltas que contribuem para uma agressão física inaceitável, punida com a expulsão na Regra 12.

f) CARRINHO

A FIFA determina ainda que a decisão 5 da mesma Regra 12 é de cumprimento obrigatório, acarretando punição para quem não a cumprir.

Ela estabelece que:"Uma entrada (carrinho) por detrás que ponha em perigo a integridade física de um adversário deverá ser punida como jogo brusco grave".

g) SIMULAÇÃO

Não deve ser tolerada nenhuma simulação no campo de jogo que tenha por finalidade enganar o árbitro, que deverá ser punida como conduta antidesportiva.

h) IMPEDIR DELIBERADAMENTE AVANÇO DE JOGADOR

Todo jogador que impeça deliberadamente o avanço de um adversário, seja empregando a mão, o braço, a perna ou qualquer outra parte do corpo, deverá ser punido com um tiro livre direto a favor da equipe contrária ou com um penal se a infração tenha sido cometida dentro da área penal.

i) FALTAS PUNÍVEIS COM CARTÃO AMARELO

As seguintes faltas deverão ser punidas, independente do correspondente tiro livre, com advertência com o cartão amarelo:

a) quando, afim de impedir que o adversário se apodere da bola e por não poder jogá-la de outra forma, um jogador a detenha com uma ou ambas as mãos, a golpeie com o punho ou a retenha consigo

b) quando segure a um adversário para impedir que este se apodere da bola

c) quando um jogador atacante marcar um gol recorrendo ao uso ilegal das mãos.

j) PERSISTIR EM FALTAS E PERDER TEMPO

Todo jogador que persista em infringir as Regras de Jogo deverá ser advertido (cartão amarelo) e com vermelho se reincidir, depois de advertido.

Todo jogador que perde tempo deverá ser advertido (cartão amarelo).

Os jogadores que retardem o reinicio do jogo mediante as seguintes táticas, serão advertidos:

a) cobrar um tiro livre de lugar errado com a deliberada intenção de obrigar o árbitro a ordenar a sua repetição
b) simular a intenção de lançar um arremesso lateral, porém deixar de imediato a bola para um companheiro para que este efetue o arremesso
c) chutar para longe a bola ou levá-la nas mãos depois que o árbitro tenha paralisado o jogo
d) retardar excessivamente o lançamento de um arremesso lateral ou de um tiro livre;
e) retardar a saída de campo durante uma substituição
f) finge estar contundido
g) se coloca em frente a bola durante a execução de um tiro livre concedido à equipe adversária
h) demora a organizar a barreira
i) quando goleiro, utilizar todo tipo de manobra com a finalidade de ganhar tempo para sua equipe etc.

k) PROVOCAÇÕES

Não permita que jogadores usem de malabarismos, exibicionismos etc.

com o objetivo de provocar ou ridicularizar o adversário. Atue preventivamente evitando revides, agressões e até brigas generalizadas.

l) FALTAS SOBRE O GOLEIRO

Se cometerá uma falta no goleiro quando:

- um jogador salte sobre o mesmo com o pretexto de cabecear a bola
- se mova de um lado para o outro diante do goleiro para impedi-lo de pôr a bola em jogo
- ficar diante a execução de um tiro de córner e se aproveitar dessa posição para obstruir o goleiro antes que se execute o tiro e antes que a bola esteja em jogo
- tentar chutar a bola no momento em que o goleiro a solta para colocá-la em jogo.

m) CUSPIR

Cuspir, em um adversário ou qualquer outra pessoa será considerado como conduta violenta, e como tal deve ser punida.

n) IMPEDIR POSSIBILIDADE CLARA DE GOL

Se, na opinião do árbitro, um jogador que se dirige até a meta contrária com a possibilidade clara de marcar um gol e é impedido de maneira intencional por um adversário usando meios ilegais, quer dizer uma falta punível com tiro livre (ou tiro penal) impedindo assim, que a equipe do jogador atacante tenha oportunidade clara de marcar um gol, o jogador que cometeu a falta deverá ser expulso do campo por jogo brusco grave, de acordo com a Regra 12.

CONDIÇÕES QUE DEVEM CUMPRIR-SE:

a) O jogador deve ir diretamente em direção à meta contrária, com o controle completo da bola
b) Se existe um jogo brusco grave ou conduta violenta e o árbitro aplica a vantagem, seja qual for o resultado, deve expulsar o jogador, em cumprimento ao disposto na Regra 12
c) O árbitro deve estar sempre próximo ao tomar essas decisões (*International Football Association Board*).

Se, na opinião do árbitro, um jogador diferente do goleiro, em sua própria área penal, impede a um adversário de marcar um gol ou uma oportunidade clara de marcar um gol mediante um toque de mão intencional, o jogador infrator deverá ser expulso do campo de jogo, de acordo com a Regra 12.

Nem todos os jogadores que manipulam a bola com as mãos devem ser expulsos:

a) há casos em que o goleiro toca a bola com as mãos fora da grande área e aqui também deve ter-se em conta a colocação dos demais defensores;

b) se, se corta com as mãos a possibilidade clara de gol, o jogador infrator deve ser expulso

c) se um atacante não vai direto à meta contrária e o goleiro sai da área penal e toca a bola com as mãos, não deve ser expulso, deve ser advertido, porque não impediu uma possibilidade clara de gol.

o) DISTÂNCIA DE 9,15 m

Quando o árbitro concede um tiro livre, todos os jogadores da equipe adversária se colocarão imediatamente a distância regulamentar. O jogador que não cumpre esta determinação será imediatamente advertido.

p) Circular N° 453 – Zürich, de 12 de fevereiro de 1991

INTERPRETAÇÃO DA INSTRUÇÃO OBRIGATÓRIA DO INTERNATIONAL FOOTBALL ASSOCIATION BOARD RELATIVA À REGRA 12

A finalidade da presente circular é ajudar as associações nacionais e a seus árbitros a interpretar de maneira uniforme a instrução obrigatória que emitiu, em 28 de junho de 1990, o I.F.A. Board e que foi assunto da circular nº 438 da FIFA, de 06/9/90.

Recordamos o texto:

INSTRUÇÃO OBRIGATÓRIA DO I. F. A. BOARD

"Se, na opinião do árbitro um jogador que se dirige até o gol contrário com a oportunidade clara e manifesta de marcar um gol é impedido de maneira intencional e física por meios ilegais, quer dizer, uma falta punível com um tiro livre (ou um tiro penal), impedindo assim a equipe do jogador atacante a oportunidade mencionada de marcar um gol, o jogador faltoso deverá ser expulso do campo de jogo por falta grave de acordo com a Regra 12". Atualmente na regra editada em 2002/2003, Regra 12, sob o título Faltas Puníveis com uma Expulsão, um jogador será expulso e receberá cartão vermelho se comete uma das seguintes sete faltas:

1 – ser culpado de jogo brusco grave
2 – ser culpado de conduta violenta
3 – ....
4 – ....
5 – impedir a oportunidade clara e manifesta de um gol de um adversário que se dirige à meta contrária, mediante uma falta punível com um tiro livre ou penal
6 – ....
7 – ....

Os árbitros devem ser mais enérgicos na aplicação desse item da Regra 12, afim de que a finalidade que esta busca (proteger aos atacantes, atuar contra o jogo destruidor e restituir ao futebol uma parte de sua atratividade perdida) possa ser atingido. Tanto os árbitros quanto os jogadores devem compreender que a falta castigada com uma expulsão é grave em relação ao jogo e, não necessariamente, em relação com o jogador vítima dessa falta. De tal forma, que se puna mais a destruição de uma possibilidade de gol que a falta física sobre um adversário.

Isto significa que importa pouco que a falta física seja menor (puxar pela camiseta) ou maior (derrubar a um adversário por detrás), unicamente é importante o fato que tenha sido cometida uma falta antidesportiva grave.

Em conseqüência, é conveniente ater-se aos seguintes princípios. O árbitro deve, em cada caso que se apresente:

a) decidir se cometeu falta ou não; se não houve falta, o jogo deve continuar; se houve falta (falta física, inclusive de menor gravidade, punível com um tiro livre ou penal).

Em seguida, deve considerar:

> b) se a infração de que o atacante tenha sido vítima teve por conseqüência a destruição de uma clara e evidente possibilidade de gol, punir com o tiro livre direto ou penal e expulsão;

Havendo a infração, mas sem impedir uma oportunidade clara de gol um tiro livre ou penal deve ser marcado (se necessário uma advertência deve ser aplicada).

Por outro lado se deve igualmente ter em conta que não faz nenhuma diferença entre as faltas cometidas fora ou dentro da área penal. Se houver impedimento de uma possibilidade evidente de marcar um gol no interior da área, o árbitro deve conceder um tiro penal e expulsar o infrator.

Para se definir se uma possibilidade de gol é evidente ou não, se deve aplicar os seguintes princípios:

1) o atacante se dirige para o gol contrário? (e não até a linha de meta; nesse sentido dirigir-se em direção da bandeirinha de córner não deve ser considerado como uma evidente ocasião de marcar um gol).
2) em que posição estão os defensores em relação com o lugar donde a falta foi cometida?
3) onde foi cometida a falta em relação ao gol adversário? (quanto a distância é maior, menor a possibilidade de marcar um gol é evidente).

Finalmente, se deve recordar que:

- Apesar de que o árbitro quando toma uma decisão deve considerar todos os critérios anteriormente mencionados, são ao fim de tudo seu julgamento e sua opinião que prevalecem.
- Se o árbitro observa uma vantagem depois de que uma tentativa de destruição evidente tenha fracassado, este deverá aplicar a punição correspondente uma vez que a fase de jogo tenha terminado.

A instrução obrigatória acima mencionada deve ser aplicada com inteligência e precisão. Ela pode contribuir ainda muito mais ao nosso esporte que o que tenha sido feito até agora.

2.3. OBSERVAÇÕES IMPORTANTES DO NOVO CÓDIGO:

A) Tentativa de cometer infração:

- A partir de agora a infração por tentativa é punida com pena reduzida a metade.

B) Menores de 14 anos:

- Não há punição para os menores de 14 anos – Em caso de reincidência será punido o técnico ou seu representante legal.

C) Não aplicação de pena pecuniária:

- As penas pecuniárias não serão aplicadas a atletas de práticas não profissionais.

D) Conseqüências da suspensão por prazo:

- A suspensão por prazo priva o punido de participar de quaisquer competições na respectiva modalidade desportiva, de ter acesso a recintos reservados de praças de desportos, excluída a entidade de prática que pertencer, de praticar atos oficiais referentes à respectiva modalidade desportiva e exercer qualquer cargo ou função em poderes de entidades de administração do desporto da modalidade e na Justiça Desportiva.

E) A conversão de pena:

- 1/3 (um terço) da pena de suspensão por prazo poderá ser cumprida mediante a execução de atividades de interesse público.

F) Alteração de Uniforme:

- Alterar uniforme de competição sem autorização da entidade desportiva (Pena de R$5.000,00 ou suspensão de competições até o pagamento).

G) Eleição ou mudança de Estatuto do Clube:

- Deixar de comunicar eleição ou mudança no Estatuto do Clube – pena de R$5.000,00 a R$50.000,00, ou suspensão de competições até o pagamento.

H) Atraso do início ou reinício da partida:

- Dar causa ao atraso do início ou do reinício da realização da competição marcada para sua praça de desportos. Pena de até – frise-se – , R$5.000,00 (cinco mil reais) por minuto.

Sobre esse tema, o livro traz uma diversificação de tema sobre a sua digressão de pena de multa, com objetivo de tornar contundente o tema que merece capítulo diferenciado.

I) Da Pena de Eliminação:

Nem os médicos escaparam das punições rígidas do CBJD, pois aquele que ministrar a atleta substância proibida (*doping*), será eliminado do desporto:

Art. 249 – Ministrar ou prescrever ao atleta substância ou método proibido.

PENA: Eliminação.

É preciso ter cuidado, com a aplicação de pena de eliminação, pois estaremos contemplando, administrativamente, uma punição somente equiparada à pena de prisão perpétua, ou pena de morte, podendo alijar um profissional ao seu direito ao (não de) trabalho constitucional, expressamente vedado pela Constituição Brasileira:

Art. 5 – Todos são iguais perante a Lei, sem distinção de qualquer natureza, garantindo-se aos brasileiros e aos estrangeiros residentes no País a inviolabilidade do direito à vida, à liberdade, à igualdade, à segurança e à propriedade, nos termos seguintes:

XIII – é livre o exercício de qualquer trabalho, ofício ou profissão, atendidas as qualificações profissionais que a Lei estabelecer;

XXXV – a Lei não excluirá da apreciação do Poder Judiciário lesão ou ameaça a direito;

XLI – a Lei punirá qualquer discriminação atentatória dos direitos e liberdades fundamentais;

LIII – ninguém será processado nem sentenciado senão pela autoridade competente;

Outros temas sobre eliminação devem ser reavaliados no CBJD, POR ESTAREM TOTALMENTE FORA DE CONSONÂNCIA COM A CONSTITUIÇÃO FEDERAL, tais como:

Art. 34 – O processo desportivo observará os procedimentos sumário ou especial, regendo-se ambos pelas disposições que lhes são próprias e aplicando-se-lhes, obrigatoriamente, os princípios gerais de direito.

VI – infrações punidas com eliminação;

Art. 99 – A pessoa física que houver sofrido eliminação poderá pedir reabilitação ao Órgão Judicante que lhe impôs a pena definitiva, se decorridos mais de 4 (quatro) anos do trânsito em julgado da decisão, instruindo o pedido com a documentação que julgar conveniente e, obrigatoriamente, com a prova do pagamento dos emolumentos, com a prova do exercício de profissão ou de atividade escolar e com a declaração de no mínimo, 3 (três) pessoas vinculadas ao desporto, de notória idoneidade, que atestem plenamente as condições de reabilitação.

Art. 170 – Às infrações disciplinares previstas neste Código correspondem as seguintes penas:

I – advertência;
II – multa;
III – suspensão por partida;
IV – suspensão por prazo;
V – perda de pontos;
VI – interdição de praça de desportos;
VII – perda de mando de campo;
VIII – indenização;
IX – eliminação;
X – perda de renda;
XI – exclusão de campeonato ou torneio.

§1º – As penas disciplinares não serão aplicadas a menores de 14 (quatorze) anos.

§2º – As penas pecuniárias não serão aplicadas a atletas de prática não-profissional.

§3º – Atleta não-profissional é aquele definido nos termos da Lei.

Art. 177 – A pena de eliminação priva o punido de qualquer atividade desportiva na respectiva modalidade, em todo o território nacional.

Art. 209 – Tomar atitudes, assumir compromissos ou adotar providências, quando na chefia de delegação em congressos ou competições internacionais, possíveis de comprometer a moralidade ou a reputação dos poderes públicos ou das entidades desportivas de grau superior, nacionais ou estrangeiras.

PENA: Suspensão de 360 (trezentos e sessenta) a 720 (setecentos e vinte) dias e eliminação na reincidência.

Art. 220 – Deixar a autoridade desportiva que tomou conhecimento de falsidade documental de comunicar a infração ao competente Órgão Judicante.

PENA: Suspensão de 30 (trinta) a 90 (noventa) dias, e, na reincidência, eliminação.

Art. 222 – Prestar depoimento falso perante a Justiça Desportiva.

PENA: Suspensão de 90 (noventa) a 360 (trezentos e sessenta) dias e, na reincidência, eliminação.

Art. 229 – Dar ou oferecer vantagem a testemunha, perito, tradutor, intérprete, para fazer afirmação falsa, negar ou calar a verdade em depoimento, perícia, tradução, interpretação.

PENA: Suspensão de 2 (dois) a 4 (quatro) anos e eliminação na reincidência.

Art. 234 – Falsificar, no todo ou em parte, documento público ou particular, omitir declaração que nele deveria constar, inserir ou fazer inserir declaração falsa ou diversa da que deveria ser escrita, para o fim de usá-lo perante a Justiça Desportiva ou entidade desportiva.

PENA: Suspensão de 180 (cento e oitenta) a 720 (setecentos e vinte) dias e eliminação na reincidência.

Art. 235 – Atestar ou certificar falsamente, em razão da função, fato ou circunstância que habilite atleta a obter registro, condição de jogo, inscrição, transferência ou qualquer vantagem indevida.

PENA: Suspensão de 180 (cento e oitenta) a 720 (setecentos e vinte) dias e eliminação na reincidência.

Art. 236 – Usar, em atividade desportiva, como própria, carteira de atleta ou qualquer documento de identidade de outrem ou ceder a outrem, para que dele se utilize, documento dessa natureza, próprio ou de terceiro.

PENA: Suspensão de 180 (cento e oitenta) a 720 (setecentos e vinte) dias e eliminação na reincidência.

Art. 237 – Dar ou prometer vantagem indevida a quem exerça cargo ou função, remunerados ou não, em qualquer entidade desportiva ou Órgão da Justiça Desportiva, para que pratique, omita ou retarde ato de ofício ou, ainda, para que o faça contra disposição expressa de norma desportiva.

PENA: Suspensão de 2 (dois) a 4 (quatro) anos e eliminação na reincidência.

Art. 238 – Receber ou solicitar, para si ou para outrem, vantagem indevida em razão de cargo ou função, remunerados ou não, em qualquer entidade desportiva ou órgão da justiça desportiva, para praticar, omitir ou retardar ato de ofício, ou, ainda, para fazê-lo contra disposição expressa de norma desportiva.

PENA: Suspensão de 2 (dois) a 4 (quatro) anos e eliminação na reincidência.

Art. 239 – Deixar de praticar ato de ofício, por interesse pessoal ou para favorecer ou prejudicar outrem ou praticá-lo, para os mesmos fins, com abuso de poder ou excesso de autoridade.

PENA: Suspensão de 120 (cento e vinte) a 360 (trezentos e sessenta) dias e eliminação na reincidência.

Art. 241 – Dar ou prometer qualquer vantagem a árbitro ou auxiliar de arbitragem para que influa no resultado da partida, prova ou equivalente.

PENA: Eliminação.

Parágrafo único – Na mesma pena incorrerá:

I – o intermediário;

II – o árbitro e o auxiliar de arbitragem que aceitarem a vantagem.

Art. 242 – Dar ou prometer vantagem indevida a membro de entidade desportiva, dirigente, técnico ou atleta, para que, de qualquer modo, influencie o resultado de partida, prova ou equivalente.

PENA: Eliminação.

Parágrafo único – Na mesma pena incorrerá o intermediário.

Art. 243 Atuar, deliberadamente, de modo prejudicial à equipe que defende.

PENA: Suspensão de 180 (cento e oitenta) a 360 (trezentos e sessenta) dias.

§1º – Se o atleta cometer a infração mediante pagamento ou promessa de qualquer vantagem, a pena será de suspensão de 2 (dois) a 4 (quatro) anos e eliminação na reincidência.

§2º – O autor da promessa ou da vantagem será punido com pena de eliminação.

Art. 244 – Ser flagrado, comprovadamente dopado, dentro ou fora da partida, prova ou equivalente.

PENA: Suspensão de 120 (cento e vinte) a 360 (trezentos e sessenta) dias e eliminação na reincidência.

Art. 245 – Violar embalagem, frasco ou recipiente em que estiverem contidas as amostras destinadas a exame.

PENA: Suspensão de 120 (cento e vinte) a 180 (cento e oitenta) dias e eliminação na reincidência.

Art. 246 – Agir com negligência ou imprudência na guarda, transporte ou conservação da amostra, de modo a torná-la imprestável para o fim a que se destina.

PENA: Suspensão de 90 (noventa) a 120 (cento e vinte) dias e eliminação na reincidência.

Art. 247 – Falsificar, no todo ou em parte, o resultado da análise fornecida pelo laboratório ou nele inserir ou fazer inserir declaração falsa.

PENA: Eliminação.

Art. 275 – Proceder de forma atentatória à dignidade do desporto, com o fim de alterar resultado de competição.

PENA: Eliminação.

Entendemos que a Presente Portaria Ministerial, nos casos acima mencionados, embora com fundamentação explícita no artigo 50 da Lei 9.615/98, deveria sopesar os mandamentos constitucionais intensamente descritos acima, afim de evitar o uso do artigo 217 da Constituição Federal, onde o lesado pode utilizar-se do poder judiciário, para desconstituir a penalização de eliminação.

Conforme informa o Douto jurista desportivo João Bosco Luz de Morais, de acordo com o artigo 5 , XLVII, da CF, "não haverá penas de morte, salvo em caso de guerra, declarada, nos termos do Art. 84, XIX; de caráter perpétuo; de trabalhos forçados; de banimento; cruéis".

2.4) DO *DOPING* PELO CÓDIGO BRASILEIRO E AS DETERMINAÇÕES PARA SEREM OBSERVADAS AS NORMAS INTERNACIONAIS

DEFINIÇÃO SEGUNDO O CÓDIGO BRASILEIRO DE JUSTIÇA DESPORTIVA:

Art. 101 – Dopagem é a utilização de substância, método ou qualquer outro meio proibido, com o objetivo de obter modificação artificial de rendimento mental ou físico de um atleta, que agrida à saúde ou o espírito de jogo, por si mesmo ou por intermédio de outra pessoa, devidamente configurado mediante processo regular de análise, observadas as normas nacionais e internacionais.

DO RESULTADO ANORMAL DA ANÁLISE ANTIDOPAGEM

Art. 102 – Configurado o resultado anormal na análise antidopagem, o Presidente da entidade de administração do desporto ou quem o represente, em 24 (vinte e quatro) horas, remeterá o laudo correspondente, acompanhado do laudo da contraprova, ao Presidente do órgão judicante (STJD ou TJD), que decretará, também em 24 (vinte e quatro) horas, o afastamento preventivo do atleta, pelo prazo máximo de 30 (trinta) dias.

Sobre esse tema muito controvertido em nossos Tribunais Desportivos, sabiamente, o Código Brasileiro de Justiça Desportiva, em seu artigo 101 criou uma inovação na legislação desportiva brasileira, determinando que para a avaliação do *Doping*, deverão ser observadas as normas nacionais e internacionais.

Nesse sentido, traz o presente livro o que determina o Código Mundial Antidoping, com todas as definições e especificidades do *Doping*, procedimentos a serem adotados, por autoridades e atletas, além de restringir penalidades e determinar parâmetros para a Autoridade Desportiva e para o Sistema a ser utilizado, o que será, sem sombra de dúvida, uma fonte de consulta para os Julgadores e os Atletas, através de seus defensores.

A) O DOPING E A NOVA LEGISLAÇÃO BRASILEIRA – RESOLUÇÃO CNE N° 02, DE 05 DE MAIO DE 2004

Em 5 de maio de 2004, o Sr. Ministro dos Esportes e Presidente do Conselho Nacional de Esportes fez publicar a Resolução nº. 02, que institui as normas básicas de controle de dopagem nas partidas de futebol e outras modalidades de esporte.

A aludida Resolução veio dar lugar à Portaria MEC 531, de 10 de julho de 1985, já a muito ultrapassada, dado a evolução científica e percepção e entendimentos dos tribunais desportivos para essa matéria.

A Definição de Doping veio a aclarar um pouco mais do que a referida Portaria revogada, pela Resolução 01 de 2003 (o CBJD): "Conceitua-se como doping a substância, agente ou método capaz de alterar o desempenho do atleta, a sua saúde ou espírito do jogo, por ocasião de competição desportiva ou fora dela".

No entanto tal definição deve ser expressada e entendida na forma do artigo 2 da Resolução número 02 que deu outro enfoque, muito mais abrangente e detalhado do que a Portaria revogada, que deu margens a diversas interpretações e diversificações. Agora, bem mais dosada, determina que deve ser entendido por dopagem "administração ao atleta, ou o uso por parte deste, de substância, agente ou método capaz de alterar o desempenho do atleta, prejudicar a sua saúde ou comprometer o espírito do jogo, por ocasião de competição desportiva ou fora dela".

Embora o termo *dopagem* pode ser entendido de forma diversificada, trazemos ao conhecimento de todos a nova legislação brasileira que auxiliará não só aos auditores desportivos, mais, especialmente ao público que defenderá um atleta, pois as diretrizes a serem aplicadas terão como espelho a Resolução agora publicada. Não podemos nos ausentar da legislação mundial que trata especificamente do Doping, pois a mesma nos traz um universo e uma gama bem superior a Resolução e legislação brasileira, que, frise-se, já é um avanço em termos de legislação no mundo.

Ao analisarmos a Legislação nova, podemos verificar que a mesma tentou de forma eficaz avançar nos métodos de defesa, porém preocupada, como não poderia deixar de ser com a disciplina e moralidade no esporte em geral. Sugerimos, como a legislação brasileira é um tanto quanto nova, que a mesma deva ser interpretada, e como mesmo explicita o Novo Código, com o acompanhamento e definições já consagradas pelo Código Mundial Anti-doping, que também trazemos à colação para a meteria possa ser pesada e bem estudada, tanto nos moldes de sua aplicação, imposição, como em sua defesa.

RESOLUÇÃO Nº 02, DE 5 DE MAIO DE 2004

Institui Normas Básicas de Controle da Dopagem nas Partidas, Provas ou Equivalentes do Desporto de Rendimento de Prática Profissional e Não-Profissional.

O MINISTRO DE ESTADO DO ESPORTE E PRESIDENTE DO CONSELHO NACIONAL DE ESPORTE, no uso de suas atribuições,

Considerando a proposta apresentada pela Comissão de Combate ao Doping, instituída nos termos da Portaria ME Nº 101, de 29 de julho de 2003;

Considerando a competência do Conselho Nacional do Esporte- CNE, em expedir diretrizes para o controle de substâncias e métodos proibidos na prática desportiva, assim definidas no inciso VII do Art. 11 da Lei nº 9.615, de 24 de março de 1998 e suas alterações;

Considerando o que decidiu o Plenário do CNE na 6 a Reunião Ordinária realizada dia 28 de abril de 2004; e

Considerando, ainda, o resultado da revisão promovida pela Consultoria Jurídica do Ministério do Esporte, resolve:

CAPITULO I

DO DOPING E DA DOPAGEM

Art. 1 – Conceitua-se como doping a substância, agente ou método capaz de alterar o desempenho do atleta, a sua saúde ou espírito do jogo, por ocasião de competição desportiva ou fora dela.

Art. 2 – Por dopagem se entende a administração ao atleta, ou o uso por parte deste, de substância, agente ou método capaz de alterar o desempenho do atleta, prejudicar a sua saúde ou comprometer o espírito do jogo, por ocasião de competição desportiva ou fora dela.

Art. 3 – Considera-se infração por dopagem, o uso de substância proibida, ou a presença de seus metabólitos ou marcadores na urina ou sangue do atleta, o uso ou a tentativa de uso de substância ou método proibido, a adulteração ou tentativa de adulterar qualquer parte do controle de dopagem, a posse ilegal e o tráfico ilícito de qualquer substância ou método proibido.

Art.4 – O controle da dopagem de que trata esta Resolução objetiva detectar a administração ao atleta ou o uso por parte deste, das substâncias ou métodos exemplificados em seu Anexo I, e de acordo com a lista publicada anualmente no dia 1° de janeiro pela Agência Mundial Antidoping (AMA), respeitadas as concentrações propostas no Anexo II, ouvido o órgão competente do Ministério da Saúde.

Art. 5 – Os fármacos ou métodos previstos no Anexo I, quando ministrados ao atleta ou por este usados ainda que por motivo de doença e por prescrição médica, serão sempre considerados dopagem, salvo se ele apresente uma Isenção para Uso Terapêutico (IUT) devidamente registrada e aprovada na sua Entidade Nacional de Administração do Desporto, Federação Internacional, no Comitê Olímpico Brasileiro ou no Comitê Paraolímpico Brasileiro.

Art.6 – O atleta que apresentar em seus fluidos, quando submetido a controle de dopagem, substância ou método proibido, sofrerá as penalidades cominadas nesta Resolução e nas previstas no Código Brasileiro de Justiça Desportiva – CBJD, sem prejuízo das penalidades aplicáveis à Entidade de Prática ou Entidade de Administração a que pertença e às demais pessoas envolvidas no processo de dopagem.

Art. 7 – O disposto na presente Resolução aplica-se aos atletas, técnicos, treinadores, dirigentes, profissionais de saúde e quaisquer outros agentes ligados ou não a atividade esportiva que participem do processo de dopagem ou o favoreçam.

CAPÍTULO II

DA SELEÇÃO E IDENTIFICAÇÃO DOS ATLETAS EM COMPETIÇÃO

Art. 8 – Qualquer atleta que tenha participado de competição desportiva, no todo ou em parte, poderá ser submetido ao controle de dopagem, pelos critérios de sua Entidade Nacional de Administração do Desporto.

Art. 9 – O atleta selecionado será notificado logo após a conclusão de sua atividade agonística, pelo responsável pela coleta de urina e sangue.

§1º – Da notificação expedida em duas vias de igual teor, constarão:

a) local, data, hora e identificação da atividade desportiva realizada;

b) nome, sexo e, eventualmente, o número do atleta na prova;

c) equipe a que pertencer, se for o caso;

d) local da coleta de urina e/ou sangue e o prazo de apresentação.

§2º – Uma das vias da notificação será destinada ao atleta.

§3º – Sob pena de ser considerado dopado, nenhum atleta que tenha praticado modalidade desportiva poderá ausentar-se antes do final da partida, prova ou equivalente, e do sorteio ou indicação para o controle de dopagem.

§ 4º – O atleta que se recusar a fornecer material para o controle de dopagem será punido com a pena maior.

Art. 10 Os atletas sorteados ou indicados a se submeter ao controle de dopagem, deverão apresentar-se no local e dentro do prazo estipulado pela notificação, podendo ser acompanhados pelo médico da equipe ou por representante indicado.

Parágrafo único – A autoridade responsável pela coleta do material para fins de exame deverá comprovar sua identidade e apresentar documento hábil que o credencia para tal fim, preenchendo-se, então, formulário em três vias, assinado pela autoridade e pelo o atleta, que conterá os seguintes elementos:

a) local e data da atividade desportiva;

b) nome, sexo, número do atleta se existente, e código da amostra do atleta;

c) nome do acompanhante, se existente;

d) hora em que chegou na estação de dopagem e hora em que foi colhida a amostra;

e) assinatura do atleta e seu acompanhante, se houver, concordando com o procedimento.

CAPÍTULO III
DO CONTROLE DA AMOSTRA

Art. 11 – O controle de dopagem constará basicamente de três fases distintas:

a) coleta de urina e de sangue, conforme o caso, e acondicionamento da amostra;

b) análise do material coletado, em laboratório credenciado pela Agencia Mundial Antidoping;

c) laudo com o resultado.

Art. 12 – O material para a análise será, conforme o caso, a urina ou o sangue do atleta.

Art. 13 – O atleta deverá permanecer sob vigilância de escolta destinada a esta função até o fornecimento da amostra. Poderá, para tal, ingerir líquidos contidos em embalagens de vidro ou lata, que deverão ser escolhidas e abertas pelo próprio atleta. Não serão oferecidas bebidas de teor alcoólico ao atleta.

Art. 14 – Cabe ao atleta escolher, entre 3 vasos, no mínimo, o destinado à coleta de urina, o qual deverá estar contido em invólucro de plástico devidamente lacrado e estéril.

§ 1º – Cabe, ainda, ao atleta verificar a inviolabilidade do invólucro de plástico, abrindo-o para retirar o recipiente destinado a receber a urina, que deve medir pelo menos 100 centímetros cúbicos.

§ 2º – A Estação de Controle de Dopagem compreenderá, idealmente, em dois ambientes, sala de espera e sala de coleta. Somente um atleta de cada vez será atendido na área destinada à coleta do material que servirá de amostra.

§ 3º – Se o atleta não urinar a quantidade necessária para o controle de dopagem, deverá voltar à sala de espera, onde seu frasco permanecerá sob sua guarda e da respectiva escolta, lacrado como amostra parcial e controlado pelo responsável.

Art. 15 – O atleta deverá urinar na presença e sob vigilância direta da escolta devidamente treinada, em recipiente específico para tal e descrito no Art. 14.

Parágrafo único – A escolta deve obrigatoriamente ser do mesmo sexo do atleta.

Art. 16 – O volume mínimo de urina a ser colhido será de 75cc (centímetros cúbicos).

Art. 17 – Após a coleta de urina o recipiente será fechado pelo atleta, que escolherá um conjunto contendo dois frascos. O atleta verificará se o selo do conjunto e o selo dos frascos A e B estão íntegros, verificará ainda se eles apresentam o mesmo número de código, e abrirá os frascos, colocando neles a urina homogeneizada, e dividida na razão de 2/3 no frasco A (prova) e 1/3 no frasco B (contraprova). O atleta poderá ser auxiliado nesta atividade pelo responsável do controle de dopagem ou pelo seu acompanhante.

§ 1º – O pH e a densidade serão determinados na urina remanescente contida no vaso coletor.

§ 2º – Se o pH for menor do que 5 (cinco) ou maior do que 7 (sete), a amostra deverá ser repetida.

§ 3º – Se a densidade for menor do que 1.010 (mil e dez), a amostra deverá ser repetida. No caso de ser a densidade medida com refratômetro, este valor passa a ser menor do que 1.005 (mil e cinco).

Art. 18 – Os frascos A e B serão fechados pelo atleta, que fará um teste para verificar se eles não apresentam vazamento, e os colocará em sua respectiva caixa. O atleta poderá ser auxiliado nesta atividade pelo responsável do controle de dopagem ou seu acompanhante.

Art. 19 – Terminada a coleta e acondicionamento das amostras, o responsável coloca a cópia do formulário junto ao material colhido e as encaminhará a laboratório credenciado pela Agência Mundial Antidoping (AMA), de forma segura e inviolável. A via original fica com o técnico responsável pelo controle de dopagem, e uma cópia do formulário será entregue ao atleta.

Art. 20 – Cabe ao encarregado da recepção das amostras, no laboratório, verificar se elas estão íntegras, com o código correto, e firmar o respectivo recibo.

Parágrafo único – Caso verifique qualquer anormalidade na amostra, o laboratório comunicará a ocorrência à autoridade competente, que poderá torná-los inválidos, mediante decisão fundamentada.

Art. 21 – A amostra contida no frasco A, destinado à prova, será devidamente examinada, enquanto o frasco B, destinado à contraprova, será guardado em congelador no laboratório, fechado à chave e sob responsabilidade do laboratório, para ser analisado posteriormente, se houver necessidade.

CAPÍTULO IV
DO LAUDO COM OS RESULTADOS

Art. 22 – O laudo com o resultado será enviado ao presidente da Comissão de Combate ao Doping ou da Entidade de Administração do Desporto organizadora da competição, em comunicação reservada e pessoal, com o respectivo código recebido com as amostras, devendo ser classificado como negativo, se não for encontrada nenhuma substância ou método proibido, em competição ou fora dela, ou de resultado analítico adverso, se o contrário acontecer.

Art. 23 – O presidente da Comissão de Combate ao Doping identificará o atleta que apresentar resultado analítico adverso, e seguirá as normas de cada Entidade de Administração do Desporto, entregando, após, o resultado ao presidente da entidade organizadora da competição, preservado o sigilo.

Art. 24 – No caso de resultado analítico adverso, este será comunicado de imediato ao presidente da Entidade de Prática Desportiva a que pertencer o atleta, pelo presidente da Entidade de Administração do Desporto, firmando aquele um recibo identificando o dia e a hora em que foi notificado.

Parágrafo único – Recebida a comunicação a que se refere o *caput* deste artigo, presume-se que o atleta tomou igualmente conhecimento do resultado da análise.

Art. 25 – A primeira análise com resultado positivo implica a imediata suspensão do atleta, não se permitindo nenhum outro tipo de análise que não vise a identificação de substância definida como doping.

CAPÍTULO V
DA CONTRAPROVA

Art. 26 – O atleta poderá exigir, no prazo de 20 (vinte) dias, contados do recebimento da comunicação de que trata o Artigo 24, a realização de uma segunda análise, que será efetuada na urina contida no frasco B (contraprova).

Parágrafo único – Se a contraprova não for solicitada neste período, prevalecerá o resultado da prova.

Art. 27 – O dia e a hora da contraprova, determinado de acordo com as possibilidades do laboratório, serão comunicados, formalmente, a parte interessada pelo presidente da Entidade de Administração do Desporto da competição.

Art. 28 – A contraprova será realizada no mesmo laboratório, se possível com outro técnico, e com a presença de até três representantes do atleta.

Parágrafo único – A ausência de representantes do atleta não impedirá a realização da contraprova no horário determinado, nem invalidará seu resultado.

Art. 29 – Será lavrada ata referente ao resultado da segunda análise, que deverá ser assinada pelos interessados, se presentes, a qual será enviada de imediato à autoridade competente do evento e à entidade a que pertence o atleta.

Art 30 – Se o resultado da contraprova for negativo, o presidente da entidade de administração do desporto que promover o evento dará por encerrado o processo de controle de dopagem.

CAPITULO VI
DO PROCEDIMENTO DISCIPLINAR

Art. 31 – Configurado o resultado anormal na análise antidoping, o Presidente da Entidade de Administração do Desporto ou quem o represente, em 24 (vinte e quatro) horas, remeterá o laudo correspondente ao Presidente do órgão judicante (STJD ou TJD), que adotará o procedimento especial indicado no Código Brasileiro de Justiça Desportiva, salvo se, pela integração entre normas nacionais, normas internacionais e regras a que estão submetidas as entidades nacionais de administração do desporto, em decorrência da filiação, haja posição diversa, em todos os casos, observando-se o princípio da moralidade no desporto.

CAPITULO VII
DAS INFRAÇÕES E PENALIDADES

Art. 32 – São infrações por dopagem as previstas no Código Brasileiro de Justiça Desportiva - CBDJ, as indicadas nas normas nacionais, normas internacionais e regras da prática, assim reconhecidas e aceitas pelas entidades nacionais de administração e, em especial, aquelas indicadas nos artigos 33 e 34 da presente Resolução.

Art. 33 – Portar o atleta em qualquer momento ou lugar, substância proibida ou adotar métodos proibidos, salvo se para fins terapêuticos e em conformidade com as normas técnicas nacionais e internacionais relativas à matéria.

PENA: suspensão até 360 (trezentos e sessenta) dias e eliminação na reincidência.

§ 1º – Incorrerá nas mesmas penas quem fabricar, extrair, transformar, preparar, despachar, transportar, importar, exportar, oferecer em troca de pagamento ou de graça, distribuir, vender, trocar, servir de intermediário, obter de qualquer maneira, prescrever, comercializar, transferir, aceitar, possuir, reter, comprar ou adquirir de qualquer maneira substâncias proibidas e utilizar métodos proibidos, excetuados os casos permitidos por lei.

§ 2º – Nas mesmas penas, incorrerá quem financiar ou servir como intermediário para o financiamento, estimular o consumo ou uso de substâncias proibidas e métodos proibidos, ou organizar meios para facilitar o acesso ou o consumo de substância e métodos proibidos.

§ 3º – A tentativa é punível aos atos indicados no *caput* e §§ 1º e 2 deste artigo.

Art. 34 – O atleta punido por prazo, pela prática de dopagem em competição internacional, fica impedido, por igual prazo, de participar de competições em qualquer modalidade desportiva no Brasil.

CAPITULO VIII
DA RESPONSABILIDADE PELO CONTROLE DE DOPAGEM

Art. 35 – A responsabilidade administrativa e financeira do controle de dopagem cabe às Entidades Nacionais e Regionais de Administração do Desporto, ao Comitê Olímpico e Paraolímpico, ao Ministério e Secretarias de Esporte e aos organizadores de eventos desportivos.

CAPÍTULO IX
DAS DISPOSIÇÕES GERAIS E TRANSITÓRIAS

SEÇÃO I – DISPOSIÇÕES GERAIS

Art. 36 – As entidades de administração nacionais, regionais, ligas e entidades de prática do desporto, integrantes do sistema brasileiro de desporto, em conjunto com os órgãos públicos governamentais, farão divulgar por todos os meios disponíveis o texto da presente Resolução, como forma de observar o princípio da democratização e suscitar os valores éticos e morais com o fim de alcançar a plena cidadania pelo desporto.

Art. 37 – O procedimento disciplinar deverá ser efetivado pela integração das normas desta Resolução, do Código Brasileiro de Justiça Desportiva - CBJD, subsidiados quando couber, pelas normas nacionais das entidades de administração do desporto e normas internacionais a que estiverem submetidas em decorrência de aceitação ou filiação.

Parágrafo único – As normas regulamentares de cada modalidade, por sua especificidade, quando aplicáveis, poderão fundamentar as decisões dos órgãos da Justiça Desportiva, desde que tenham por escopo proteger a disciplina e a organização das competições.

Art. 38 – As entidades de administração poderão adotar penalidades mais graves, quando as normas fixadas pelas Federações Internacionais da modalidade estabelecerem a aplicação de penas superiores às previstas nesta Resolução.

Art. 39 – A interpretação das normas procedimentais desta Resolução observará as regras gerais de hermenêutica e visa alcançar a defesa da disciplina, da moralidade e da verdade no desporto.

Art. 40 – Os casos omissos e as lacunas desta Resolução serão resolvidos de acordo com os princípios gerais de direito, vedadas porém a definição, a qualificação e as decisões por analogia.

SEÇÃO II

DISPOSIÇÃO FINAL

Art. 41 – Esta Resolução entrará em vigor na data de sua publicação, revogadas as disposições em contrário, especialmente, a Portaria MEC nº 531, de 10 de julho de 1985, salvo em relação aos processos de dopagem em curso.

AGNELO QUEIROZ

Ministro dos Esporte e Presidente do Conselho Nacional de Esporte

ANEXO I

SUBSTÂNCIAS E MÉTODOS PROIBIDOS EM COMPETIÇÃO

Substâncias proibidas:

1. Estimulantes

Os seguintes estimulantes são proibidos, incluindo seus isômeros óticos (D- e L-), quando relevantes:

Adrafinil, amifenazola, anfepramona, anfetamina, anfetaminil, benzfetamina, bromantano, carfedon, catina*, clobenzorex, cocaína, dimetilanfetamina, efedrina**, estriquinina, etilanfetamina, etilefrina, femproporex, fencanfamina, fendimetrazina, fenetilina, fenfluramina, fenmetrazina, fentermina, furfenorex, mefenorex, mefentermina, mesocarbo, metanfetamina, metilefedrina**, metilenodioxianfetamina, metilenodioximetanfetamina, metilfenidato, modafinil, niquetamida, norfenfluramina, parahidroxianfetamina, pemolina, prolintano, selegilina e substâncias afins.

**catina é proibida quando sua concentração na urina é maior do que 5 microgramas por mililitro.*

***efedrina e metilefedrina são proibidas quando sua concentração na urina é maior do que 10 microgramas por mililitro.*

2. Narcóticos

Os seguintes narcóticos são proibidos:

Buprenorfina, dextromoramida, diamorfina (heroína), hidromorfona, metadona, morfina, oxicodona, oximorfona, pentazocina e petidina.

3. Canabinóides

Canabinóides (Exemplos: haxixe e maconha) são proibidos.

4. Agentes anabólicos

Agentes anabólicos são proibidos.

a. Esteróides Anabólicos Androgênicos (EAA):

EAA exógenos, incluindo mas não limitado aos seguintes compostos: androstadienona, bolasterona, boldenona, boldiona, clostebol, danazol, dehidroclorometiltestosterona, delta1-androsteno-3,17-diona, drostanolona, drostanodiol, estanozolol, estembolona, fluoximesterona, formebolona, gestrinona, 4-hidroxitestosterona, 4-hidroxi-19-nortestosterona, mestenolona,

mesterolona, metandienona, metenolona, metandriol, metiltestosterona, mibolerona, nandrolona, 19-norandrostenodiol, 19-norandrostenodiona, norboletona, noretandrolona, oxabolona, oxandrolona, oximesterona, oximetolona, quimbolona, 1-testosterona (delta1-dihidro-testosterona), tetrahidrogestrinona (THG), trembolona e seus análogos.
EAA endógenos, incluindo mas não limitado aos seguintes compostos: androstenodiol, androstenodiona, dehidroepiandrosterona (DHEA), dihidrotestosterona, testosterona e seus análogos.

Quando uma substância proibida (como as listadas acima) for capaz de ser produzida pelo corpo naturalmente, uma amostra será dita conter uma substância proibida quando a concentração desta substância ou de seus metabólitos, ou marcadores, e/ou qualquer relação relevante presente se desviar de valores normalmente encontrados em humanos, e que não sejam consistentes com uma produção endógena normal. A amostra não será considerada positiva se o atleta provar com evidências de que a concentração da substância proibida, os seus metabólitos, ou marcadores, e/ou razão relevante atribuída à uma razão fisiológica ou patológica. Emétodos os casos, em qualquer concentração, o laboratório irá reportar um resultado analítico adverso se, baseado em qualquer método analítico confiável, puder demonstrar que a substância proibida de origem exógena.

Se o resultado do laboratório não é conclusivo e nenhuma concentração como reportada no parágrafo acima é encontrada, a Organização Antidoping responsável deve conduzir uma investigação, caso exista uma indicação séria, como uma comparação à perfis esteroidais de referência, para um possível uso de uma substância proibida.

Se o laboratório reportar uma presença da razão T/E maior do que seis (6) para um (1) em urina, uma investigação complementar será obrigatória, para que seja determinado se esta razão é devida à uma condição fisiológica ou patológica.

Em ambos os casos, a investigação deverá incluir uma revisão de testes anteriores, testes subseqüentes e, eventualmente, o resultado de uma investigação endócrina. Se os testes anteriores não estiverem disponíveis, o atleta se submeterá à uma investigação endócrina ou será testado sem aviso prévio por menos três vezes dentro de um período de três meses. Se o atleta não cooperar com a investigação, será considerado que sua amostra contém uma substância proibida.

b. Outros agentes anabólicos:

Clembuterol e zeranol.

Para compreensão desta secção:

"exógeno" se refere a uma substância que não é capaz de ser produzida pelo corpo naturalmente.
"endógeno" se refere a uma substância que pode ser produzida naturalmente pelo corpo.
"análogo" definido como "uma substância derivada de uma modificação ou alteração de estrutura química de uma outra substância e que poderia possuir um efeito farmacológico similar".

5. Hormônios peptídicos

As seguintes substâncias são proibidas, assim como seus miméticos e análogos:

a. Eritropoietina (EPO);
b. Hormônio do Crescimento Humano (hGH) e Fator de Crescimento semelhante à Insulina (IGF-1);
c. Gonadotrofina Coriônica Humana (hCG), proibido apenas em atletas de sexo masculino;
d. Gonadotrofinas da pituitária (LH) e sintéticas, proibido apenas em atletas de sexo masculino;
e. Insulina;
f. Corticotrofinas.

A menos que o atleta possa demonstrar que a concentração é devida a uma condição fisiológica ou patológica, uma amostra será considerada como contendo uma substância proibida quando a concentração desta substância, ou de seus metabólitos, ou marcadores, e/ou razões relevantes, exceda os valores limites da normalidade encontrados em humanos de tal forma que não será consistente com uma produção endógena normal.

A presença de análogos, miméticos, marcador(es) diagnóstico ou fatores de liberação de um hormônio listado acima ou de qualquer outro achado que indique que a substância detectada não é um hormônio naturalmente presente, será reportado como um resultado analítico adverso.

Para compreensão desta seção:

Um "mimético" é definido como uma substância com efeitos farmacológicos similares à outra substância, mas com uma estrutura química diferente.

Um "análogo" é definido com a substância derivada pela modificação ou alteração parcial da estrutura química de outra substância, mas retendo um efeito farmacológico similar.

6. Beta-2 Agonistas

Todos os beta-2 agonistas, inclusive os seus isômeros D- e L- são proibidos, exceto o formoterol, salbutamol, salmeterol e terbutalina, que são permitidos por inalação, somente na prevenção e/ou no tratamento da asma e da asma induzida pelo exercício ou brônquio-constricção. Uma notificação médica de acordo com a secção oito (8) do Padrão Internacional para Isenção de Uso Terapêutico (IUT) é necessária.

Apesar da autorização de uma IUT, quando o laboratório relatar uma concentração de salbutamol (livre mais glicuronídio) superior a 1.000 ng/mL, isto será considerado como um resultado analítico adverso, a menos que o atleta prove que este resultado anormal seja conseqüência do uso terapêutico de salbutamol inalado.

7. Agentes com atividade anti-estrogênica

Clomifeno, ciclofenila, tamoxifeno e inibidores de aromatase são proibidos somente em atletas de sexo masculino.

8. Agentes mascarantes

Agentes mascarantes são proibidos. Estes são produtos que têm a possibilidade de interferir na excreção de uma substância proibida, para evitar sua presença na urina ou outro tipo de amostra usada no controle de doping, ou para modificar parâmetros hematológicos.

Estes agentes incluem, mas não se limitam, aos seguintes produtos:

Diuréticos*, epitestosterona, probenecida, expansores de plasma (como o dextran e o hidroxietilamido).

Uma notificação médica de isenção para uso terapêutico (IUT) não será válida se a urina de um atleta contiver um diurético em associação à uma substância com um valor de concentração próximo ao seu limite máximo permitido.

Diuréticos incluem:

Ácido etacrínico, acetazolamida, amilorida, bumetanida, canrenona, clortalidona, espironolactona, furosemida, indapamida, mersalil, tiazidas (como bendroflumetazida, clorotiazida, hidroclorotiazida e outros) e triantereno, além de outras substâncias com estrutura química ou efeitos farmacológicos similares.

9. Glicocorticosteróides

Glicocorticosteróides são proibidos quando administrados por via oral, retal, intramuscular ou endovenosa.

Todas as demais rotas de administração requerem uma notificação de acordo com a seção oito (8) do Padrão Internacional para Isenção de Uso Terapêutico (IUT).

Os glicorticosteróides são extremamente prejudicais à saúde dos atletas, sendo proibidos por esta razão.

Métodos proibidos

1. Aumento de carreadores de oxigênio

Os seguintes métodos são proibidos:

a) Doping sangüíneo. Doping sangüíneo é a administração de sangue autólogo, homólogo ou heterólogo, ou de produtos contendo glóbulos vermelhos de qualquer origem, exceto em caso de tratamento médico justificável.

b. O uso de produtos que aumentem a captação, o transporte ou o aporte de oxigênio, tais como eritropoietinas, produtos à base de hemoglobina modificada incluindo, mas não se limitando, à substitutos de sangue com base em hemoglobina, produtos com hemoglobina microencapsulada, perfluoroquímicos e efaproxiral (RSR 13).

2. Manipulação farmacológica, química ou física da urina

As manipulações farmacológicas, químicas ou físicas da urina consistem em uso de substâncias ou métodos, incluindo agentes mascarantes, que alteram, tentam alterar ou podem ser esperados alterar a integridade e a validade do material coletado no controle de doping, ou a capacidade de detecção ou quantificação dos métodos de análise.

Esta manipulação inclui, mas não se limita, à cateterização, substituição e/ ou alteração de urina, inibição da excreção renal e alterações das concentrações de testosterona e de epitestosterona.

3. Doping genético

Doping genético é definido como o uso não terapêutico de genes, elementos genéticos e/ou células que tenham a capacidade de aumentar o desempenho do atleta.

SUBSTÂNCIAS E MÉTODOS PROIBIDOS FORA DE COMPETIÇÃO

Substâncias proibidas

1. Agentes anabólicos
2. Hormônios peptídicos
3. Beta-2 agonistas*
4. Agentes com atividade anti-estrogênica
5. Agentes mascarantes

** Somente o clembuterol, quando presente, e o salbutamol, quando a sua concentração na urina for maior do que 1000 ng/mL*

Métodos proibidos

1. Aumento da transferência de oxigênio
2. Manipulação farmacológica, química ou física
3. Doping genético

SUBSTÂNCIAS PROIBIDAS EM UM ESPORTE ESPECÍFICO

1. Álcool

Álcool (etanol) é proibido somente em competição, nos esportes abaixo relacionados. A detecção será feita por análise respiratória e/ou pelo sangue. O limite permitido por cada Federação ou Confederação está indicado entre parênteses. Se nenhum limite é indicado, a presença de álcool em qualquer quantidade se constitui em um caso de infração de doping.

Aeronáutica FAI (0,20 L)
Arco e flecha FITA (0,10 g/L)
Automobilismo FIA
Bilhar WCBS
Boliche CMSB (0,50 g/L)
Esqui FIS
Futebol FIFA
Ginástica FIG (0,10 g/L)
Karate WKF (0,40 L)
Luta FILA
Motociclismo FIM
Pentatlo Moderno UIPM (0,10 L)
Patinagem FIRS (0,02 L)
Triatlo ITU (0,40 L)

2. Beta-bloqueadores

A menos que seja especificado, beta-bloqueadores são proibidos somente em competição, nos seguintes esportes:

Aeronáutica FAI
Arco e flecha FITA (proibido também fora de competição)
Automobilismo FIA
Biliar WCSB
Bobsleigh FIBT
Boliche CSMB
Boliche de 9 pinos FIQ
Bridge FMB
Curling WCF
Esqui FIS (salto com ski e estilo livre em snowboard)
Futebol FIFA
Ginástica FIG
Luta FILA
Motociclismo FIM
Natação FINA (em saltos ornamentais e nado sincronizado)
Pentatlo Moderno UIPM
Tiro ISSF (proibido também fora de competição)
Vela ISAF (somente para os timoneiros)
Xadrez FIDE

Beta-bloqueadores incluem, mas não se limitam, aos seguintes compostos: Acebutolol, alprenolol, atenolol, betaxolol, bisoprolol, bunolol, carteolol, carvedilol, celiprolol, esmolol, labetalol, levobunolol, metipranolol, metoprolol, nadolol, oxprenolol, pindolol, propranolol, sotalol e timolol.

3. Diuréticos

Os diuréticos são proibidos em competição e fora de competição emétodos os esportes como agentes mascarantes. Entretanto, nos seguintes esportes que têm classificação por categoria de peso e esportes onde a perda de peso pode aumentar o desempenho, não será aceita nenhuma isenção de uso terapêutico (IUT) para diuréticos.

Fisiculturismo IFBB
Boxe AIBA
Esqui FIS (Salto com esqui)
Judô IJF
Karatê WKF
Levantamento de peso IWF
Luta FILA
Powerlifting IPF
Remo FISA (Peso ligeiro)
Taekwondo WTF
Wushu IWUF

ANEXO II

Concentrações máximas permitidas para certos compostos	
Substâncias	**Valor máximo permitido**
Carboxi-THC	15 ng/ml
Catina	5 µg/ml
Efedrina	10 µg/ml
Metilefedrina	10 µg/ml
Morfina	1 µg/ml
19-norandrosterona	2 µg/ml
Salbutamol	> 1000 ng/ml (anabólico)
T/E	6 e/ou epitestosterona > 200ng/ml

Nota: THC corresponde à tetrahidrocanabinol (maconha, haxixe); T corresponde à testosterona; E, corresponde à epitestosterona

ANEXO III

Formulário de isenção médico-terapêutica.

ISENÇÃO DE USO TERAPÊUTICO

Solicitação no. ______________

Solicito aprovação da (Organização Antidoping) para o uso terapêutico de uma substância proibida relacionada na Lista de Substâncias e Métodos Proibidos da Agência Mundial Antidoping.

Preencher todos os campos

1. Informações do Atleta		
Sobrenome	Nome	
Feminino [ ]	Masculino [ ]	
Endereço		
Cidade	País	Código Postal
Data do Nascimento (d/m/a)		Celular
Telefone Trabalho	Telefone Casa	Fax
E-mail		
Desporto Disciplina/posição		
Entidade Nacional de Desporto		
Caso o atleta sofra de alguma disfunção, indical qual:		

2. Dados do médico

2. Dados do médico		
Nome, qualificação e especialidade médica (vide observação 1)		
Endereço		
Cidade	País	Código Postal
Telefone Trabalho	Telefone Casa	Fax
E-mail		
Diagnóstico (vide observação 2)		
O chefe Médico do Comitê Olímpico ou Paraolímpico Nacional foi avisado sobre esta solicitação? Sim ( ) Não ( )		
Nome do Chefe Médico do respectivo Comitê Nacional		

3. Informação sobre o medicamento (vide observação 4)

3. Informações sobre o medicamento *(vide observação 4)*			
Substâncias Proibidas	Dose Administrada	Forma de Apresentação	Freqüência de Administração
1.			
2.			
3.			

Previsão de duração do plano de administração do medicamento:
Solicitações de IUTs Anteriores/Atuais: Sim ( ) Não ( )
Caso afirmativo:
Data:
Organização Antidoping:
Anexar resultados da solicitação anterior:
Informar razões para não prescrever terapias alternativas (*vide observação 5*)

4. Favor anotar qualquer informação adicional e anexar informações médicas suficientes para apoiar o diagnóstico e a necessidade de utilizar a substância proibida.

5. Declarações do médico e do atleta.

4. Declarações do médico particular e do atleta	
Eu, _________________, atesto que as substâncias acima mencionadas para o atleta acima mencionado são/têm sido administradas como tratamento correto da condição médica acima mencionada. Atesto também que o uso de medicamentos alternativos que não constam na lista de medicamentos proibidos seria improdutivo para o tratamento da condição médica acima mencionada. Citar as razões	
______________________________ Assinatura do médico particular	Data:

Eu, _______________, atesto que a informação constante do item 1 é correta e que estou solicitando autorização para usar a substância ou método proibido pela Agência Mundial Antidoping – AMA. Eu autorizo a liberação da minha ficha médica pessoal para a Organização Antidoping bem como para os funcionários da AMA e para o Comitê de Execução de Uso Terapêutico (TUEC) ou AMA. Tenho conhecimento de que se eu quiser cancelar o direito da Organização Antidoping TUEC ou AMA TUEC de obter minha ficha médica pessoal, devo notificar meu médico particular por escrito.

____

Assinatura do atleta Data:

(se o atleta for menor de idade ou tenha um problema que o impeça de assinar este formulário, os pais ou responsável devem assinar este formulário em nome do atleta).

6. Observações:

Observação I

Nome, qualificação e especialidade médica
Por exemplo: Dr. AB Almeida, MD FRACP, gastroenterologista

Observação 2

Diagnóstico

Anexar e encaminhar junto com a solicitação a evidência que comprova o diagnóstico. A evidência médica deverá conter o histórico e os resultados de todos os exames importantes, investigações laboratoriais e estudos de imagem. Cópias dos relatórios originais ou cartas deverão fazer parte do documento se possível de acordo com as circunstâncias clínicas e, no caso, de uma condição que não pode ser demonstrada, uma segunda opinião médica ajudará na análise desta solicitação.

Observação 3

Chefe Médico da Entidade Esportiva Nacional (NOS)

Quando possível, o Chefe Médico da NOS deve ser notificado sobre a solicitação apresentada à Organização Antidoping. A solicitação deverá incluir uma opinião do Oficial Médico da entidade esportiva nacional que rege o esporte do atleta, confirmando a necessidade da utilização da substância ou método proibido no tratamento do atleta.

Observação 4

Informações sobre o medicamento
Fornecer detalhes sobre a substância ou método proibido para o qual está sendo solicitada aprovação.

Observação 5

Se, na condição médica do atleta, for possível fazer uso de um medicamento permitido, favor fornecer uma justificativa clínica para o pedido de utilização de um medicamento proibido.

Solicitações parcialmente preenchidas serão devolvidas e não poderão ser submetidas novamente.
Favor submeter o formulário devidamente preenchido à Organização Antidoping e manter uma cópia do formulário preenchido em seus arquivos.

7. Decisão do TUEC (somente para uso oficial)

Data de recebimento:
Solicitação completa? Sim Não Observações Oficiais:
Nome do Representante do TUEC: Assinatura: data:

ANEXO III

Formulário de isenção médico-terapêutica.
PROCESSO RESUMIDO
(beta-2 agonistas por inalação, glucocorticosteróides por rota não sistêmica)
Solicito aprovação da Organização Antidoping para o uso terapêutico de uma substância proibida constante na Relação de Substâncias e Métodos Proibidos da Agência Mundial Antidoping – AMA e que está sujeita ao Processo Resumido de Isenção de Uso Terapêutico.
Preencher todos os campos

1. Informações do Atleta		
Sobrenome	Nome	
Feminino [ ]	Masculino [ ]	
Endereço		
Cidade	País	Código Postal
Data do Nascimento (d/m/a)		Celular
Telefone Trabalho	Telefone Casa	Fax
E-mail		
Desporto Disciplina/posição		
Entidade Nacional de Desporto		
Caso o atleta sofra de alguma disfunção, indical qual:		

2. Dados do médico		
Nome, qualificação e especialidade médica (vide observação 1)		
Endereço		
Cidade	País	Código Postal
Telefone Trabalho	Telefone Casa	Fax
E-mail		

3. Informação médica
Diagnóstico:
Exames médicos/testes realizados:

3. Informações sobre o medicamento *(vide observação 4)*			
Substâncias Proibidas	Dose Administrada	Forma de Apresentação	Freqüência de Administração
1.			
2.			
3.			

Informação Adicional:

4. Declarações do médico particular e do atleta

4. Declarações do médico particular e do atleta
Eu, ________________, atesto que as substâncias acima mencionadas para o atleta acima mencionado são/têm sido administradas como tratamento correto da condição médica acima mencionada. Atesto também que o uso de medicamentos alternativos que não constam na lista de medicamentos proibidos seria improdutivo para o tratamento da condição médica acima mencionada. Citar as razões ________________________________ Assinatura do médico particular Data:
Eu, ________________, atesto que a informação constante do item 1 é correta e que estou solicitando autorização para usar a substância ou método proibido pela Agência Mundial Antidoping – AMA. Eu autorizo a liberação da minha ficha médica pessoal para a Organização Antidoping bem como para os funcionários da AMA e para o Comitê de Execução de Uso Terapêutico (TUEC) ou AMA. Tenho conhecimento de que se eu quiser cancelar o direito da Organização Antidoping TUEC ou AMA TUEC de obter minha ficha médica pessoal, devo notificar meu médico particular por escrito. ________________________________ Assinatura do atleta Data:

(se o atleta for menor de idade ou tenha um problema que o impeça de assinar este formulário, os pais ou responsável devem assinar este formulário em nome do atleta).

INSTRUÇÃO NORMATIVA No. 1, DE 10 DE MAIO DE 2004

O MINISTRO DE ESTADO DO ESPORTE, no uso das atribuições que lhe confere o art. 87, parágrafo único, inciso II, da Constituição e,

considerando a necessidade de orientar a aplicação do que dispõe o artigo 57, da Lei no. 9.615, de 24 de março de 1998, com a nova redação dada pela Lei no. 9.981, de 14 de julho de 2000, que institui sistema de assistência social e educacional de atletas profissionais, em formação e ex-atletas;

considerando que o art. 7º., inciso VII, da citada Lei no. 9.615/98, confere apoio supletivo ao sistema de assistência ao atleta profissional, circunstância essa que guarda relação com o resultado peculiar ao sistema assistencial e educacional complementar, resolve:

Art. 1º. – O recolhimento das contribuições previstas nos incisos I, II, III e IV, do artigo 57, da Lei no. 9.615/98 será efetuado diretamente à Federação das Associações de Atletas Profissionais – FAAP, por intermédio da rede bancária, mediante guia própria de recolhimento, conforme modelo fornecido pela FAAP, em até 5 dias úteis após a ocorrência do fato gerador, ou no dia imediatamente posterior, se na data prevista não houver expediente bancário.

Art. 2º. – As contribuições devidas à FAAP na forma do artigo 57, da Lei no. 9.615/98, não recolhidas no prazo fixado no artigo anterior, sujeitam-se à cobrança administrativa e judicial, mediante atualização dos valores devidos até a data do efetivo recolhimento, nos termos da lei.

Art. 3º. – As entidades de administração e de prática do desporto responsáveis pela arrecadação, pelo recolhimento dos valores referidos no art. 57, da Lei no. 9.615/98 e pelo registro dos respectivos contratos desportivos, deverão prestar à FAAP todas as informações financeiras, cadastrais e de registro, necessárias à exata verificação, controle e fiscalização dos valores das contribuições devidas.

Art. 4º. – A contribuição prevista no inciso III, do artigo 57, da Lei no. 9.615/98, de responsabilidade da entidade nacional de administração do desporto, deverá ser deduzida da arrecadação proveniente de cada competição, pela entidade a que couber sua coleta e repassada, imediatamente, à FAAP.

Art. 5º. – Os recursos financeiros arrecadados na forma do art. 57, da Lei no. 9.615/98 serão integralmente aplicados pela FAAP em conformidade com seu plano de assistência social e educacional, diretamente ou por meio de suas filiadas.

Art. 6º. – Esta Instrução Normativa entra em vigor na data de sua publicação.

AGNELO QUEIROZ

2.5) CÓDIGO MUNDIAL ANTIDOPING

ÍNDICE

DEFINIÇÕES

ARTIGO 1 – FUNDAMENTAÇÃO DO CÓDIGO MUNDIAL ANTIDOPING

Todas partes, ao aceitarem o Código, concordam com a seguinte fundamentação para a luta antidoping:

- O trabalho antidoping visa preservar os valores intrínsecos ao esporte. Esse valor intrínseco está freqüentemente associado ao chamado espírito esportivo; isto é, ao jogo justo.
- O esporte foi criado por pessoas, para pessoas. Esporte é uma criação humana, praticada para a satisfação, promove e apóia o enriquecimento da vida humana e das comunidades. O esporte induz ao respeito às normas e a todos que atuam de forma justa.
- O esporte é diversão. O cerne do esporte é o comprometimento com a diversão. O esporte pode proporcionar alegria e enaltecer o espírito humano.
- O esporte é para o caráter. O esporte constrói o caráter, ao educar e criar oportunidade para que os jovens desenvolvam os valores do trabalho em equipe, dedicação e compromisso. O esporte requer honestidade, constrói a

coragem, além de incentivar a vontade para tentar, falhar e tentar novamente. O jogo justo constrói confiança, não só entre os colegas e compatriotas, mas também entre oponentes. Dessa forma, todos os atletas se esforçam para extrair o melhor de si mesmo.

- O esporte é para a saúde. Esporte é atividade física. O esporte pode construir corpos saudáveis. A freqüente atividade física de alta qualidade, proporcionada pelo esporte, deixa um legado de saúde que pode durar toda a vida.
- O esporte é para o jogo justo. O esporte é fundamentalmente para atletas. Os atletas precisam ter a confiança que eles podem competir de forma limpa, honesta e segura para os limites de suas habilidades, sabendo que seus colegas e oponentes também estão jogando de forma justa.
- O esporte é para a excelência. O esporte é uma das áreas da atividade humana que encoraja o questionamento para excelência, definida na extensão das habilidades e necessidades de cada indivíduo. O esporte enriquece e amplia nossa humanidade, enquanto a impele, além dos limites mundanos, na abertura de novos horizontes.
- O esporte é para a comunidade. O esporte constrói comunidades. Em toda parte do mundo os jovens, seus pais e treinadores, voluntários e partidários se encontram graças ao esporte. O esporte constrói comunidades, ao redor do lance, dentro dos campos e na água. Pessoas se deslocam em conjunto para o esporte, como amigos e vizinhos.
- O esporte é para a paz. O esporte constrói a comunidade de nações. Festivais esportivos e competições reúnem as pessoas na busca de metas comuns.

O *doping* prejudica estes valores fundamentais do esporte. O *doping* cria artificialmente um desnivelamento entre os atletas e pode ameaçar sua saúde. O *doping* tira o aspecto de diversão e ludicidade do esporte, subvertendo-o da condição de veículo para a construção do caráter e manifestação da excelência humana. O *doping* atinge a credibilidade pública do esporte, desacreditando-o como um modo para construir comunidades e promover a paz.

ARTIGO 2 – DEFINIÇÃO DE *DOPING*

Todas as partes, ao aceitarem o Código, concordam com a seguinte definição de *doping*:

Doping é a presença de uma substância no corpo do atleta, ou o uso ou evidência do uso de qualquer substância ou método que tenha o potencial para aumentar o desempenho desportivo, que ofereça risco desnecessário a atletas, ou atue de forma contrária ao espírito desportivo.

Uma lista das circunstâncias específicas e condutas que violam as regras antidoping está definida no Artigo 8.1.1, a seguir.

A definição de quais substâncias e métodos serão proibidos como *doping*, será determinada pela WADA, de acordo com o artigo 8.3, e não estará sujeita a modificações.

ARTIGO 3 – EXTENSÃO E ORGANIZAÇÃO DO PROGRAMA E DO CÓDIGO MUNDIAL ANTIDOPING

Este artigo descreve a relação entre o Código e o Programa Mundial Antidoping.

3.1 – O PROGRAMA MUNDIAL ANTIDOPING

O Programa Mundial Antidoping inclui todos os documentos necessários para assegurar a harmonização e as melhores praticas nacionais e internacionais do trabalho antidoping. Seus principais elementos são:

Nível 1: O Código
Nível 2: Padrões Internacionais
Nível 3: Modelos de Melhores Práticas

3.2 – O CÓDIGO

O Código é o documento fundamental e universal no qual se baseia o Programa Mundial Antidoping no esporte. O Código é aplicável a todos os *stakeholders* (NT: todos aqueles que direta ou indiretamente sofrem as ações do Código, podendo ser, por exemplo, atletas, patrocinadores, instituições etc.).

O propósito do Código é avançar o esforço antidoping, pela harmonização universal da essência de elementos antidoping. Pretende-se que seja específico o bastante para obter a harmonização completa em assuntos onde uniformidade é requerida, e ainda geral o bastante em outras áreas para permitir flexibilidade na forma como os princípios da luta antidoping são implementados.

O Código provê a fundamentação, na qual se baseiam as regras e regulamento específicos antidoping, de todos os *stakeholders*.

3.3 – PADRÕES INTERNACIONAIS

Serão desenvolvidos e aprovados regularmente pela WADA, dentro do programa antidoping, Padrões Internacionais para diferentes técnicas e áreas operacionais.

O propósito destes padrões é a harmonização entre organizações responsáveis por itens técnicos e operacionais específicos do programa antidoping.

Estes padrões são obrigatórios para aquelas partes que aceitarem o Código, o qual exige responsabilidades técnicas ou operacionais.

3.4 – MODELOS DE MELHORES PRÁTICAS

Serão desenvolvidos Modelos de Melhores Práticas, baseadas no Código, para promover o "estado da arte" nas soluções, em diferentes áreas da luta antidoping. Os Modelos serão recomendados pela WADA, porém não serão obrigatórios para as partes que aceitarem o Código.

ARTIGO 4 – ACEITAÇÃO, CUMPRIMENTO E MODIFICAÇÕES

O conjunto de princípios seguinte estabelece como o Código será acatado, implementado e modificado, e como seu cumprimento será monitorado. Os princípios são os mesmos para todos o *stakeholders*, porém os métodos para obtê-los são adaptáveis à natureza e papel dos *stakeholders* envolvidos.

4.1 – ACEITAÇÃO DO CÓDIGO

4.1.1 – Atletas, inclusive menores de idade, e pessoal de apoio ao atleta, são instados a aceitar o Código em virtude de sua participação em competições esportivas.

4.1.2 – O Comitê Olímpico Internacional, Federações Internacionais, o Comitê Paraolímpico Internacional, Comitês Olímpicos Nacionais, outras Organizações Desportivas Internacionais, e Organizações Nacionais Antidoping acatarão ao Código assinando uma declaração comum de aceitação, sob a aprovação de cada um de seus respectivos órgãos administrativos.

4.1.3 – Os Governos poderão aceitar o Código pela elaboração de: um Memorando de Entendimento, um Instrumento Internacional (a ser elaborado pelos governos antes de fevereiro de 2003).

4.1.4 – Outros órgãos que possuam um mandato definido e responsabilidade com a luta antidoping podem aderir ao Código assinando uma declaração comum de aceitação, sob aprovação de seus respectivos órgãos governamentais.

4.1.5 – A partir dos Jogos Olímpicos de Atenas em 2004, inclusive no período dos jogos, a aceitação do Código pelo governo e por seu Comitê Olímpico Nacional será requisito para um país sediar os Jogos Olímpicos, Jogos Olímpicos de Inverno ou campeonatos mundiais.

4.1.6 – A partir dos Jogos Olímpicos de Atenas em 2004, inclusive no período dos jogos, a aceitação do Código por seu Comitê Olímpico Nacional será requisito para um país participar dos Jogos Olímpicos, Jogos Olímpicos de Inverno ou campeonatos mundiais.

4.1.7 – Uma lista de todas as adesões será publicada na *home page* da WADA e em publicações selecionadas, pela WADA, para fins de divulgação em larga escala.

4.2 – IMPLEMENTAÇÃO DO CÓDIGO

4.2.1 – As partes que aceitarem o Código deverão implementá-lo, assim como os padrões internacionais aplicáveis, por meio de políticas, estatutos, regras ou regulamentos, de acordo com sua autoridade e dentro das esferas de sua responsabilidade.

4.2.2 – Ao implementar o Código, as partes envolvidas são encorajadas a utilizar os Modelos de Melhores Práticas recomendados pela WADA.

4.2.3 – A implementação do Código será posta em vigor com a maior brevidade possível, antes que:

4.2.3.1 – Sejam iniciados, pelo Comitê Olímpico Internacional, Federações Internacionais, o Comitê Paraolímpico Internacional, Comitês Olímpicos Nacionais e outras Organizações Desportivas Internacionais, os Jogos Olímpicos de Atenas 2004.

4.2.3.2 – Sejam iniciados, pelos governos e Organizações Nacionais Antidoping, os Jogos Olímpicos de Inverno, em Turim, 2006.

4.2.4 – A implementação e contínua obediência ao Código por ambos, Comitê Olímpico Nacional (a partir dos Jogos Olímpicos de Atenas em 2004) e governo (a partir dos Jogos Olímpicos em Turim, em 2006), deverão ser requisitos para um país sediar Jogos Olímpicos, Jogos Olímpicos de Inverno ou campeonatos mundiais.

4.2.5 – A implementação e contínua obediência ao Código pelo Comitê Olímpico Nacional (a partir dos Jogos Olímpicos de Atenas em 2004) deverão ser requisitos para um país participar dos Jogos Olímpicos, Jogos Olímpicos de Inverno ou campeonatos mundiais.

4.3 – MONITORAMENTO DO CUMPRIMENTO DO CÓDIGO

4.3.1 – O cumprimento do Código deverá ser monitorado pela WADA.

4.3.2 – As partes que aceitarem o Código deverão informar à WADA sobre o cumprimento do Código, a cada dois anos, e deverão explicar eventuais razões pelo descumprimento.

4.3.3 – A WADA deverá analisar a explicação apresentada, pela instituição, para o não cumprimento do Código e, apesar disso, pode aceitar complacentemente a instituição, nos termos e condições consideradas razoáveis pela WADA: se a justificativa for a falta de recursos financeiros, Lei de superveniente na qual a instituição não tenha poder de alteração, ou outra justificativa aceitável pela WADA.

4.3.4 – A WADA deverá emitir relatórios periódicos sobre o cumprimento do Código.

4.3.5 – As partes envolvidas que administrem jogos regionais ou outros eventos internacionais principais que envolvam equipes nacionais também podem requerer aceitação, implementação e cumprimento do Código, como condição para um país ser anfitrião ou participar do evento.

4.4 – ALTERAÇÃO DO CÓDIGO

4.4.1 – A WADA, no interesse de todas as partes que aceitam o Código, será responsável por supervisionar a evolução e melhoria do Código. Todas as partes aceitantes do Código serão convidadas a participar de tal processo.

4.4.2 – A WADA deverá instruir as emendas propostas ao Código e assegurar um processo consultivo para recepção e respostas das recomendações, e para facilitar a revisão e feedback das partes, sobre as emendas indicadas.

4.4.3 – As emendas ao Código devem, após consulta apropriada, ser aprovadas pela maioria de dois terços do Conselho de Fundação da WADA, deverão entrar em vigor três meses após sua aprovação.

4.4.4 – As partes deverão implementar qualquer emenda ao Código no prazo de dois anos da aprovação pelo Conselho de Fundação da WADA. Um prazo menor poderá ser estabelecido pelo Conselho de Fundação.

4.5 – DESISTÊNCIA DA ACEITAÇÃO DO CÓDIGO

4.5.1 – As partes podem declinar da aceitação do Código seis meses após comunicar sua intenção, por escrito, à WADA.

ARTIGO 5 – ATRIBUIÇÕES E RESPONSABILIDADES DOS *STAKEHOLDERS*

Todas as partes que aceitarem o Código concordam em promover o espírito desportivo descrito no Artigo 1.

As atribuições básicas e responsabilidades para vários grupos de *stakeholders* estão definidas a seguir.

5.1 – ATRIBUIÇÕES E RESPONSABILIDADES DO ATLETA

5.1.1 – Tomar conhecimento e obedecer todas as regras e políticas antidoping aplicáveis, inclusas ou adotadas, em conformidade com o Código.

5.1.2 – Estar disponível para a coleta de amostras e prover informação atualizada e precisa, regularmente, quando requerido.

5.1.3 – Responsabilizar-se, no contexto da luta antidoping, pelo que ingere e usa.

5.1.4 – Informar a equipe médica de seu dever de não usar substâncias proibidas e métodos proibidos, e assegurar que qualquer tratamento médico dela recebida não viole políticas e regras antidoping adotadas, em conformidade com o Código.

5.1.5 – Informar violações de regras antidoping das quais têm conhecimento para uma agência antidoping apropriada.

5.1.6 – Apoiar programas educacionais antidoping.

5.2 – ATRIBUIÇÕES E RESPONSABILIDADES DA PESSOAL DE APOIO AO ATLETA

5.2.1 – Tomar conhecimento e obedecer todas as regras e políticas antidoping aplicáveis, inclusas ou adotadas, em conformidade com o Código.

5.2.2 – Cooperar com o programa de testes do atleta.

5.2.3 – Estar atento para a importante de sua influência nos valores e comportamento do atleta.

5.2.4 – Educar e aconselhar os atletas, considerando as regras e políticas antidoping adotadas, em consonância com o Código e alternativas ao *doping*.

5.2.5 – Apoiar programas educacionais antidoping.

5.3 – Atribuições e Responsabilidades de Governos

5.3.1 – Assegurar que quaisquer políticas, leis e regulamentos governamentais antidoping estejam em conformidade com o Código.

5.3.2 – Exigir, como condição prévia para o aporte de recursos públicos, que as organizações desportivas nacionais e atletas estejam atuando em concordância com as políticas e regras estabelecidas no Código.

5.3.3 – Prover, de acordo com suas possibilidades, apoio financeiro para programa nacional antidoping, incluindo controle de *doping*, educação e atividades informativas.

5.3.4 – Regular a conduta do pessoal de apoio ao atleta que violem regras antidoping, incluindo a regulamentação da atividade profissional, sanções penais e outras punições além das impostas pelas instituições desportivas.

5.3.5 – Estabelecer a proteção aos esportes para menores de idade.

5.3.6 – Definir as conseqüências do uso de *doping* para a saúde.

5.3.7 – Regulamentar a importação, exportação, circulação, produção, padrões visuais e distribuição de substâncias proibidas e de métodos proibidos, inclusive derivados de suplementos nutricionais.

5.3.8 – Proibir o uso de tecnologia de manipulação genética com a finalidade de aumentar desempenho desportivo.

5.3.9 – Pôr em prática procedimentos que permitam à WADA cumprir sua atribuição de realizar testes, inclusive providências que permitam aos profissionais autorizados cruzar fronteiras mediante rápida notificação e transportar ou levar materiais corpóreos obtidos em coleta de exames.

5.3.10 – Fomentar e apoiar acordos de testes recíprocos entre Organizações Nacionais Antidoping.

5.4 – Atribuições e Responsabilidades do Comitê Olímpico Internacional

5.4.1 – Adotar e implementar regras e políticas antidoping para os Jogos Olímpicos, em conformidade com o Código.

5.4.2 – Implementar testes fora de competição relacionados aos Jogos Olímpicos, em colaboração com WADA.

5.4.3 – Fazer cumprir as exigências constantes nos Art. 4.1.5, 4.1.6, 4.2.4 e 4.2.5.

5.4.4 – Exigir, como condição para o reconhecimento, que uma Federação Internacional tenha aceitado, implementado e que atue em conformidade com o Código, conforme descrito no Artigo 4.

5.4.5 – Interromper a alocação de recursos olímpicos às Federações Internacionais e Comitês Olímpicos Nacionais que, em conformidade com o Código, não cumpram o disposto no Artigo 4 – aceitação, implementação e modificações.

5.4.6 – Enfatizar a importância da luta antidoping durante os Jogos Olímpicos e colaborar com a WADA para apoiar iniciativas educacionais.

5.4.7 – Apoiar o Programa de Observador Independente da WADA.

5.5 – Atribuições e Responsabilidades do Comitê Paraolímpico Internacional

5.5.1 – Adotar e implementar regras e políticas antidoping para os Jogos Paraolímpicos, em conformidade com o Código.

5.5.2 – Implementar testes fora de competição relacionados aos Jogos Paraolímpicos, em colaboração com WADA.

5.5.3 – Enfatizar a importância da luta antidoping durante os Jogos Paraolímpicos e colaborar com a WADA no apoio às iniciativas educacionais.

5.5.4 – Apoiar o Programa de Observador Independente da WADA.

5.6 – Atribuições e Responsabilidades de Federações Desportivas Internacionais

5.6.1 – Adotar e implementar regras e políticas antidoping em conformidade com o Código.

5.6.2 – Implementar testes em seus eventos.

5.6.3 – Possuir um programa efetivo de testes fora de competição para atletas de nível internacional e monitorar testes fora de competição nacionais.

5.6.4 – Exigir, como condição para o reconhecimento, que uma Federação Nacional adote e implemente os artigos aplicáveis do Código em suas diretrizes, regras e programas.

5.6.5 – Fazer cumprir as exigências constantes nos Artigos 4.1.5, 4.1.6, 4.2.4 e 4.2.5.

5.6.6 – Monitorar os programas antidoping das Federações Nacionais.

5.6.7 – Exigir que todos os atletas de sua jurisdição estejam sujeitos a testes pela WADA e, se preciso for, prover informação precisa sobre o paradeiro dos atletas para a WADA.

5.6.8 – Desenvolver e implementar programas de informação e de educação antidoping e colaborar com a WADA no apoio a iniciativas educacionais.

5.6.9 – Autorizar e apoiar a participação de Observadores Independentes em eventos internacionais.

5.7 – Atribuições e Responsabilidades dos Comitês Olímpicos e Confederações Nacionais

5.7.1 – Adotar e implementar regras e políticas antidoping, em conformidade com o Código.

5.7.2 – Requerer, como uma condição para se associar ou para reconhecimento, que Federações Nacionais sigam as políticas e regras antidoping aplicáveis, em conformidade com o Código.

5.7.3 – Manter informação precisa sobre o paradeiro do atleta, a menos que uma Organização Antidoping Nacional tenha essa atribuição.

5.7.4 – Cooperar com sua Organização Antidoping Nacional.

5.7.5 – Colaborar com a WADA para facilitar a execução coordenada de programas efetivos de controle de *doping*.

5.7.6 – Interromper a alocação de recursos, durante qualquer período de desqualificação, a atletas que violarem as políticas e regras antidoping adotadas, em consonância com o Código.

5.7.7 – Desenvolver e implementar programas de informação e de educação antidoping, e colaborar com a WADA no apoio a iniciativas educacionais.

5.8 – Atribuições e Responsabilidades das Federações Nacionais

5.8.1 – Obedecer políticas e regras antidoping aplicáveis, adotadas em conformidade com o Código, e implementá-las em suas próprias diretrizes e normas.

5.8.2 – Colaborar com a WADA, Federações Internacionais, Comitês Olímpicos Nacional, Confederações Nacionais, e Organizações Nacionais Antidoping para facilitar a execução coordenada de programas efetivos de controle de *doping*, inclusive provendo informação precisa sobre o paradeiro de atletas.

5.8.3 – Identificar atletas de nível nacional para inclusão em programas de teste fora de competição e adotar regras que requeiram a participação deles em tais programas.

5.8.4 – Interromper a alocação de recursos, durante qualquer período de desqualificação, a atletas que violarem políticas e regras antidoping adotadas, em consonância com o Código.

5.8.5 – Desenvolver e implementar programas de informação e de educação antidoping para seus atletas e pessoal de apoio aos atletas, e colaborar com a WADA no apoio a iniciativas educacionais.

5.9 – Atribuições e Responsabilidades das Organizações Nacionais Antidoping

5.9.1 – Adotar e implementar políticas e regras antidoping, em conformidade com o Código.

5.9.2 – Cooperar com seu Comitê Olímpico Nacional.

5.9.3 – Manter informação precisa sobre o paradeiro de atletas.

5.9.4 – Colaborar com a WADA, Federações Internacionais, Comitês Olímpicos Nacionais/Confederações Nacionais, e outras Organizações Nacionais Antidoping para facilitar a execução coordenada de programas efetivos de controle de *doping*.

5.9.5 – Desenvolver e implementar programas de informação e de educação antidoping, e colaborar com a WADA no apoio a iniciativas educacionais.

5.9.6 – Promover pesquisa antidoping.

5.10 – Atribuições e Responsabilidades dos Organizadores de Eventos Majoritários

5.10.1 – Adotar e implementar políticas e regras antidoping em seus eventos, em conformidade com o Código, bem como zelar por seu cumprimento.

5.10.2 – Requerer aceitação, implementação e cumprimento do Código, como condição para um país ter direito a sediar o evento. Exigir o mesmo de equipes ou indivíduos representando seus países, como condição para participar do evento.

5.10.3 – Autorizar e apoiar a participação de Observadores Independentes em seus eventos.

5.11 – Atribuições e Responsabilidades da WADA

5.11.1 – Conduzir um programa de controle de *doping*, em conformidade com o Artigo 8º do Código.

5.11.2 – Atualizar periodicamente a Lista de Substâncias e Métodos Proibidos, a Lista de Conduta e a Lista de Monitoramento descritas no Artigo 8.3.

5.11.3 – Coordenar e colaborar com outros *stakeholders* de forma a facilitar a execução de programas de controle de *doping*.

5.11.4 – Monitorar os programas antidoping das partes que aceitarem o Código.

5.11.5 – Coordenar a divulgação de informações sobre resultados de testes e monitorar os procedimentos relativos a resultados analíticos adversos.

5.11.6 – Iniciar e coordenar processos de modificações do Código.

5.11.7 – Desenvolver e implementar programas educacionais e de informações antidoping e colaborar com outros *stakeholders*, na defesa de iniciativas educacionais.

5.11.8 – Identificar e aprovar Padrões Internacionais aplicáveis à implementação do Código.

5.11.9 – Credenciar laboratórios ou outras partes autorizadas para realizar análises de amostras.

5.11.10 – Desenvolver e aprovar Modelos de Melhores Práticas.

5.11.11 – Promover, realizar, autorizar, custear e coordenar pesquisas antidoping.

5.11.12 – Realizar um efetivo programa de Observador Independente.

5.12 – Fatores decorrentes da Sobreposição de Responsabilidades dos *Stakeholders*

NAS SITUAÇÕES ONDE AS PARTES QUE ACEITAREM O CÓDIGO TÊM RESPONSABILIDADES SOBREPOSTAS, DEVERÃO SER APLICADOS OS SEGUINTES PRINCÍPIOS:

5.12.1 – Competência geral para realizar o teste antidoping. Salvo quando previsto em acordo entre agências antidoping, as seguintes instituições terão competência para realizar o teste em atletas:

a) a Organização Nacional Antidoping, o Comitê Olímpico Nacional e a Federação Nacional do país do atleta;
b) a Organização Nacional Antidoping ou Comitê Olímpico Nacional de qualquer país onde o atleta esteja presente;
c) a Federação Internacional do Atleta;
d) a WADA;
e) os organizadores de qualquer evento no qual o atleta esteja inscrito;
f) e agências antidoping associadas com outras instituições desportivas que tenham jurisdição sobre o atleta.

5.12.2 – Testes durante a competição. Caso múltiplas agências antidoping queiram realizar testes durante a competição em um evento, uma única agência será designada, pela instituição que tenha a máxima autoridade pela realização do evento, para iniciar e realizar os testes.

5.12.3 – Testes fora de competição. Podem ser iniciados ou realizados testes fora de competição por qualquer agência antidoping descrita no Artigo 5.12.1, ou que seja autorizado por uma delas a fazê-lo.

5.12.4 – Gerenciamento dos resultados. A competência para o gerenciamento dos resultados de um teste de controle de *doping* deverá ser determinada conforme as regras da agência antidoping que der início ao teste.

5.12.5 – Audiências e Sanções. A competência para realizar audiências e impor sanções pela violação de regras antidoping, surgidas sem teste ou relacionadas ao teste, deverá ser determinado conforme as regras da agência antidoping que iniciar o teste. A competência para realizar audiências e impor sanções para outras violações de regras antidoping, deverá ser determinada de acordo com as regras da agência antidoping que descobrir a violação. Outras agências podem realizar audiências e impor sanções opcionais adicionais, conforme o autorizado no Artigo 8.8.9.

5.12.6 – Reconhecimento mútuo. Sujeita ao direito de recurso, previsto no Artigo 8.9, o procedimento de coleta e manipulação de amostra, gerenciamento de resultados e processo de audiência e resultados (excluindo qualquer sanção não obrigatória imposta, em consonância com o Artigo 8.8.9) de qualquer parte aceitante do Código, que seja consistente com o Código e esteja na esfera de competência da parte envolvida, deverá ser reconhecida e respeitada por todas as outras partes aceitantes. As partes podem reconhecer as ações de outros organismos que não aderiram ao Código se as regras desses órgãos forem consistentes com as do Código.

5.13 – Proteção Contra Reivindicações

5.13.1 – Nenhuma parte aceitante do Código deverá ser responsável por qualquer perda ou dano resultante de seu ato falho, quando sua conduta tenha sido pautada em boa fé, autorizada pelo Código, e esteja consistente com o mesmo.

ARTIGO 6 – INFORMAÇÕES E EDUCAÇÃO

Todas as partes aderentes ao Código reconhecem a importância da informação e da educação no esforço antidoping. Aquelas partes responsáveis pela informação e educação antidoping concordam com os seguintes princípios:

6.1 – Idéia fundamental e meta básica. A idéia fundamental para os programas educacionais e de informações deverá preservar os valores do desporto, como descrito no Artigo 1°, que trata da arruinados pelo *doping*. A meta básica está pautada em prevenir os atletas para o não uso de substâncias e métodos proibidos.

6.2 – Programa de longa duração. Serão planejados e implementados programas de longa duração. Os programas oferecerão aos atletas sujeitos a testes regulares e ao seu pessoal de apoio informações precisas e atualizadas sobre os seguintes assuntos:

- Lista de Substâncias e Métodos Proibidos;
- Procedimentos de controle de *doping*; e
- Os direitos e responsabilidades dos atletas;

Os programas promoverão o núcleo de valores desportivos e as alternativas mediante o doping, visando o estabelecimento de atitudes apropriadas e a influenciar o comportamento entre atletas e seu pessoal de apoio.

ARTIGO 7 – PESQUISA

Todas as partes aceitantes do Código reconhecem a importância da pesquisa antidoping e concordam com os seguintes princípios:

7.1 – Propósito da pesquisa antidoping. A pesquisa antidoping contribui para o desenvolvimento e implementação de programas eficientes de controle de *doping* e programas de informação e educação antidoping.

7.2 – Tipos de Pesquisa. A pesquisa antidoping pode incluir estudos sociológicos, comportamentais e éticos, além de investigação analítica e fisiológica.

7.3 – Coordenação. A realização de pesquisa antidoping pelos *stakeholders* é estimulada e deveria ser articulada com a WADA. Resguardados os direitos de propriedade intelectuais dos *stakeholders*, cópias dos resultados de pesquisa antidoping deveriam ser encaminhadas à WADA.

7.4 – Pesquisa Padrão. As pesquisas antidoping deverão estar em consonância com padrões éticos internacionalmente reconhecidos.

7.5 – Administração de Substâncias e Métodos Proibidos. As pesquisas antidoping não envolverão a administração de uma substância ou método proibidos em um atleta competidor ou que no futuro tenha a possibilidade de competir em alto nível desportivo e, por isso, esteja sujeito a testes.

7.6 – Uso indevido de Resultados. Deveriam ser tomadas precauções adequadas para que os resultados de pesquisa antidoping não sejam usado de forma indevida ou aplicados para o *doping*.

ARTIGO 8 – CONTROLE DE *DOPING*

8.1 – Violações de Regras Antidoping

Todas as partes aceitantes do Código concordam com os itens abaixo, que dizem respeito à violação das regras antidoping:

8.1.1 – Violações de regras. As seguintes circunstâncias e condutas constituem violações de regras antidoping:

8.1.1.1 – A presença de uma substância proibida ou seus metabólitos ou marcadores em uma amostra corpórea do atleta.

8.1.1.1.1 – É dever pessoal de cada atleta assegurar que nenhuma substância proibida será utilizada. Os atletas são responsáveis por qualquer substância proibida encontrada nas amostras proveniente de si mesmo. Não é necessário que a intenção, falha ou uso instruído por parte do atleta sejam demonstrados para estabelecer uma violação do código antidoping prevista no Artigo 8.1.1.1.

8.1.1.1.2 – Quando uma substância proibida descoberta também puder ser endogenamente produzida, o atleta deve, sujeito a qualquer laboratório que informe os critérios estabelecidos na Lista Proibida descrita em Artigo 8.3, argumentar que a presença da substância encontrada em sua amostra foi resultado de uma condição fisiológica ou patológica.

8.1.1.2 – Uso ou tentativa de uso de uma substância ou método proibido.

8.1.1.2.1 – O sucesso ou fracasso no uso de uma substância ou método proibido não é relevante. É suficiente que a substância ou método proibido tenha sido usado ou tentado ser usado para que se configure uma violação de regra antidoping.

8.1.1.3 – A falta ou recusa em se submeter à coleta de amostra para teste, após a notificação, como previsto nas regras antidoping ou, de outra forma, evitar se submeter a coleta de amostras.

8.1.1.4 – Violação de exigências aplicáveis, relativas à disponibilidade do atleta para testes fora de competição, incluindo testes extraviados e falha na obtenção de informação do paradeiro.

8.1.1.5 – Conduta que desabone ou que pretenda desabonar a integridade de qualquer parte do processo de controle *doping*.

8.1.1.6 – Posse, pelo atleta, técnico ou treinador de uma substância que é proibida em testes fora de competição, a qualquer momento ou local. A posse de tal substância pelo atleta ou médico da equipe ou outra pessoa da equipe médica em contato com o atleta, competição ou ambiente de treinamento, a menos que a pessoa portadora possa estabelecer uma justificação aceitável para tal posse.

8.1.1.7 – Negociação de qualquer Substância Proibida.

8.1.1.8 – Administração ou tentativa de administração de uma substância ou método proibido em qualquer atleta, ou ajudar, encorajar, cuidar, auxiliar, acobertar ou outro tipo de cumplicidade que envolva uma violação ou tentativa de violação da regra antidoping.

8.1.2 – Ausência de normas para limitação. Inexistem regras para limitação, prescrição ou outra barreira de tempo que iniba o início de ação disciplinar por causa de qualquer violação de regra antidoping.

8.1.3 – Invalidação automática de resultados em uma competição durante a qual ocorra uma violação de regra antidoping. Uma violação da regra antidoping com relação a um teste durante uma competição conduz automaticamente à invalidação do resultado individual obtido naquela competição, com todas as conseqüências resultantes, inclusive confisco de qualquer medalha, pontos e prêmios. (*Para os propósitos deste Artigo e do Artigo 8.8.1, uma competição é uma única corrida, partida, jogo ou competição atlética semelhante*).

8.2 – Prova de *Doping*

As partes aceitantes do Código concordam em aplicar os seguintes ônus da prova e presunções nos casos de *doping*:

8.2.1 – Ônus da prova. A agência antidoping que afirmar que uma violação de regra antidoping ocorreu, deverá arcar com o ônus de esclarecer a violação ocorrida junto ao comitê de julgamento, tendo em mente a seriedade da alegação feita. Esse ônus deverá ser maior que um mero equilíbrio de probabilidades e menor que um padrão que possa ser expresso como prova além de dúvida razoável. O ônus de estabelecer circunstâncias excepcionais ou outros fatos mitigantes deverá ficar na parte alegada para ter cometido a violação de regra antidoping e para estabelecer o grau de prova, especificamente, demonstrada no Artigo correspondente.

8.2.2 – Métodos para estabelecimento de fatos e presunções. Fatos relacionados a violações de regras antidoping podem ser estabelecidos por qualquer meio seguro, inclusive confissões. As seguintes regras de prova deverão ser aplicáveis aos casos de *doping*:

8.2.2.1 – Presume-se que os laboratórios credenciados pela WADA têm credibilidade para realizar testes e para tutorar procedimentos de acordo com os padrões aceitáveis na prática científica. Essa presunção pode ser refutada por evidências em contrário. Porém, o laboratório aprovado não deverá ter nenhum ônus em primeira instância para demonstrar que realizou procedimento diferente de suas práticas habituais.

8.2.2.2 – O abandono de padrões estabelecidos ou outras irregularidades na coleta e análise de amostra ou outros aspectos de controle de *doping* não deverão invalidar um resultado de teste positivo ou outras bases nas quais uma violação de regra antidoping pode ser estabelecida, a menos que tal irregularidade ou abandono lance dúvidas significativas na confiabilidade do resultado de teste positivo ou na base efetiva de qualquer outra violação de regras antidoping.

8.3 – Identificação de Substâncias e Métodos Proibidos

Todas as partes aceitantes do Código concordam que substâncias proibidas, métodos proibidos e outras substâncias a serem detectadas no controle de *doping* devem ser identificadas conforme os itens abaixo:

8.3.1 – Publicação e Revisão da Lista de Substâncias e Métodos Proibidos. A WADA deve, pelo menos a cada dois anos, publicar uma Lista de Substâncias e Métodos Proibidos (a *Lista Proibida*). Serão postas em circulação versão da Lista Proibida, para que todas as partes aceitantes do Código possam tecer comentários antes da publicação final. Essas versões da Lista Proibida para revisão devem, a menos que se especifique em contrário, tornar-se automaticamente efetiva três meses após a publicação da Lista Proibida na *home page* da WADA, sem necessitar requerimento de qualquer ação adicional pelas partes aceitantes do Código.

8.3.2 – Substâncias proibidas e métodos identificados na Lista Proibida.

A Lista Proibida deverá identificar essas substâncias e métodos que são proibidos a todo o momento (tanto durante a competição quanto fora de competição), e as substâncias e métodos que são proibidos apenas durante a competição. Sob a recomendação de uma Federação Internacional, a Lista Proibida pode ser ampliada pela WADA para esportes específicos (por exemplo, a inclusão de betabloqueadores).

Substâncias e métodos proibidos podem ser incluídos na Lista Proibida na categoria geral (por exemplo, agentes anabolizantes) ou em referência específica a uma substância ou método. Excluindo as substâncias para as quais um limiar quantitativo é especificamente identificado na Lista Proibida, a presença de qualquer quantidade de uma substância proibida na amostra de um atleta deverá constituir uma violação de regras antidoping.

8.3.3 – Critérios para inclusão de substâncias e métodos na Lista Proibida. A WADA deverá considerar os seguintes critérios na decisão de uma substância ou método à Lista Proibida:

8.3.3.1 – Uma opinião razoável, baseado em evidência científica, efeito farmacológico ou experiência de que a substância ou método tem o potencial para aumentar o desempenho desportivo e, de modo idêntico:

8.3.3.1.1 – Uma opinião razoável, baseado em evidência médica, de que o uso da substância ou método possa por em risco a saúde do atleta; ou

8.3.3.1.2 – Uma determinação de que o uso da substância ou método viola o espírito desportivo descrito no Artigo 1° do Código.

8.3.3.2 – Uma opinião razoável, baseado em evidência científica, efeito farmacológico ou experiência de que a substância ou método tem o potencial para mascarar o uso de outras substâncias e métodos proibidos.

8.3.4 – Isenções médicas. As partes aceitantes do Código com responsabilidade de gestão de resultados devem assegurar que um processo será iniciado nos casos em que atletas com condições médicas documentadas – que requeiram o uso de uma substância proibida ou um método proibido – solicitem uma isenção médica. Na determinação de se conceder uma isenção médica os critérios seguintes serão considerados:

8.3.4.1 – O atleta apresenta uma condição expressiva de saúde, que requeira tratamento.

8.3.4.2 – Nenhuma vantagem injusta resultará da administração da substância ou método proibido, prescrito pelo médico.

8.3.4.3 – Nenhuma medicação alternativa que não seja proibida pode ser substituída, com segurança, por substância ou método proibido.

A WADA pode estabelecer padrões para a aprovação e administração de isenções médicas, incluindo, por exemplo, padrões especiais aplicáveis a isenções médicas para certas substâncias proibidas usualmente prescritas.

8.3.5 – Lista de substâncias capazes de violar as normas do código de conduta.

Algumas partes aceitantes do Código podem desejar ter controle das amostras de *doping* analisadas para drogas sociais que não constam da Lista Proibida. A WADA estabelecerá uma Lista de Conduta especial para essas substâncias que, embora não constantes da Lista Proibida, podem violar o Código de Conduta de várias partes aceitantes do Código.

As partes aceitantes também podem solicitar modificações nessa Lista de Conduta. Os laboratórios que realizam análises de amostras coletadas durante a competição podem, por exigência da agência antidoping que iniciou o teste, ser solicitados a identificar substâncias da Lista de Conduta. A presença de uma substância que conste apenas na Lista de Conduta não se constituirá em doping, mas pode sujeitar o atleta a outros procedimentos disciplinares.

8.3.6 – Lista de Monitoramento

A WADA também pode estabelecer uma Lista de Monitoramento de substâncias que não estejam nem na Lista de Substâncias Proibidas nem na Lista de Conduta, mas que se deseje monitorar para descobrir padrões de abuso no esporte. A presença de substâncias da Lista de Monitoramento será informada à WADA, pelos laboratórios, em uma base estatística associada ao esporte, sem identificar número de amostra específica.

8.3.7 – Controles Médicos. As partes aceitantes do Código podem adotar seus próprios regulamentos médicos, pelo qual as amostras dos atletas serão analisadas antes das competições, para determinar se estão em condições para competir. A incapacidade para participação decorrente de tal controle médico não será considerada uma violação da regra antidoping.

8.4 – Realização de testes. Todas as partes aceitantes do Código concordam com os seguintes princípios, relacionados à realização dos testes:

8.4.1 – Distribuição dos testes. As agências antidoping que conduzem testes não devem fazer nenhum aviso antecipado e devem realizar testes de referência.

8.4.2 – Notificação e coleta de amostras. As agências antidoping que conduzem testes utilizarão procedimentos para notificação e coleta que obedeçam padrões aprovados pela WADA.

8.4.3 – Propriedade dos testes/pesquisas. Todas as amostras de controle de *doping* se tornarão, imediatamente, propriedade da agência antidoping que inicia o teste.

Porém, nenhuma amostra pode ser usada para pesquisa sem o consentimento expresso do atleta, a menos que toda as marcações da amostra que possam identificar o atleta sejam removidas.

8.5 – Análise de Amostras

Todas as partes aceitantes do Código concordam que as amostras de *doping* só serão analisadas em laboratórios credenciados pela WADA ou por ela certificados, conforme os seguintes princípios:

8.5.1 – Substâncias sujeitas à detecção. Amostras de controle de *doping* serão analisados para detecção de substâncias e métodos identificados na Lista Proibida, na Lista de Monitoramento que pode ser elaborada pela WADA, e na Lista de Conduta, nesse caso, elaborada pela agência antidoping que inicia o teste.

8.5.2 – Padrões para análise de amostra e relatórios

Os laboratórios analisarão as amostras para controle de *doping* e informarão o resultado, em conformidade com a análise de laboratório e padrões estabelecidos pela WADA.

8.5.3 – Análise de amostra por um segundo laboratório

A determinação de se análise B da amostra, ou outra análise, será executada em outro laboratório aprovado pela WADA será feito pela agência antidoping que inicia o teste.

8.6 – Administração de resultados

Todas as partes aceitantes do Código concordam com o seguinte:

8.6.1 – Procedimentos relativos a Averiguação Analítica Adversa.

Após a recepção de uma amostra A proveniente de averiguação analítica adversa, a agência antidoping, com a responsabilidade de administração de resultados, notificará a atleta imediatamente, sob a forma descrita de suas regras, sobre:

a) o averiguação analítica adversa;

b) o direito do atleta de requerer prontamente a análise da amostra de B ou, fracassando tal pedido, que a análise da amostra B será considerada dispensada; e

c) do direito do atleta e/ou de seu representante de pedir a abertura e análise da amostra B ou, alternativamente, que um substituto será designado pelo laboratório para acompanhar a abertura da amostra B.

8.6.2 – Consideração antes da determinação da agência antidoping que uma regra de doping foi violada.

Antes de uma agência antidoping fazer sua determinação administrativa final que uma regra antidoping foi violada, os princípios seguintes serão respeitados:

8.6.2.1 – Notificação

A agência antidoping com responsabilidade de administração de resultados dará ao atleta ou a outra pessoa sujeita a notificação de sanção, na forma descrita em suas normas, informação da regra antidoping que pareça ter sido violada, e da natureza da violação. Todavia, em uma audiência subseqüente, a agência antidoping não estará limitada aos assuntos descritos nesta notificação.

8.6.2.1.1 – Depois uma averiguação analítica adversa da amostra B, ou se a análise da amostra B foi dispensada, ao atleta também será fornecido, mediante solicitação, uma cópia do pacote da documentação padrão do laboratório, especificada pela WADA.

8.6.2.2 – Oportunidade para apresentar uma declaração

Depois da notificação, conforme o descrito no Artigo 8.6.2.1, o atleta ou outra pessoa sujeita a sanção terá a oportunidade para apresentar uma declaração à agência antidoping ou a outro organismo investigativo.

8.6.2.3 – Revisão

A agência antidoping responsável pela administração de resultados ou outro organismo investigativo deve:

a) determinar se uma isenção médica foi concedida, de acordo com o Artigo 8.3.4;

b) considerar se há alguma irregularidade no processo de prova ou análise de laboratório que lancem dúvidas significativas sobre a averiguação analítica adversa ou outros fatos que estabeleçam uma violação da regra antidoping;

c) considerar qualquer explicação fornecida pelo atleta ou outra pessoa sujeita a sanção; e

d) conduzir qualquer encaminhamento de investigação que possa ser requerido, dentro das políticas e regras antidoping adotadas em consonância com o Código ou que a agência antidoping considere apropriada.

8.6.3 – Não haverá desqualificação sem a oportunidade de uma audiência

Exceto conforme descrito no Artigo 8.6.3.1 abaixo, nenhum atleta ou outra pessoa será desqualificado, por qualquer período de tempo, sem que lhe seja dada a oportunidade de defesa, como descrito no Artigo 8.7.

8.6.3.1 – Suspensões Provisórias

As agências antidoping e outras partes aceitantes do Código podem adotar regras que permitam aplicar suspensões provisórias ou outras medidas temporárias após a revisão descrita no Artigo 8.6.2.3, mas antes de qualquer sessão de julgamento. Se uma suspensão provisória é aplicada com base em uma averiguação analítica adversa amostra A e uma subseqüente análise de amostra B não confirme a análise de amostra A, o atleta não estará sujeito a qualquer ação disciplinar adicional e ao Artigo 8.6.3.2. Nesse caso, qualquer ação disciplinar previamente imposta será revogada.

8.6.3.2 – Em circunstâncias onde o atleta ou sua equipe tenha sido afastado de uma competição e a análise subseqüente de amostra B não confirme o encontrado na amostra A, o atleta ou a equipe serão reinseridos na competição que já tenha sido iniciada sem a participação do (s) mesmo (s).

8.7 – Direito a uma Sessão de Julgamento.

Todas as partes aceitantes do Código concordam que qualquer pessoa ou entidade que tenham recebido sanções administrativas, em concordância com o Artigo 8.6, por ter cometido uma violação da regra antidoping, terão direito a uma audiência de defesa que satisfaça as seguintes exigências:

8.7.1 – Oportunidade da Sessão de Julgamento

Uma sessão de julgamento será assegurada sem atraso desnecessário e será realizada tão logo quanto exijam as circunstâncias (por exemplo, quando o atleta tenha sido provisoriamente suspenso ou quando necessária para solucionar pendências antes do início de um evento).

8.7.2 – Isenção de Envolvimento do Corpo de Jurados

A pessoa ou pessoas que julgarão o caso não terá participado da revisão descrita em Artigo 8.6.2.

8.7.3 – Direitos das Pessoas Consideradas Culpadas de Ciolação da Regra Antidoping

Em qualquer julgamento previsto neste artigo, será assegurado às pessoas consideradas culpadas de ter cometido violações das regras antidoping os seguintes direitos:

8.7.3.1 – O direito a ser representado por um advogado ou outro representante às suas próprias expensas;

8.7.3.2 – O direito para ter a presença de um intérprete, às suas próprias expensas;

8.7.3.3 – O direito para apresentar um caso em oposição à reivindicação de *doping*;

8.7.3.4 – O direito para nomear, questionar e acarear testemunhas (sujeito à discrição do corpo de jurados de aceitar ou não testemunho por submissões escritas).

8.7.4 – Decisão oportuna

A comissão de julgamento tomará uma decisão oportuna e argumentada. Em assuntos despachados, a comissão pode expedir sua conclusão antes de entregar sua decisão argumentada.

8.8 – Sanções

Todas as partes que aceitam o Código concordam em implementar sanções para as violações de regras antidoping, de acordo com os padrões descritos a seguir:

8.8.1 – Invalidação de resultados em um evento durante o qual ocorre uma violação de regra antidoping

Com exceção das circunstâncias descritas nos Artigos 8.8.3.1 e 8.8.3.2 e violações do Artigo 8.1.1.4, uma violação de regra antidoping que ocorra durante ou relacionado a um evento, automaticamente resulta na invalidação de todos os resultados individuais do atleta obtidos naquele evento, mantidas todas as demais conseqüências, inclusive o confisco de todas as medalhas, pontos e prêmios [*para fins deste Artigo o termo* evento *significa uma série de 22 (vinte e duas) competições individuais conduzidas como parte de um evento maior, por exemplo, os Jogos Olímpicos*].

8.8.2 – Esportes de Equipe

As conseqüências para os resultados competitivos obtidos por uma equipe quando um de seus membros cometeu uma violação da regra antidoping serão descritas nas regras da Federação Internacional correspondente.

8.8.3 – Desqualificação para Substâncias e Métodos Proibidos

Com a exceção do exposto nos Artigos 8.8.3.1 e 8.8.3.2, o período de desqualificação imposto para uma violação de Artigos 8.1.1.1 e 8.1.1.2 são:

a) Primeira violação: desqualificação por 2 (dois) anos.

b) Segunda violação: desqualificação vitalícia.

8.8.3.1 – Estimulantes Específicos

A Lista Proibida pode discriminar estimulantes específicos particularmente suscetíveis ao uso inadvertido, por sua disponibilidade geral, e que são menos prováveis de ser utilizados como agentes de *doping*. No caso de um atleta estabelecer claramente que o uso de um estimulante específico era para propósitos terapêuticos e não para o aumento do desempenho desportivo, o período de desqualificação será:

a) Primeira violação: de nenhuma desqualificação para eventos futuros a um máximo de 6 (seis) meses de desqualificação.

b) Segunda violação: de 6 (seis) meses a um máximo de 2 (dois) anos de desqualificação.

c) Terceira violação: de 2 (dois) anos ao máximo de desqualificação vitalícia.

8.8.3.2 – Casos Especiais

Podem ser reduzidos os períodos mínimos de desqualificação, providos acima, em proporção às circunstâncias excepcionais de um caso particular, mas apenas se o atleta puder estabelecer claramente que a violação da regra antidoping não era resultado de sua falta ou negligência. Quando uma substância proibida ou seus marcadores ou metabólitos é detectado na amostra de um atleta, este também deve poder demonstrar como a substância proibida entrou em seus sistemas.

8.8.4 – Desqualificação para outras violações de regra antidoping

O período de desqualificação para outras violações de regra antidoping será:

8.8.4.1 – Para violações do Artigo 8.1.3, Artigo 8.1.1.5 e Artigo 8.1.1.6, serão aplicados os períodos de desqualificação estabelecidos no Artigo 8.8.3.

8.8.4.2 – Para violações dos Artigos 8.1.1.7 ou 8.1.1.8, o período de desqualificação imposto será de um mínimo de 4 (quatro) anos até desqualificação vitalícia. O *doping* envolvendo menores de idade será considerado uma violação particularmente séria. Ainda, violações de tais Artigos que também violam leis e regulamentos não-esportivos podem ser informadas às autoridades administrativas, profissionais ou judiciais.

8.8.4.3 – Para violações do Artigo 8.1.1.4, o período de desqualificação deverá ser de, no mínimo, 3 meses a um máximo de 2 anos.

8.8.5 – Invalidação de Resultados em Competições Subseqüentes à Coleta da Amostra.

Todo resultado competitivo obtido – a partir da data de coleta de uma amostra positiva, ou a partir da ocorrência de outra violação de *doping*, até o final de qualquer suspensão ou período de desqualificação –, será invalidado com todas as conseqüências resultantes, inclusive confisco de qualquer medalha, pontos e prêmios.

8.8.6 – Início do Período de Desqualificação

O período de desqualificação deverá ter início na data da decisão judicial que determinou a desqualificação ou, se houve declínio de julgamento, na data que a desqualificação foi aceita ou, de outra forma, imposta. Qualquer período de suspensão provisória será creditado contra o período total de desqualificação definido. Quando requerido pela justiça, o órgão aplicador da sanção pode determinar o período de desqualificação a uma data mais adiantada, desde a data da coleta da amostra.

8.8.7 Status durante a desqualificação ou suspensão

Nenhuma pessoa que foi desqualificada ou provisoriamente suspensa pode, durante o período de desqualificação ou suspensão, participar de qualquer forma em um evento ou atividade autorizada ou organizada por qualquer parte aceitante do Código, assim como receber qualquer apoio financeiro ou outro benefício relacionado ao esporte de qualquer parte aceitante do Código. Como uma condição para recuperar elegibilidade, um atleta deve, durante qualquer período de suspensão ou desqualificação, tornar-se disponível para testes fora de competição por qualquer agência antidoping que tenha jurisdição para testes, inclusive provendo constante e exata informação de seu paradeiro.

8.8.8 – Divulgação Pública

Qualquer pessoa que cometa uma violação de *doping* que não resulte na imposição de um período de desqualificação será advertida publicamente, repreendida ou identificada como é apropriado para essas circunstâncias.

8.8.9 – Sanções Opcionais

As partes que aceitam o Código podem, à seu discernimento, escolher adotar regras que imponham sanções adicionais para as violações de regras antidoping, as quais sejam apropriadas às circunstâncias da e a natureza de sua atividade esportiva, incluindo: desqualificação, além dos períodos definidos no Artigo 8.8.3, de participação em equipes nacionais ou em competições futuras por elas controladas, ou para qual estabelecem critérios de elegibilidade; recuperação de custos incorridos na administração de procedimentos de violação de regras antidoping; multas; revogação de outros direitos ou privilégios durante a desqualificação; e testes exigidos antes de restabelecimento.

8.8.10 – Sanções contra Grupos Esportivos

Organismos desportivos podem ser sancionados por governos ou por outros organismos desportivos que tenham autoridade e jurisdição sobre eles (por exemplo, Federações Nacionais por Federações Internacionais) nos seguintes casos:

8.8.10.1 – Fracasso para Cooperar no Esforço Antidoping

O fracasso voluntarioso para cooperar com os esforços antidoping da WADA, IOC, governo correspondente, Federação Internacional, Comitê Olímpico Nacional ou Agência Nacional Antidoping, como requerido pelo Código.

8.8.10.2 – Violação Recorrente de Regra Antidoping

A violação recorrente de regra antidoping descritas nos Artigos 8.1.1.1, 8.1.1.2 e 8.1.1.3, em teste conduzido por agências antidoping diferentes daquelas indicadas pelo organismo desportivo, não o compromete com a eliminação do *doping* pelos competidores sob sua jurisdição.

Sanções impostas em organismos desportivos podem incluir: retirada de reconhecimento; multas ou inelegibilidade do organismo desportivo – ou de seus funcionários – para participar de eventos especificados ou em qualquer competição autorizada para um determinado período de tempo, conforme apropriado às circunstâncias da violação e a natureza do esporte.

8.9 – Apelações

Todas as partes aceitantes do Código concordam que decisões tomadas na aplicação do Código ou na aplicação das políticas antidoping ou regras de qualquer agência antidoping, que tenham aderido ao Código e que afetam o estado competitivo de qualquer pessoa ou oportunidade para participar em esporte, podem recorrer à Divisão Apelatória do Tribunal de Arbitragem para o Esporte (CAS) conforme as providências aplicáveis por tal Tribunal. Com exceção do disposto no Artigo 8.9.3, o direito para recorrer ao CAS deve ser específico para alterar tais decisões.

8.9.1 – Contexto

Regras antidoping, como regras de competição, são regras desportivas que administram as condições sob as quais o esporte é praticado. Os atletas aceitam estas regras como uma condição de participação. As regras antidoping não deveriam estar sujeitas ou limitadas pelas exigências e padrões legais aplicáveis para procedimentos criminais ou assuntos de emprego. As políticas e padrões mínimos (De acordo com o Código, diversas expedições ainda precisam ser solucionadas junto ao CAS, antes de sua designação como organismo de apelação exclusiva.) Estabelecidos no Código representam o consenso de um largo espectro de *stakeholders* com um interesse no esporte justo e deveriam ser respeitados por todos os tribunais e organismos adjudicatórios.

8.9.2 – Pessoas com Direito a Recurso

As seguintes agências antidoping e pessoas terão o direito de apelação ao CAS:

a) o atleta ou outra pessoa que seja sujeito de uma decisão;
b) o atleta ou outra pessoa do Comitê Olímpico Nacional, Federação Nacional e Organização Nacional Antidoping;
c) qualquer agência antidoping que iniciou ou, de outro modo, participou do processo que culminou na decisão;
d) a Federação Internacional correspondente;
e) o Comitê Olímpico Internacional; e
f) a WADA.

8.9.3 – Lei Passível de Revisão

As decisões do CAS estarão sujeitas à revisão judicial conforme previsto pela Lei suíça.

8.10 – Confidencialidade e Informações

Todas as partes aceitantes do Código concordam com os princípios de coordenação de resultados antidoping, transparência pública, responsabilidade e respeito ao interesse de privacidade dos indivíduos acusados de violação das regras antidoping, conforme abaixo:

8.10.1 – Confidencialidade

A identidade de atletas ou outras pessoas cujas amostras resultaram em averiguações analíticas adversas, ou que são acusados violação de outras regras antidoping, deverá ser mantida como confidencial para o público até conclusão da revisão descrita em Artigo 8.6.2.

8.10.2 – Informações relativas a resultados de testes negativos

A agência antidoping responsável pela administração de resultados deverá informar prontamente o resultado do teste negativo para o atleta, para a Federação Nacional do atleta ou Comitê Olímpico Nacional, assim como para a WADA.

8.10.3 – Informação referente às Averiguações Analíticas Adversas e a outras potenciais violações da regra antidoping. Um atleta cuja amostra resultou em um averiguação analítica adversa, ou um atleta ou outra pessoa que possa ter violado uma regra antidoping, deverá ser notificado, conforme o previsto no Artigo 8.6. Também serão notificadas tão logo concluída a revisão descrita no Artigo 8.6.2, a Federação Nacional, o Comitê Olímpico Nacional e a Federação Internacional do atleta ou outra pessoa, bem como a WADA. A notificação incluirá: o nome do atleta, país e modalidade desportiva, se o teste era durante competição ou fora de competição, a data de coleta da amostra e o resultado analítico informada pelo laboratório. As mesmas pessoas e agências antidoping serão regularmente informadas da situação encontrada de qualquer revisão ou procedimentos conduzidos, de acordo com o Artigo 8.6, 8.7 ou 8.9.

8.10.4 – Informações Divulgadas ao Público

A agência antidoping responsável pela administração de resultados deverá publicar a situação de qualquer assunto antidoping onde: tenha sido determinado depois de um julgamento, descrito no Artigo 8.7, em que uma violação de regra antidoping tenha acontecido ou que tenha havido desistência de tal julgamento; ou onde uma suspensão provisória tenha sido declarada.

8.10.4.1 – Publicação de Resultados de Controle de *Doping*

As agências antidoping podem publicar em seus sítios da *WEB*, ou lançar mão de outras forma de publicação, todos os resultados negativo e positivo de testes, conforme previsto no Artigo 8.10.

8.10.5 – Informação do Paradeiro de Atleta

As agências antidoping responsáveis por coletar e manter informação sobre o paradeiro do atleta deverão, mediante solicitação, fornecer informação do paradeiro para outras agências antidoping que tenham competência para testar o atleta, como previsto no Artigo 5.11.1. Essas informações serão mantidas em rigoroso sigilo e serão usadas exclusivamente para propósitos de realização de testes.

8.10.6 – Relatórios Estatísticos

As agências antidoping devem, ao menos uma vez por ano, publicar um relatório estatístico geral de suas atividades no controle de *doping* com uma cópia certificada pela WADA. Esse relatório será apresentado em um formato que esteja substancialmente de acordo com o padrão estabelecido pela WADA.

8.10.7 – A Responsabilidade da WADA como uma Câmara de Compensação de Informação de Controle de *Doping*

A WADA atuará como uma câmara de compensação central para todos os resultado do controle de *doping* e deverá, ao menos uma vez por ano, publicar relatórios estatísticos que resumam tal informação.

DEFINIÇÕES

Averiguação analítica adversa – Um relatório de um laboratório ou outra entidade aprovada de teste que identifique em uma amostra a presença de uma substância proibida (incluindo quantidades elevadas de substâncias endógenas) ou o uso de um método proibido.

Agência Antidoping – Uma entidade que é responsável por qualquer parte do processo de controle de *doping*.

Atleta – Para propósitos de controle de *doping*, qualquer pessoa que compete em um nível suficientemente alto para ser selecionado para teste. Para fins de informação e educação, qualquer pessoa que participa de esporte competitivo.

Pessoal de Apoio ao Atleta – Qualquer técnico, treinador, funcionário, pessoal médico ou paramédico trabalhando com, ou tratando os atletas, participando ou preparando-o para competição de esporte.

Código – O Código Mundial Antidoping.

Lista de Conduta – Uma lista de substâncias estabelecida pela WADA, de acordo com o Artigo 8.3.5.

Controle de *Doping* – O processo incluindo planejamento da distribuição de testes, coleta e manipulação de amostras, análises de laboratório, administração de resultados, julgamentos e recursos.

Durante Competição – Um teste realizado pouco antes, durante ou logo após a participação de um atleta, ou participação agendada, em uma competição.

Observadores Independentes – Um grupo de observadores, sob supervisão da WADA que observa o controle de *doping* e o processo de administração de resultados em determinados eventos, e faz a relato de suas observações.

Marcador – Um composto, grupo de compostos ou parâmetros biológicos que indicam o uso de uma substância proibida ou método proibido.

Metabólito – Qualquer substância produzida por um processo de biotransformação.

Lista de Monitoramento – Uma lista de substâncias estabelecida pela WADA, de acordo com o Artigo 8.3.6.

Sem Notificação Antecipada – Um controle de *doping* que acontece sem advertência antecipada ao atleta e onde o atleta é continuamente acompanhado, do momento de notificação até a coleta da amostra.

Fora de Competição – Qualquer controle de *doping* que não seja realizado durante competição.

Parte – O termo geral usado para designar pessoas ou entidades que aceitam o Código.

Condição Fisiológica ou Patológica – Uma condição fisiológica é o estado físico constante e natural de uma pessoa que não foi induzida, por qualquer manipulação, para criar aquele estado. Uma condição patológica é um estado físico anormal causado por doença.

Lista Proibida – A Lista de Substâncias e Métodos Proibidos.

Método Proibido – Qualquer método assim descrito no Código ou na Lista Proibida.

Substância Proibida – Qualquer substância assim descrita no Código ou na Lista Proibida.

Amostra – Qualquer substância biológica coletada com a finalidade do controle antidoping.

Stakeholder – O termo geral é usado para se referir a uma pessoa ou entidade que têm um interesse antidoping.

Teste de Referência – Seleção de atletas para a coleta de amostras, onde são selecionados atletas específicos ou grupos de atletas, dentre os que serão testados, para a realização de testes em um momento específico.

Tráfico – Vender, doar, administrar, transportar, enviar, entregar ou distribuir diretamente uma substância proibida a um atleta, diretamente ou por intermédio de terceiros ou fazer parte de qualquer método proibido.

Uso – A aplicação, ingestão, injeção ou consumo, por qualquer meio, de qualquer substância ou método proibido.

WADA – A Agência Mundial Antidoping.

3) MEDIDAS PROCESSUAIS DESPORTIVAS – PRAZOS, DEFINIÇÕES E COMPETÊNCIAS DA JUSTIÇA DESPORTIVA

3.1 – Contagem de Prazo na Justiça Desportiva

Esclarece o Art. 43 que os prazos correrão da intimação da parte ou de seu representante e serão contados excluindo-se o dia do começo e incluindo-se o dia do vencimento, salvo disposição em contrário. Os prazos são contínuos, não se interrompendo ou suspendendo no sábado, domingo e feriado. Considera-se prorrogado o prazo até o primeiro dia útil se o início ou vencimento cair em sábado, domingo, feriado ou em dia em que não houver expediente normal na sede do Órgão Judicante. No Art. 44 informa que decorrido o prazo, extingüe-se para a parte, independentemente de declaração, o direito de praticar o ato.

3.2 – Definição de BID (Boletim Informativo Diário) e Condição de Jogo de Atleta Profissionais de Futebol, para competições organizadas pela CBF

Poderão participar da competição, respeitados os prazos limite de inscrição, todos os atletas profissionais que tenham seus contratos registrados no

Departamento de Competições, Registro e Transferência da CBF e cujos nomes constem do Boletim Informativo Diário (BID), publicado por aquele Departamento até às 19h00 (dezenove horas) da véspera de 3 (três) dias úteis de intervalo mínimo antes da realização de cada partida e os não-profissionais cujos nomes constem do BID da mesma data.

As Novas Inscrições, dependendo da competição organizada pela CBF, terão um horário com um intervalo mínimo de 3 (três) dias antes da participação do clube em determinada fase da uma competição como, por exemplo, na Copa do Brasil 2004, a determinação de novas inscrições estão restritas até às 19h00 (dezenove horas) da véspera de 3 (três) dias úteis de intervalo mínimo antes da participação da associação na quarta fase da Copa, ou seja, até 06 de maio de 2004.

CONDIÇÃO DE JOGO – APÓS DECISÃO DO STJD RETIRANDO DO BID A CONDIÇÃO DE JOGO

O Jurista Desportivo João Bosco Luz de Morais esclarece que, de acordo com o Art. 33 da Lei 9.615/98, a condição de jogo do atleta é dada pela entidade nacional de administração do desporto que registrou o contrato. Tal fato coloca a CBF, entidade de direito privado, na condição de cartório. E, como cartório, tem a obrigatoriedade de fornecer certidões sobre a condição de jogo dos atletas que disputam os Campeonatos Brasileiros (Séries A, B e C). O clube interessado deve dirigir-se, portanto, à CBF e requerer tal certidão. Em caso de negativa, entendo ser cabível mandado de garantia contra tal ato.

Para o STJD, O BID não foi "revogado", nem tampouco houve anistia, *virada de mesa*, em face do julgamento do Coritiba Foot Ball Club. Decidiu-se – quanto ao BID – que este instrumento não serve *de per se* como prova inequívoca de irregularidade de atleta (presunção absoluta). Assim, atleta sem condição de jogo continua sendo aquele que, por exemplo, não cumpre a suspensão automática, punição da Justiça Desportiva ou não observa os prescritivos previstos para caracterizar o seu vínculo com a entidade de prática nos prazos, forma e demais requisitos essenciais à sua regularidade perante a entidade nacional de administração do desporto.

Paulo Schmitt, auditor do STJD, em publicação no *site* CEVLEIS, explica de forma contundente a Condição de Jogo:

> *Constatada a omissão na publicação, deve o interessado "acionar" a CBF para certificar-se da suposta irregularidade. O que não podíamos admitir, é que um ato administrativo informativo (de tamanha fragilidade e pouca fidedignidade como constatado) pudesse se revestir de uma medida automática contra os clubes, mesmo nas hipóteses de inocorrência de qualquer irregularidade. Do contrário, sequer tais fatos deveriam ir a julgamento e a JD apenas "carimbaria" a irregularidade (que muitas vezes, como dito, sequer teria ocorrido). Isto sim seria fazer tábua rasa dos ditames constitucionais (Art. 217), legais (Leis 9615/98 e 10671/03) e do CBJD (Resolução 01/03 CNE).*

Desde a obrigatoriedade da publicação do BID, colocada como condição inequívoca de condição de jogo, diversos entendimentos passaram pelo STJD, entendendo o Autor estar o Dr. Paulo Schmitt, coberto de razão, em decisão importantíssima desse Superior Tribunal,dada a fragilidade da instrumentalização, via Internet, a cargo da CBF, deixando o contrato de trabalho como assessório da publicação do BID por terceiros. Tal decisão deve ser acatada e não colocada em cheque. A Decisão do STJD deve ser cumprida e não discutida.

O Presidente do STJD, em entrevista publicada no jornal *O Globo*, de 18 de maio de 2004, página 33 (Caderno de Esportes), determina a competência do Tribunal Superior para mudar o regulamento da Competição:

ZVEITER DIZ QUE STJD PODE MUDAR O REGULAMENTO

Para Presidente do Tribunal, BID não pode ser referência

O presidente do Superior Tribunal de Justiça Desportiva (STJD), Luiz Zveiter, afirmou ontem que a decisão do tribunal de não aceitar mais o BID (Boletim Informativo Diário), como referência para regularizar a situação de jogadores no Campeonato Brasileiro, está amparada e não fere o Estatuto do Torcedor:

– O Estatuto não tem nada a ver e o Tribunal tem poder para fazer qualquer alteração.

Segundo o Regulamento do Brasileiro, jogadores só estariam aptos para disputar a competição se tivessem o nome no BID. O Estatuto do Torcedor determina que o regulamento de uma competição seja divulgado 45 dias antes de seu início e proíbe qualquer alteração.

O STJD tomou a decisão depois do Caso Coritiba. O clube chegou a ser punido por uma das comissões disciplinares por escalar o jogador Ataliba, cujo nome não havia sido publicado no BID. Pelo artigo 7 do Regulamento do Brasileiro, o jogador estaria irregular.

– O BID não acabou, mas não tem efeito para esse Tribunal. Como podemos prejudicar alguém que não contribuiu para um erro que foi da CBF? – argumentou Luiz Zveiter."

O Globo, 18/5/2004, Caderno de Esportes, pág. 33

Segundo determina a CBF, a Condição de Jogo é verificada, na forma das Normas Orgânicas do Futebol Brasileiro, em seus artigos 264 a 271 (Atleta Amador) e 182 a 188 (Atleta Profissional) que diz:

Atleta Amador

Art. 264 – O amador transferido de associação que mantenha futebol profissional para qualquer associação, sem a concordância da associação de origem, só terá condição de jogo depois de 720 (setecentos e vinte) dias.

§ 1° – Se a transferência se der de associação que não mantenha futebol profissional para associação que o mantenha, sem a concordância da associação de origem, a condição de jogo será adquirida depois de

360 (trezentos e sessenta) dias.

§ 2° – Quando a transferência se der entre associações exclusivamente amadoristas, a condição de jogo será adquirida depois de 30 (trinta) dias se o atleta não tiver participado, na temporada, de partida oficial por sua associação de origem, se tiver participado, a condição de jogo será adquirida depois de 60 (sesenta) dias.

RDI 7/92 COM ALTERAÇÕES DA RDI 15/92

Art. 1° – Ficam dispensados de estágio, inclusive de período carencial, adquirindo imediata condição de jogo os atletas que forem transferidos, com a concordância da associação de origem, para qualquer outro clube do país.

Art. 2° – Não gozam dos favores a que se refere o Art. 1° os atletas que já tenham participado de jogo pela associação de origem no mesmo campeonato ou torneio.

Art. 3° – Atendendo a peculiaridades regionais, as Federações e ligas, obedecida a sua esfera de competência, podem baixar normas acerca de transferência de atletas pertencentes a clubes exclusivamente amadores.

Art. 4° – Ficam revogadas, no que couber, as normas da RDI 3/92, da CBF, que colidirem com a presente Resolução.

Art. 265 – O amador que pretender retornar a federação de origem, mas para outra associação, sendo ambas as associações exclusivamente amadoristas só adquire condição de jogo, na nova transferência, depois de 90 (noventa) dias, a menos que a associação de origem anterior concorde, expressamente, em reduzir este prazo.

Art. 266 – O amador transferido de associação que mantenha futebol profissional para outra exclusivamente amadorista, que se transferir antes de 360 (trezentos e sessenta) dias, só adquire condição de jogo após 360 (trezentos e sessenta) dias, salvo anuência da primeira associação de futebol profissional de origem.

Art. 267 – Os prazos a que se referem os Art. 264 e seus parágrafos e 266 contam-se sempre da data em que o pedido de transferência tiver entrado na federação de destino.

Art. 268 – O atleta amador, no curso dos períodos em que está sem condição de jogo, não poderá participar de quaisquer competições ou jogos, oficiais ou amistosos, salvo competições internas da própria associação ou como integrante de seleções nacional, estadual ou municipal.

Art. 269 – A associação que incluir em sua equipe atleta amador em período de carência ficará sujeita as penalidades previstas no código disciplinar vigente, para inclusão de atleta sem condição de jogo.

Art. 270 – O atleta amador em período de carência, que vier a participar de competição oficial ou amistosa, passará a cumprir novo período de carência, a partir da data da infração.

Art. 271 – O atleta durante período de carência, poderá transferir-se para outra associação, reiniciando-se, porém, na data do pedido de transferência, o período de carência que a hipótese exigir.

Atletas Profissionais

Art. 182 – O futebol profissional é caracterizado pela existência de um contrato de trabalho que regulamenta a remuneração da atividade desportiva praticada pelo atleta.

Art. 183 – O futebol profissional abrange as atividades das associações e federações, que o promovam.

Art. 184 – A prática do futebol profissional observada a legislação trabalhista, as demais leis vigentes e o previsto nestas normas, será realizado após aprovação pela CBF, da federação e da associação praticante.

Parágrafo Único – É vedada a prática do profissionalismo nas categorias, até *júnior*.

Art. 185 – Serão reconhecidas e reguladas em contrato, observadas as normas da FIFA e as específicas do desporto profissional no país, as relações especiais de trabalho ou prestação de serviço entre as associações e entidades e os atletas, árbitros, técnicos ou outros profissionais especializados.

§ 1° – Constituirá cláusula específica no contrato do atleta profissional, observada a regulamentação internacional do futebol, a opção pelo passe livre ou pelo direito de retenção e de cobrança do valor de indenização pela concessão do atestado liberatório em caso de transferência.

§ 2° – A opção pelo passe livre dar-se-á, quando o atleta firmar o seu primeiro contrato na condição de profissional e, quando detentor deste direito, sempre que vier a firmar novo ajuste.

§ 3° – Observada a legislação trabalhista e o previsto nas demais leis e normas vigentes, a prática do futebol profissional pelas entidades desportivas será realizada de acordo com as Normas expedidas pela CBF, observada a regulamentação internacional correspondente.

Art. 186 – O atleta profissional de futebol só poderá participar de competição desportiva após a inscrição de seu contrato de trabalho na CBF e respectiva federação.

Art. 187 – As federações dirigentes do futebol profissional dos estados e do Distrito Federal competirá a realização dos campeonatos regionais de todas as categorias de seus filiados obrigando-se a promover os correspondentes torneios e campeonatos das categorias amadoras.

Art. 188 – Aplicam-se ao futebol profissional, no que couber, os dispositivos fixados nestas normas para o futebol amador.

Nesse sentido, dado a decisão do STJD determinando a validade do BID para dar condição de Jogo a Atleta Profissional e não-profissional de futebol, verificamos que quem dá a condição de jogo de atleta ou não foi novamente repassada à CBF, inclusive para fins de cumprimento de cartões amarelos e vermelhos e suspensões aplicadas a atletas pelo STJD.

3.3) MEDIDAS JUDICIAIS

PROCESSO DESPORTIVO

O processo desportivo observará os procedimentos sumário ou especial, regendo-se ambos pelas disposições que lhes são próprias e aplicando-se-lhes, obrigatoriamente, os princípios gerais de direito. O procedimento sumário aplica-se aos processos disciplinares, em contrapartida O procedimento especial aplica-se aos processos de:

I – inquérito;
II – impugnação;
III – mandado de garantia;
IV – reabilitação;
V – dopagem;
VI – infrações punidas com eliminação;
VII – suspensão, desfiliação ou desvinculação imposta pelas entidades de administração ou de prática desportiva;
VIII – revisão;
IX – demais medidas admitidas no §3º do artigo 9 do Código.

3.3.1. Procedimento Sumário

Aplica-se unicamente aos processos disciplinares. Será iniciado de Ofício, mediante denúncia da Procuradoria, ou Queixa a ela endereça, formulada pela parte interessada, ou por qualquer pessoa (Art. 74) que provocar a Procuradoria, juntando informações consubstanciadas sobre o fato apontado. A Súmula do Jogo e o relatório da competição, onde o Árbitro da partida relata o que aconteceu naquela partida, desde que haja infração disciplinar será encaminhada para Procuradoria para oferecer, ou não denúncia. A entidade de administração do desporto, quando verificar qualquer irregularidade na documentação recebida sobre a partida, terá o prazo de um dia para informar o Tribunal.

3.3.2. Procedimento Especiais e Sumários

h.2) Impugnação – Queixa – Inquérito – Alguns Entendimentos Doutrinários Atualizados

O Ilustre Jurista Marcílio César Ramos Krieger, definiu com firmeza a diferenciação entre os temas, hoje, polêmicos, no âmbito da Justiça desportiva. A resposta se deu através da lista de discussão *CEVLEIS* da Internet, comandada pelo Professor e Dr. Alberto Puga.

Um dos temas abordados na aludida lista de discussão foi a diferenciação entre *Impugnação de Partida*, *Apresentação de Queixa* e *Apresentação de Inquérito*.

Como não poderia deixar de ser, o Ilustre Jurista, Dr. Marcílio Krieger, que autorizou expressamente este Autor a apontar suas definições neste livro, traz ao conhecimento de todos, de forma contundente, a definição e explicação dos Institutos Jurídico-desportivos, para que não gerar dúvidas nas proposituras das mesmas. Senão, vejamos:

IMPUGNAÇÃO

Presta-se para anular uma partida. E, somente para tal efeito, deve ser utilizada. A impugnação tem por fundamento ou um erro de direito do árbitro (ex.: comprova-se através de videoteipe que a bola entrou pelo lado, não tendo, pois, ultrapassado totalmente a linha de fundo entre as traves) ou um acontecimento que, por sua gravidade, pode levar a Justiça Desportiva a entender pela anulação da partida (ex.: comprova-se, documentadamente ou com prova evidente, que houve tentativa de suborno do árbitro; ou que o goleiro da equipe perdedora deixou passar as bolas que iam em direção ao gol, porque sua família estava sob ameaça etc).

A PARTIDA, NO CASO DO JULGAMENTO DA IMPUGNAÇÃO, OU É MANTIDA TAL QUAL O RELATÓRIO DO ÁRBITRO INFORMOU OU É ANULADA.

"Inexiste, na impugnação,
a anestesia parcial: ou é total, ou nada feito".

(*Marcílio César Ramos Krieger – CEVLEIS*)

INQUÉRITO

Deve ser utilizado este procedimento quando se tem notícia de possível infração cuja comprovação possa ocasionar punição à pessoa física ou jurídica sujeita ao CBJD. (Ex.: suspeita-se que o atleta "Pé-de-Bode" tem mais de 21 anos, embora no BID haja a informação de ter ele apenas 18 anos. O Inquérito servirá para que se apure o fato inquerido, qual seja, o de que "Pé-de-Bode" teria utilizado o RG e demais documentos de seu irmão caçula).

(*Marcílio César Ramos Krieger – CEVLEIS*)

QUEIXA

É o instrumento jurídico-processual-desportivo para os casos em que – comprovadamente – sabe-se ter ocorrido uma violação aos bens jurídico-desportivos (Ex.: o "Arranca-Toco" utilizou-se de jogador cujo nome não consta de nenhum BID válido para a presente competição).

(*Marcílio César Ramos Krieger – CEVLEIS*)

Somente a título de ilustração, transcrevemos parte do despacho do Sr. Presidente do Superior Tribunal de Justiça Desportiva, Dr. Luiz Zveiter, na Impugnação de Partida apresentada pelo Guarani Futebol Clube, em face do Coritiba Foot Ball Club, onde a definição do Ilustre Jurista Marcílio Krieger é confirmada, para que não haja qualquer tipo de confusão quanto a aplicação de cada peça processual:

Impugnação de Partida Nº 033/2004
Impugnante: Guarani Futebol Clube
Impugnado: Coritiba Foot Ball Club

Impugnar, no Direito Desportivo, tem o sentido de anular, invalidar, tornar sem efeito ou mesmo reverter o resultado de uma partida. No processo disciplinar, nos termos do Art. 34, §2º do CBJD, está capitulado como procedimento especial. Da simples leitura do novo Código Brasileiro de Justiça Desportiva (CBJD), é possível diferenciar os diversos procedimentos nele previstos. Assim, é indene de dúvida que a impugnação de partida, notadamente é de ser utilizada nos casos de corrupção, concussão, prevaricação e erro de direito, não se prestando a uma persecução disciplinar para aplicação de determinada penalidade característica do PROCEDIMENTO SUMÁRIO (rito previsto no Art. 73 e seguintes do CBJD), seja através de denúncia da Procuradoria ou de Queixa a ela endereçada.

Aliás, impende afirmar que, por ocasião da realização de evento sobre o novo CBJD e lançamento de doutrina específica pelo Ministério do Esporte, o ilustre patrono (*Autor deste Livro*) que subscreve a inicial teve a oportunidade de participar tendo recebido a citada publicação que tive a honra de autografar, tendo sido lá amplamente esclarecido que procedimento relativo a inclusão de atleta sem condição legal de participar de partida é o da Queixa que recebeu novos contornos à medida que passa pela filtragem da Procuradoria.

Rio de Janeiro, 28 de abril de 2004
Luiz Zveiter – Presidente do STJD

(Inserção feita pelo Autor)

Sobre esses temas específicos, fez questão o Autor de trazer ao conhecimento de todos, eis que o mesmo tema foi incessantemente discutido em 2003, frise-se, para que não gere dúvidas ou distorções, sob a égide de Código Disciplinar de Futebol ultrapassado, de forma totalmente diferenciada.

Hoje, os argumentos para a apresentação de queixa ou impugnação de partida foi dirimida pelo Ilustre Jurista Marcílio Krieger e pelo também Ilustre Jurista e Presidente do STJD, Dr. Luiz Zveiter, onde está concretizado, que para o "procedimento relativo a inclusão de atleta sem condição legal de participar de partida é o da Queixa que recebeu novos contornos à medida que passa pela filtragem da Procuradoria".

Dirimida a dúvida, somente a título de ilustração e para que não haja nova interpretação, traz o autor o entendimento do Egrégio Superior Tribunal de Justiça Desportiva em processo de Queixa apresentada em 2003, frise-se novamente, sob o mando de outro ordenamento jurídico:

Queixa Nº 121/2003
Querelante: GUARANI FUTEBOL CLUBE
Querelado: PAYSANDU SPORT CLUBE

Despacho:

Trata-se de Queixa que tem por fundamento a inclusão de atleta irregular na partida realizada no dia 03 de agosto de 2003 entre o Querelante e o Querelado o que acarretaria a este último a pena do artigo 301 do CBDF com a redação que lhe deu a RDI nº 04/1997.

É de sabença acadêmica que com a edição da RDI nº 1-A de 15 de janeiro de 1997 o procedimento previsto para a infração capitulada no artigo 301 do CBDF passou a ser o relativo a Impugnação de Partida estabelecido no artigo 115 do mesmo diploma legal, eis que, antes da modificação competia ao Departamento Técnico da CBF aplicar a pena administrativamente e, após, remeter o processo para o STJD a quem competia privativamente ratificar, ou não, aquela decisão.

Com a modificação, retirou-se a competência, repita-se, que era privativa do STJD, passando-a para os TJDs e, modificou-se a redação dos artigos que tratavam da Impugnação de Partida para neles inserir a matéria relativa à inclusão de atleta irregular (artigo 301) retirando a vedação legal prevista no parágrafo 4º do supra mencionado artigo 115.

Desta forma, sendo a medida correta a postular a aplicação do artigo 301, a da Impugnação de Partida, o prazo para contestação é aquele do artigo 116 do CBDF com a redação que lhe deu a RDI nº 1-A, ou seja, dentro de cinco dias úteis depois da entrada da Súmula na entidade".

Aplica-se aos processos de inquérito, impugnação de partida, mandado de garantia, reabilitação, dopagem, infrações punidas com eliminação, suspensão, desfiliação ou desvinculação imposta pelas entidades de administração ou de prática desportiva, revisão, além das demais medidas admitidas no parágrafo 3º do artigo 9 do Código. Deve ser lembrado que para todo procedimento especial, o pedido inicial deverá ser, obrigatoriamente acompanhado do comprovante do pagamento do preparo junto ao Tribunal competente.

a) Qualquer medida não-prevista no CBJD

Conforme Art. 9 §3º O presidente do STJD ou do TJD, perante seus órgãos judicantes e dentro da respectiva competência, em casos excepcionais e no interesse do desporto, em ato fundamentado, poderá permitir o ajuizamento de qualquer medida não prevista neste Código, desde que requerida no prazo de 5 (cinco) dias contados da decisão, do ato, do despacho ou da inequívoca ciência do fato, podendo conceder efeito suspensivo ou liminar quando houver fundado receio de dano irreparável.

Prazo de 5 (cinco) dias contados da decisão, do ato, do despacho ou da inequívoca ciência do fato, podendo conceder efeito suspensivo ou liminar quando houver fundado receio de dano irreparável.

RESOLUÇÃO Nº 01/2004

Considerando o disposto no Art. 217, da Constituição Federal e, especificamente, no caput do Art.24, VII e XI, do C.B.J.D;

Considerando os problemas constatados por este Tribunal para a aplicação rígida do disposto no Art. 8 do Regulamento do Campeonato Brasileiro;

Considerando a admissão pelo Diretor Luiz Gustavo Vieira de Castro perante os membros deste Tribunal da falta de estrutura do Departamento de Registro da C.B.F. para cumprir fielmente o referido dispositivo;

Considerando as graves sanções previstas para os Clubes que escalarem atletas cujos nomes não constem no B.I.D. previsto no referido artigo;

Considerando que não é razoável nem proporcional a perda de 6 (seis) pontos em uma competição difícil e demorada como é o Campeonato Brasileiro deste ano com início em 21 de abril e o término previsto para 19 de dezembro, pelo simples fato de não publicação do nome no B.I.D., posto que, em última análise, a obrigação é de responsabilidade da C.B.F. e esta não sofre qualquer punição quando erra;

RESOLVE

INTERPRETAR pela inexequibilidade do art. 8 do Regulamento do Campeonato Brasileiro – série A, e dos dispositivos equivalentes aos regulamentos dos campeonatos das séries B e C do ano de 2004, como requisito exclusivo ou prova inequívoca para aplicação do art. 214, do C.B.J.D., esclarecendo, assim, que a falta de publicação do nome do atleta no B.I.D. não leva automaticamente à conclusão de que ele está irregular.

Registre-se, outrossim, que as outras situações de irregularidades, como, por exemplo, escalação de jogadores suspensos, impedidos ou não registrados corretamente poderão acarretar as sanções previstas no C.B.J.D., principalmente a perda de 6 (seis) pontos.

Rio de Janeiro, Sessão Administrativa de 13 de maio de 2004.
Paulo Cesar Salomão - Vice-Presidente do S.T.J.D.,
em exercício na Presidência

p) Do Erro de Direito

Dada a omissão da definição de erro de direito no Código Desportivo, na forma do artigo 282 e 283 do CBJD devemos essas lacunas serem preenchidas com a adoção dos princípios gerais do direito e pela interpretação hermenêutica aplicável.

Não tem alternativa a não ser nos socorrer do Direito Penal Brasileiro que extremou aquele incidente sobre os elementos do tipo (Art. 20, do CP), na reforma penal, daquele referente à ilicitude do fato (Art. 21, do mesmo Estatuto). O primeiro recai em elemento do tipo penal e afasta o dolo. O segundo atua sobre a ilicitude da conduta e se reflete na culpabilidade, excluindo-a ou atenuando-a (Celso Delmanto, CP Comentado, 3ª ed., 1991, Renovar, pág. 37). Disciplina que se convencionou denominar descriminantes putativas, ditando que "é isento de pena quem, por erro plenamente justificado pelas circunstâncias, supõe situação de fato que, se existisse, tornaria a ação legítima. Não há isenção de pena quando o erro deriva de culpa e o fato é punível como crime culposo (Art. 20, § 1º, da lei citada)".

Pelo entendimento doutrinário majoritário, disso resulta que situações reais, configuradoras das causas de justificação do Art. 23 do código (estado de necessidade, legítima defesa, estrito cumprimento do dever legal e exercício regular de direito), podem, quando irreais, isto é, quando, por erro, existirem apenas na imaginação do agente, transformar-se, dentro de certos limites, em causas de erro escusável, denominando-se, então, descriminantes putativas, isto é, descriminantes imaginárias, irreais.

Didaticamente, explica-se que o "mais clássico exemplo de uma descriminante putativa encontramo-lo na denominada legítima defesa putativa. Tício, supondo-se ameaçado de morte pelo desafeto Caio, que fez um gesto de sacar arma, age mais rapidamente e mata o suposto agressor. Depois se verifica que Caio estava desarmado, tudo não tendo passado de um lamentável equívoco de Tício. É claro que não se poderá no caso cogitar de uma verdadeira legítima defesa, pois a agressão por parte de Caio era inexistente, ou melhor, só existiu na imaginação de Tício. Não obstante, dependendo das circunstâncias em que a imagem dessa agressão fantasmagórica veio a alojar-se na mente de Tício, poderá ela configurar um erro escusável, excludente do dolo, ou um erro derivado de culpa, caracterizador do crime culposo" (Francisco de Assis Toledo, *Princípios Básicos de Direito Penal*, 3ª ed., 1987, Ed. Saraiva, pág. 260).

Critica-se a expressão "elemento constitutivo" (todo elemento é constitutivo) e o termo "tipo legal"' (todo tipo está na lei) e se argumenta, segundo a teoria dominante, que as descriminantes putativas constituem erro de proibição e não erro de tipo (Júlio Fabbrini Mirabete, *Manual de Direito Penal*, 1ª ed., 1985, ed. Atlas, 1ª/167). Acrescenta-se que "na legítima defesa putativa o erro poderá recair sobre a existência da agressão e então tratar-se-á de erro de tipo. Ou poderá recair sobre a injustiça da agressão, tratando-se então de erro de proibição" (Paulo José da Costa Jr., *Comentários ao Código Penal*, 1°/ 188, 2ª ed., 1987, Ed. Saraiva).

Sintetizando, "sem muito rigor lógico, pode-se dizer que o erro jurídico-penal é a falta de conhecimento (ignorância) ou o conhecimento defeituoso (falso conhecimento) sobre situações reais, circunstâncias fáticas ou conceitos normativos, previstos pelo legislador como elementos essenciais de um tipo legal de crime ou, ainda, a falta de conhecimento ou o conhecimento defeituoso sobre a existência de proibição da conduta realizada ou do dever de praticar a conduta omitida".

Indicando a relevância do tema, insiste-se que "esse conceito complexo, provavelmente ainda incompleto, revela-nos a existência de formas distintas de erro, com efeitos diversificados. Por essa razão, enfatizou Maurach, não há uma teoria unitária do erro jurídico-penal. A Doutrina dominante de Direito Penal, salienta que um dos equívocos da doutrina tradicional foi não perceber o que o então denominado "erro de direito" englobava várias espécies de erro, diferentes entre si, e que, portanto, não podiam estar contidas em um único conceito, com idênticos efeitos jurídicos.

Nesse sentido, o caminho neste terreno pedregoso é, portanto, o da catalogação das formas possíveis de erro, identificação de sua relevância, ou não, para o direito desportivo, com base doutrinária no direito penal, e depois aplicar-lhes o efeito jurídico que lhes é atribuído, com interpretação hermenêutica permitida pelo novo Código.

q) DA HERMENÊUTICA

A hermenêutica jurídica possibilita ao jurista encontrar o verdadeiro sentido da lei, determinando-lhe o seu alcance. A concepção do direito vigente, em cada época histórica, influencia a interpretação dos textos legais, permitindo que o direito evolua segundo as necessidades sociais.

Interpretar, segundo Tércio Sampaio Ferraz Jr. "é selecionar possibilidades comunicativas de complexidade discursiva". O tema versa sobre a interpretação que é dada ao Art. 283 do CBJD, combinado com os artigos 112 e 185 do Código Civil Brasileiro – CCB vigente, onde serão analisadas algumas possibilidades discursivas envolvendo o seu conteúdo e seu sentido.

O nosso Código Civil publicado em 2002, no que tange a matéria relativa à interpretação do ato e do fato jurídico ainda não mereceu, por parte dos estudiosos, o tratamento que comporta um grande tema.

A questão a ser resolvida é posta da seguinte forma: é correto interpretar-se o Art. 283 do CBJD e os arts. 112 e 185 do CCB como regra de direito ou seu caráter é apenas de princípio de interpretação?

A partir dessa visão, será feita análise, à luz da Legislação, que cuida da matéria e as conseqüências de ordem processual que a exegese pode acarretar ao entendimento jurisprudencial.

O Art. 112 do C.C.B. de 2002 dispõe: "Nas declarações de vontade se atenderá mais à intenção nelas consubstanciada do que ao sentido literal da linguagem".

O aludido artigo é cópia literal do artigo 85 do Código Civil Brasileiro de 1916, consagrando os entendimentos doutrinários, acrescentando no artigo "à intenção nelas consubstanciada", motivo pelo qual nos socorremos dos entendimentos doutrinários e já fundamentados por grandes pensadores e juristas que trataram da matéria, dado seu conteúdo de valores jurídicos inestimáveis.

Já discorreu Karl Larenz que, mediante a interpretação, se faz falar o "sentido oculto nas palavras da Lei". Qual seria então esse sentido oculto da legislação desportiva?

Não se pode deixar de lembrar que o nosso Código Civil "reformado", não sob essa ótica, foi promulgado em época de grande liberalismo econômico. Hoje, quando predomina a democracia social, com fisionomia nitidamente diversa, a interpretação tem contornos diferentes, mesmo com a idéia central fixada na exegese ultrapassa.

Em nossa doutrina mais tradicional, iniciando pela visão de Clóvis Bevilacqua, encontramos o seguinte entendimento a respeito do dispositivo em tela:

> *"Neste artigo, o Código emprega a expressão – declaração de vontade, que é o conteúdo do acto jurídico pelo próprio acto. Num sentido geral, podem, realmente, as duas locuções se equivalerem. A vontade manifesta-se por signaes ou symbolos, entre os quaes occupam logar proeminente as palavras. Esses signaes ou palavras podem não traduzir, fielmente, o que o agente quer exprimir. A lei, por isso, manda atender, de preferência, a intenção, desde que haja elementos para determiná-la, fora da expressão verbal imperfeita, indecisa, obscura ou insuficiente. Este preceito é mais que uma regra de interpretação. É um elemento complementar do conceito de acto jurídico. Afirma que a parte essencial ou nuclear do acto jurídico é a vontade. É ela, quando manifestada de acordo com a lei, que o direito dá eficácia".*

Para Caio Mário da Silva Pereira, "de quantos princípios se possam encontrar repetidos na prática judiciária, o CC de 1916 cuidou de isolar um, abrangente do negócio jurídico em geral, e por isso mesmo adotado como norma fundamental de interpretação da vontade... O princípio geral a que se está referindo é o da legislação, o qual estabelece que nas declarações de vontade se atenderá mais à sua intenção do que ao sentido literal da linguagem, e nesse passo aproxima-se do direito alemão, que institui regra semelhante no Art. 133 do BGB".

Pontes de Miranda também comunga com Bevilacqua, da idéia de que o Art. 85 (112 do Código novo) é regra de interpretação, e assim posicionou-se:

> "A regra jurídica da interpretação que se edita no Art. 85 impõe que se veja, através do sentido literal, a intenção ou o propósito do manifestante da vontade. De modo nenhum se disse que o sentido literal é sem importância, ou que se poderia buscar a intenção para se entender algo diferente do que foi dito: apenas se explicitou que a intenção há de servir, ao lado, ou, até, afastando o sentido literal, na interpretação da vontade manifestada".

Por isto, é dito que a regra geral em matéria de interpretação dos ATOS jurídicos encontra-se no Art. 85 e, agora, nos Artigos 112 e 185 do Código Civil atualizado, trazidos para o Direito Desportivo pelo artigo 283 do CBJD.

Entretanto, Sílvio Rodrigues pondera que o referido artigo "contém mais um princípio de interpretação do que uma regra de Direito".

Observa-se assim que a doutrina discute se as regras sobre a interpretação dos atos jurídicos, contidas nas leis, têm o caráter de norma jurídica ou se tratam de diretrizes lógicas ou práticas postas ao prudente arbítrio do juiz a quem cabe interpretá-las, no caso da Justiça Desportiva a interpretação é do Sr. Auditor.

Danz aborda o problema no Direito alemão, analisando o Art. 133 do BGB:

> "Quando o Código Civil, no § 133, proíbe a interpretação literal, ou quando, no § 157, ordena que os contratos devem interpretar-se como exige

a boa-fé e atendendo aos usos sociais, não há a menor dúvida que o Juiz, se não aplica esses preceitos, comete uma infração à lei, nem mais nem menos que como se deixasse de aplicar qualquer outro preceito do Código".

Ainda é a visão dada por DANZ, que aborda o assunto de forma mais profunda, e é onde vamos encontrar o seguinte argumento: "é indiscutível que, formalmente, são tais leis, como as outras"... "o que não pode admitir-se é que se afirme que a sua aplicação depende do livre arbítrio do Juiz; é o mesmo que dizer que a lei cria as normas e, ao mesmo tempo, revogá-as, tirando-lhes a sua força coactiva".

É inegável a opinião dominante da doutrina de que o Art. 112 e 185 do Código Civil (em reprise ao artigo 85 do Código revogado) é regra interpretativa, tendo caráter de verdadeira norma jurídica, que trazida para o direito desportivo abre uma porta para discussão de divergência de votação no STJD.

Finalizando o entendimento, o Código Civil atual refere à questão da interpretação dos atos jurídicos, com base na doutrina mais moderna também denomina de negócio jurídico. A sua formulação dá margem a controvérsias as mais diversas e que aqui foram expostas, embora de forma sucinta. Hoje a doutrina evolui para uma concepção objetivista do negócio jurídico, pois vive-se um momento histórico diferente daquele em que ocorreu a gênese do Código Civil antigo.

Há uma corrente que entende que já está afastada da ciência jurídica a "intenção" ou a "vontade do legislador como critério para a compreensão do direito", (isto é, a sua interpretação e aplicação) a dogmática mais atual – apara a qual são relevantes os aportes interdisciplinares – buscou descobrir objetivamente no interior do próprio sistema considerado como uma ordem de princípios os caminhos adequados à flexibilização entre a regra jurídica e a realidade. Esta é a posição defendida pelo Prof. EROS ROBERTO GRAU.

Muito embora, seja digna de respeito à posição defendida pelo Professor, ainda é possível manter-se o entendimento de que há uma regra de interpretação que, não obstante a evolução do direito ainda é possível de ser respeitada, a partir do desenvolvimento de novas formas de interpretá-lo.

Verificada a natureza intrínseca do dispositivo, encarado como norma jurídica, foi possível desenvolver-se uma posição favorável a uma mudança no entendimento jurisprudencial do direito brasileiro.

Para isto foi de suma importância que obtivéssemos na nova Carta Constitucional os princípios positivos que delimitaram o desenvolvimento de novas idéias, princípios esses que devem, por imperativo, serem respeitados pelo Direito Desportivo.

a.1) CLASSIFICAÇÃO DAS AÇÕES

O tema delimitado pelo Art. 9, parágrafo 3º do CBJD é por demais amplo e complexo, por isso o trabalho ficará fixado aos princípios basilares dando a visão dos principais doutrinadores, especialmente Chiovenda e Pontes de Miranda.

A pesquisa foi elaborada de forma bibliográfica, utilizando-se da doutrina, jurisprudência legislação e do mais recente recurso à disposição, qual seja, a pesquisa virtual através da *web*.

"Ação" é o meio legal de pedir, judicialmente, o que é devido. A ação consiste apenas no direito à tutela do Estado, na defesa de uma interesse, direito subjetivo público distinto de um eventual direito concreto ou material.

Configura-se, portanto, a distinção entre o direito material e o direito de ação.

José Frederico Marques define a ação como sendo o direito de pedir a tutela jurisdicional para que o Estado (no caso específico do Direito Desportivo, o Tribunal desportivo respectivo) satisfaça a uma pretensão regularmente deduzida. A ação não é propriamente, um direito à tutela jurisdicional, mas apenas o direito de pedir tal tutela, pois do teor do Art. 2 do CPC conclui-se que o Poder Judiciário não prestará a tutela jurisdicional quando o interessado simplesmente a requerer, o atendimento não será concretizado se o pedido não preencher a forma prescrita (CPC, arts. 2, 36, 37 e 282), não houver interesse e legitimidade (CPC, Art. 3), quando se verificar a ausência de pressupostos de constituição e de desenvolvimento válido e regular do processo (CPC, Art. 267, IV), quando não concorrer qualquer das condições da ação, como a possibilidade jurídica, a legitimidade das partes e o interesse processual (CPC, arts. 3 e 267, VI), fundamentação aplicada subsidiariamente ao Direito Desportivo, dado a amplitude do Art. 9, parágrafo 3º do CBJD.

A natureza do direito de ação é subjetiva, pública, abstrata e genérica.

As Ações de conhecimento, provocam uma providência jurisdicional que reclama, para sua prolação, um processo regular de conhecimento, por meio do qual o auditor tenha pleno conhecimento do conflito de interesses a fim de que possa proferir uma decisão pela qual extraia da Lei a regra concreta aplicável à espécie.

As Ações Declaratórias visam uma declaração quanto a uma relação jurídica, e a ação visa desfazer, tornando certo aquilo que é incerto, desfazer a dúvida em que se encontram as partes quanto à relação jurídica.

As Ações Condenatórias visam uma sentença de condenação do denunciado. Tais ações tendem a uma sentença em que, além da declaração quanto à existência de uma relação jurídica, contém a aplicação da regra sancionadora.

As Ações Constitutivas se propõem a verificação e declaração da existência das condições, segundo as quais a Lei permite a modificação de uma relação ou situação jurídica e, em conseqüência dessa declaração, a criação, modificação ou extinção de uma situação jurídica.

Nas Ações Executivas, o credor, com fundamento no título executivo extrajudicial ou judicial – Art. 583 do CPC, que é a sentença proferida na ação condenatória, pedirá que se realize essa decisão (o Código não restringiu tal assertiva).

Analisaremos, ainda, as Teorias da individualização e substancialização, o pedido e a causa de pedir, e, finalmente, a cognição.

a.2). CLASSIFICAÇÃO DAS AÇÕES

a.2.1). Conceito de Ação

Toda demanda – qualquer que seja sua natureza e finalidade – compõe-se de três elementos indispensáveis à formação de seu conceito, que são as partes, a causa de pedir – *causa petendi*, e o pedido. Assim como a omissão ou a insuficiência de qualquer um destes três elementos torna defeituosa a formulação da demanda judicial, assim também a mudança de qualquer deles importará na transformação da demanda em outra diferente. Partes, *causa petendi* e pedido são, portanto, os elementos formais de toda e qualquer demanda, independentemente de seu conteúdo específico.

O mais antigo conceito de Ação, de que se tem notícias, é aquele atribuído a Celsus, adotada pelo Direito: *Nihil aliud est actio quam persequendi in judicio quod sibi debeatur*, ou seja, "Ação nada mais é do que o direito de reclamar em juízo aquilo que nos é devido".

Um dos maiores processualistas do País, João Mendes Júnior, não teve preconceito em adotá-lo, e Giuseppe Chiovenda, um dos mais lúcidos processualistas modernos, confessa que o seu conceito não dista muito do axioma miraculoso e perene do genial jurista latino.

Abaixo, algumas opiniões sobre o que seja "Ação":

> *É o remédio de direito para pedir ao juiz que obrigue a outrem a dar ou fazer aquilo de que tem obrigação (perfeita)"* (Corrêa Telles)
>
> *É um meio auxiliar para pedir a manutenção de um direito preexistente, em cujo exercício fomos turbados ou lesados"* (Windcheid)
>
> *É a pretensão do titular do direito, em relação ao Estado, à concessão de uma fórmula no caso de violação desse direito"* (Muther)
>
> *É o poder de realizar a condição que põe em exercício o Órgão Judicante"* (Liebman)
>
> *É o direito de obter uma sentença sobre o litígio deduzido no processo"* (Carnelutti)
>
> *É o poder jurídico de realizar a condição necessária para a atuação da vontade da Lei"* (Chiovenda)
>
> *"Em suma, é um direito subjetivo público, distinto do direito privado invocado, ao qual não pressupõe necessariamente, e, pois, neste sentido, abstrato; genérico, porque não varia, é sempre o mesmo; tem por sujeito passivo o Estado, do qual visa a prestação jurisdicional numa caso concreto. É o direito de pedir ao Estado a prestação de sua atividade jurisdicional num caso concreto. Ou, simplesmente,*

o direito de invocar o exercício da função jurisdicional". (Moacyr Amaral Santos)

"É o direito de pedir a tutela jurisdicional do Estado, para ser atendida uma pretensão insatisfeita". (Frederico Marques)

Dos conceitos acima expostos, de excepcionais juristas, pode-se, então deduzir que "Ação nada mais é do que o direito de exigir do Estado (no caso específico do Direito Desportivo do Tribunal Respectivo) uma prestação jurisdicional que venha solucionar ou dirimir dúvida e litígios oriundos das relações jurídicas ocorrentes no esporte". Ou, em outras palavras: "Ação é o remédio jurídico processual que o Estado coloca à disposição das partes para reprimir ou restaurar os seus direitos violados ou simplesmente ameaçados. Portanto, se trata de um direito público, subjetivo e autônomo", ensina Gilberto Caldas, em sua obra "A Técnica do Direito".

a.3) CONDIÇÕES DA AÇÃO E PRESSUPOSTOS PROCESSUAIS

a.3.1) Condições da Ação

As condições da ação (requisitos para se obter uma sentença de mérito) são a possibilidade jurídica do pedido, o interesse de agir e a legitimatio ad causam (CPC, Art. 267, VI) de aplicação subsidiária ao Direito Desportivo.

Em conseqüência, as sentenças, decisões ou Acórdãos desportivos podem ter conteúdo meramente processual ou de mérito.

Especial atenção deve ser dispensada ao interesse de agir, pois, embora vários autores afirmem que o conceito de interesse processual há de ser o mesmo para ação declaratória e para qualquer outra, inclusive, para as cautelares e os pedidos de tutela antecipada (dado o pré-requisito do Art. 9, parágrafo 3º do CBJD – QUANDO HOUVER FUNDADO RECEIO DE DANO IRREPARÁVEL), na ação declaratória aquele se confunde muitas vezes, com o próprio mérito da causa.

O conceito de interesse de agir é uma das matérias mais controvertidas na doutrina.

João Batista Lopes expõe a posição de vários autores:

"Para Chiovenda, "o interesse de agir decorre de uma situação de fato tal que o autor, sem a declaração judicial da vontade concreta da Lei, sofreria um dano injusto, de modo que a declaração judicial se apresenta como meio necessário de evitá-lo".

Donaldo Armelin conceitua: "o interesse de agir como resultante da idoneidade objetiva do pedido, para o autor, de provocar a atuação potencialmente útil da jurisdição. Esta idoneidade pressupões uma causa pedenti também idônea, sem o que o pedido careceria de condições para provocar aquela atuação útil da jurisdição".

Cândido Rangel Dinamarco mostra que o interesse de agir se traduz na "coincidência entre o interesse do Estado e do particular pela atuação da vontade da

Lei, se apresenta analiticamente como a soma dos dois requisitos acenados acima: necessidade concreta do processo e adequação do provimento e do procedimento desejados (...) O requisito da necessidade concreta da jurisdição significa que não nasce a ação enquanto as forças do próprio direito substancial objetivo ainda não se mostram incapazes de extinguir a situação de lide (...) O requisito da adequação significa que o Estado condiciona ainda o exercício da atividade jurisdicional, em cada caso, à utilidade que o provimento desejado possa trazer ao seu escopo de atuação da vontade concreta da Lei...".

Ainda que nebulosa, a linha divisória entre o interesse de agir e o mérito da causa, não há como confundi-los porque, no campo das condições da ação, não se indaga se ocorreu violação ao direito ou se o autor tem razão, mas tão-somente se os fatos narrados caracterizam, em tese, violação a direito ou situação que autorize a tutela pretendida. Basta, pois, a caracterização do interesse de agir, a alegação de fatos idôneos de que decorra a necessidade e utilidade do provimento jurisdicional. Devem ser aferidas pelo juiz objetivamente, em função dos fatos articulados pelo autor na inicial.

Não se há, portanto de procurar um interesse particular ou peculiar na ação declaratória, mas identificar, em cada caso, a existência do interesse processual.

Não existe interesse de agir quando se pede a declaração de relação jurídica futura ou pretérita. Mas haverá se tratar-se do desenvolvimento futuro de relação jurídica já existente ou quando, relativamente a relação jurídica pretérita se questionar sobre seus efeitos no presente.

A legitimidade ad causam, mais um dos requisitos da ação, consiste na autorização a figurar num dos pólos da relação processual, apenas quem detém a titularidade do direito material disputado, salvo se permitido por Lei pleitear direito alheio em nome próprio (legitimação extraordinária).

E a possibilidade jurídica do pedido nada mais é do que a admissibilidade de provimento do pedido submetido aos ditames do ordenamento jurídico.

a.3.2) Pressupostos Processuais

Os pressupostos processuais (requisitos necessários para a existência, validade e desenvolvimento regular do processo) se subdividem em:

a) de existência: a existência do Poder Judiciário e de uma demanda, a citação, a capacidade postulatória, está só em relação ao autor;
b) de validade e desenvolvimento regular do processo: petição inicial regular, competência, imparcialidade do auditor, capacidade".

a.3.3) Efeitos da Decisão, Sentença ou Acórdão

Na ação declaratória sempre com pedido de tutela antecipada, dado o pré-requisito do artigo 9, parágrafo 3º do CBJD, obtém-se a penas um pronunciamento jurisdicional preceitual; a execução da decisão dependerá de uma posterior ação condenatória com vistas à execução da potencialidade da decisão desportiva. No entanto, a segurança da coisa julgada tornará essa segunda demanda bastante simplificada.

Quanto à oponibilidade das decisões declaratórias desportivas, têm-se duas nuances:

- Em se tratando do reconhecimento ou não de existência de relação jurídica de uma das partes em face da outra, obviamente os efeitos restringir-se-ão aos limites determinados pelos pedidos contraditórios de ambas;
- Caso tenha a ação por objeto a falsidade ou autenticidade documental, o auditor decidirá sobre a coisa em si, ou seja, acerca da qualidade fundamental do documento, operando então efeitos *erga omnes*, e não apenas entre os demandantes.

a. 4) AÇÃO DECLARATÓRIA INCIDENTAL

Trata-se de uma ação proposta no transcurso de um processo sumário ou especial, estando relacionada com a questão neste versada.

No curso do procedimento, o auditor, com freqüência, é chamado a resolver diversas questões (pontos controvertidos) de cuja solução depende o deslinde do mérito da causa.

Tais questões denominadas prejudiciais, porque constituem premissas necessárias da conclusão, são normalmente resolvidas incidentemente (incidenter tantum), de tal modo que os efeitos do pronunciamento da decisão desportiva respectiva não se projetam fora do processo, vale dizer, não se constitui a coisa julgada material.

Pode ocorrer, porém, que uma das partes pretenda, desde logo, ver definitivamente resolvida tal questão prejudicial, com força de coisa julgada, de modo a evitar novas discussões futuras, cujos inconvenientes são de meridiana clareza. Para atender a essa situação, contemplou o legislador, a exemplo de algumas legislações estrangeiras, a figura da ação declaratória incidental.

A ação declaratória incidental é, pois, a ação, proposta pelo autor ou pelo réu, em processo pendente, visando à aplicação do âmbito da coisa julgada material.

a.4.1) BREVE VISÃO DO DIREITO COMPARADO

"A admissibilidade de ação declaratória incidental já vinha sendo admitida por princípio elaborado pela doutrina francesa que se transmitiu ao direito germânico e ao direito italiano.

A primeira legislação a formular a possibilidade, foi o Regulamento Processual alemão de 1877. Prescreve o §280:

“Até o encerramento da audiência em que se profere a sentença, o autor, ampliando o pedido, o réu, propondo uma reconvenção, podem requer que o Tribunal se pronuncie sobre uma relação jurídica, controvertida no curso do processo, e de cuja existência ou inexistência dependa, no todo ou em parte, a decisão da lide".

a.4.2) Natureza Jurídica

De acordo com a doutrina dominante, a ação declaratória incidental ou declaração incidente não constitui mero incidente processual, nem se confunde com a reconvenção, quando proposta pelo réu.

A ação declaratória incidental é sempre uma ação, seja quando requerida pelo autor, seja quando proposta pelo réu.

a.4.3) Finalidade

A finalidade da ação declaratória incidental é estender a autoridade da coisa julgada também às questões prejudiciais, que de outra forma, seriam apreciadas *incidenter tantum*.

Através da ação declaratória incidental, impede-se a ocorrência de decisões desportivas conflitantes, uma vez que, nos processos posteriores, será sempre possível argüir-se, ou decretar de ofício, a coisa julgada que no processo anterior se formou sobre a questão prejudicial.

a.5) DO PEDIDO

A partir de agora iremos discorrer sobre o pedido, seus aspectos e finalidade.

Encontramos o tema em tela, nos artigos 286 a 294, no Código de Processo Civil, porém restam-se insuficientes para o nosso entendimento a leitura destes artigos, o que nos leva a buscarmos o respaldo de diversos doutrinadores que nos oferecem seus conceitos e suas variações sobre o referido tema.

Vicente Grecco Filho: O mestre e doutrinador, logo de imediato, fala que o pedido é o núcleo da petição inicial.

Para ele, o pedido tem dois aspectos – o imediato e o mediato.

O Imediato é o tipo de providência jurisdicional pretendida que poderá ser no processo de conhecimento: declaratória, constitutiva e condenatória. Já o mediato é o próprio bem jurídico de direito material a ser tutelado pela sentença, por exemplo: o pagamento, obrigação de fazer.

Segundo entendimento "o pedido é dirigido contra o Estado em sua função jurisdicional, mas tem por finalidade a produção de efeitos sobre o réu, ou sobre a relação jurídica de que o réu é um dos titulares"

Diz que o pedido para alcançar a finalidade deve ser certo ou determinado. Certo é todo pedido expresso, explícito e delimitado e teremos como idéia antagônica o implícito, tácito e genérico. Há casos em que determinados pedidos decorrentes do pedido principal acabam por ficarem omitidos, o que contudo não deixam de serem cumpridos, posto que o acessório segue o principal. Apesar de ser recomendável que nada seja omitido, podemos pegar como exemplo o pagamento de custas e honorários advocatícios.

Os pedidos devem ser interpretados de forma restritiva, desta maneira, salvo os casos acima citados, se o ação inicial deixou de constar determinado pedido, somente poderá fazê-lo em ação autônoma, distinta da primeira.

Determinado é aquele pedido definido quanto a qualidade e quantidade, segundo o doutrinador.

Podemos dizer que o pedido, para alcançar as suas finalidades, dever ser certo e determinado, nem por isso a legislação deixou sem providência o caso de pedido genérico, conforme o artigo 286 do CPC.

O artigo em tela nos fornece um rol onde o pedido poderá ser genérico, ou seja, nas ações universais, se não puder o autor individuar , na petição, os bens demandados; quando não for possível determinar, de modo definitivo, as conseqüências do ato ou fato ilícito; ou quando a determinação do valor da condenação depender de ato que deva ser praticado pelo réu.

Entretanto diz o doutrinador que "Em qualquer caso, porém, a indeterminação ou generalidade não é absoluta, porque sempre o pedido é certo e determinado quanto ao gênero, faltando apenas a fixação do valor."

Poderá o pedido ainda ser simples ou complexo. Este poderá ser cumulativo, alternativo, sucessivo ou subsidiário.

Alternativo é aquele pedido que o devedor poderá cumprir com a obrigação de mais de um modo. Não poderá neste caso o autor requerer que o réu arque com prestações cumulativamente, mas apenas uma delas. Ressalte-se que a escolha poderá competir ao autor ou ao réu. Neste ultimo caso, a sentença condenará alternativamente e o réu no momento da execução optará pelo que lhe parecer de mais favorável.

Subsidiário é aquele pedido que o autor ao formular o pedido principal, porém pede ao juiz que acolha um outro pedido em caso de não poder acolher o primeiro. O pedido subsidiário é conhecido pelo código como sucessivo.

Contudo entende o autor que sucessivo é o pedido cumulativo e que poderá ser concedido se o primeiro for concedido.

Poderá o autor cumular pedidos em um único processo contra o réu o que denominamos de cumulação objetiva, distinta da subjetiva, que é a das partes (litisconsórcio).

REQUISITOS PARA QUE O PEDIDO POSSA SER CUMULADO:

- Que os pedidos sejam compatíveis entre si;
- Que seja competente para conhecer deles o mesmo juízo;
- Que seja adequado para todos os pedidos o tipo de procedimento.

Para concluir diz o nosso ilustre doutrinador que "O pedido, como já se disse, define o objeto da demanda e é o próprio objeto do processo."

Antônio Carlos de Araújo Cintra, Ada Pellegrini Grinover, Cândido Rangel Dinamarca: Para referidos doutrinadores não há justificativa para o indivíduo ingressar com uma medida judicial se não fosse com o escopo de buscar uma tutela do órgão jurisdicional pedindo uma medida ou provimento. Esse provimento poderá ter natureza cognitiva, executiva ou cautelar.

Terá natureza cognitiva quando caracterizar o julgamento da própria pretensão que o autor deduz em juízo e a sentença de mérito será meramente declaratória, constitutiva ou condenatória.

Terá natureza executiva quando se tratar de medida através da qual o juiz executa os resultados determinados através da vontade concreta do direito.

O provimento cautelar é aplicado para resguardar eventual direito da parte contra possíveis desgastes ou ultrajes propiciados pelo decurso do tempo.

Ressaltam os doutrinadores que todo o provimento que o autor pede refere-se a determinado objeto ou bem da vida e dizem eles que: " Assim é que, considerando-se uma massa de ações propostas ou a propor, distinguem-se elas entre si não só pela natureza do provimento que o autor pede, como também pelo objeto do seu alegado direito material."

O pedido deve ser, de regra, certo e determinado.

Em que casos é lícito ao autor formular pedido genérico? Exemplifique.

É lícito formular pedido genérico:

- nas ações universais, se não puder o autor individuar, na petição, os bens demandados. Numa ação de petição de herança, por exemplo, o pedido é genérico, porque se refere a todos os bens que couberem no quinhão.
- quando não for possível determinar, de modo definitivo, as conseqüências do ato ou fato ilícito. É o que ocorre, por exemplo, quando não é possível ainda determinar a real e definitiva extensão de uma lesão decorrente de ato ilícito.
- quando a determinação do valor da condenação depender de ato que deva ser praticado pelo réu. É o que ocorre, por exemplo, na ação de prestação de contas.

Esta generalidade permitida no Art. 286 do Código pode ser absoluta?

A indeterminação ou generalidade não é absoluta, porque o pedido é certo e determinado quanto ao gênero, faltando apenas a fixação do valor.

Que se entende por pedido simples? E pedido complexo?

Pedido simples é aquele que contém apenas um item. Pedido complexo é aquele que contém mais de um item.

Que se entende por pedido cumulativo? Em sentido amplo diz-se que o pedido é cumulativo quando contém mais de um elemento ou unidade, mas pedido cumulativo propriamente dito é aquele em que há uma soma de pretensões sendo que cada uma delas pode ser concedida ou negada autonomamente.

Que se entende por pedido alternativo?

Pedido é alternativo quando, pela natureza da obrigação, o devedor puder cumprir a prestação de mais de um modo.

Que se entende por pedido subsidiário?

O pedido é subsidiário (o Código usa a expressão " pedidos de ordem sucessiva") quando o autor formula um principal, pedindo que o juiz conheça de um posterior em não podendo acolher o anterior.

Que se entende por pedido sucessivo?

Entende-se como sucessivo o pedido que é feito cumulativamente com um primeiro, e que só pode ser concedido se este for. Exemplo: pedido de rescisão contratual cumulado com reintegração de posse.

Que pedidos podem ficar implícitos?

O das despesas processuais e honorários de advogado, o de juros legais e o das prestações vincendas, o da multa diária nas ações de obrigação de fazer e não fazer, bem como a correção monetária legal, se entender-se que subsiste."

a.6) DA CAUSA DE PEDIR

Segundo o doutrinador Vicente Grecco Filho, o autor deverá descrever com precisão os fatos relevantes e pertinentes que constituem a relação jurídica sobre a qual haverá o pronunciamento jurisdicional, bem como o fato contrário do réu que impediu a efetivação voluntária e espontânea de direito do autor.

Deverá ainda dar a todos os fatos descritos a qualificação jurídica ou a natureza perante o direito da situação descrita. Segundo o doutrinador " o fato e o fundamento jurídico do pedido são a causa de pedir, na expressão latina a *causa petendi*. Antes de mais nada é preciso observar que o fundamento jurídico é diferente do fundamento legal; este é a indicação (facultativa porque o juiz conhece o direito) dos dispositivos legais a serem aplicados para que seja decretada a procedência da ação; aquele (que é de descrição essencial) refere-se à relação jurídica e fato contrário do réu que vai justificar o pedido de tutela jurisdicional".

O nosso Código ao exigir a descrição do um fato e de um fundamento jurídico do pedido, acaba por filiar-se à chamada Teoria da Substanciação quanto à causa de pedir, posto que a decisão judicial julgará procedente, ou não, o pedido, em face de uma situação descrita e como descrita.

Para Carlos Eduardo Ferraz de Mattos Barroso, o autor são os fatos e fundamentos jurídicos que levam o autor a buscar o magistrado. É o conflito de interesses e sua repercussão jurídica na esfera patrimonial ou patrimonial do autor. É ela dividida em causa de pedir remota ou fática ou próxima ou remota.

Causa de pedir remota ou fática é a descrição fática do conflito de interesses, consistente na indicação de como a lesão ao direito do autor ocorreu. Estes fatos que geram o direito são chamados de constitutivas do direito do autor. O Poder Judiciário só atua de fatos concretos, uma vez que todo direito dele nasce. O ajuizamento de ação que não se baseie em conflito de interesses real e concreto significa tentativa de utilização de Judiciário como mero órgão de consulta, carecendo de agir (falta de necessidade de intervenção judiciária)

Causa de pedir próxima ou jurídica é a descrição da conseqüência jurídica gerada pela lesão ao direito do autor. Não se confunde ela com a enunciação do fundamento legal que embasa a pretensão do autor, uma vez ser esse elemento dispensável, ante o brocardo de que o juiz é aquele que conhece o direito. Conclusão do autor no sentido que de para o surgimento da lide de interesse do Judiciário necessário se faz que os fatos gerem violação na órbita jurídica do titular da pretensão. São essas conseqüências jurídicas que consubstanciam a causa de pedir próxima.

Para Antônio Carlos Marcato o autor em tela, a causa de pedir ou causa petendi é aquela resultante da soma dos fundamentos jurídicos e fáticos que suportam o pedido formulado pelo autor.

Para ele a causa de pedir é "representada pelos fundamentos jurídicos do pedido (causa de pedir próxima) e pelos fatos deduzidos pelo autor em sua inicial (causa de pedir remota) conforme exigência contida no artigo 282 do Código".

É a causa de pedir, segundo o autor, que delimita a *res in iudicium deducta*, tanto que ao autor é vedado, após a citação válida do requerido, alterar a causa de pedir, ou mesmo o pedido, sem a anuência daquele (Art. 264, CPC).

Para finalizar o autor reza que causa de pedir próxima são os fundamentos jurídicos do pedido e a causa de pedir remota são os fatos deduzidos pelo requerente em sua exordial, ou seja, são os chamados fatos constitutivos do direito do autor.

Para corroborar o entendimento dos doutrinadores, novamente nos utilizaremos do livro *Questões de Direito Processual Civil II*, do mestre Vicente Grecco Filho.

A pergunta feita foi: *"Em que consiste a teoria da substanciação quanto à causa de pedir?"*.

Na teoria da substanciação, a petição inicial define a causa, de modo que os fatos ou fundamento jurídico não descritos não podem ser levados em consideração, mesmo porque a causa de pedir é um dos elementos que identifica a causa, não podendo ser modificada sem o consentimento do réu após a citação, e em nenhuma hipótese após o saneamento do processo. O Código, ao exigir a descrição do fato e o fundamento jurídico do pedido, filiou-se à chamada teoria da substanciação quanto à causa de pedir. A decisão judicial julgará procedente, ou não, o pedido, em face de uma situação descrita e como descrita. A teoria da substanciação se contrapõe à teoria da individualização ou individuação, segundo a qual não bastaria ao autor a indicação de relação jurídica controvertida, podendo o juiz investigar e apreciar todos os fatos e fundamentos a ela relativos".

a.7) PROVIMENTOS ANTECIPATÓRIOS CAUTELARES E LIMINARES

SUMÁRIO

a.7.1. Considerações Introdutórias

O Desembargador e Professor Adroaldo Furtado Fabrício, em seu conhecido e estimado trabalho "breves notas sobre provimentos antecipatórios cautelares e liminares", em publicação de artigo originariamente publicado na Revista da AJURIS, nos ensina que desde o despertar do mundo jurídico nacional para o problema da tutela de urgência, determinado em grande medida pelo tratamento que o Código de Processo Civil de 1973 dedicou ao processo cautelar, vem crescendo de ponto em alguns círculos da doutrina a preocupação com o tratamento nem sempre sistemático e ordenado que os operadores do processo têm dedicado ao tema, particularmente no que atine à necessária e importante distinção entre a tutela propriamente cautelar e a antecipação da tutela que ordinariamente se conteria na sentença de mérito a ser proferida em processo de conhecimento.

É fato conhecido o de que os especialistas não se vêm entendendo quanto a essa fundamental e necessária distinção. Diferentes concepções do próprio fenômeno da cautelaridade conduzem a conclusões distintas sobre os traços discretivos entre a chamada tutela assecuratória e as demais, ou mesmo sobre a existência deles, pois é conhecida a opinião segundo a qual sequer se pode identificar a tutela cautelar como um *tertium genus* defluente do mesmo critério classificatório do qual emergem a de conhecimento e a de execução.

O fenômeno mais preocupante, porém, não se passa na esfera doutrinária, onde as dissonâncias, à primeira vista no entendimento do Desembargador Adroaldo, poderiam circunscrever-se ao plano acadêmico, sem repercussões mais importantes no dia-a-dia da atividade jurisdicional. O que de mais sério se passa é que a tutela genericamente dita diferenciada vem sendo usualmente tratada no Foro com a mais completa despreocupação relativamente ao correto enquadramento das medidas que ela comporta na sua exata categoria, como se nada importasse a diferença entre cautela, liminar e tutela antecipada, ou como se essa diferenciação fosse destituída de reflexos práticos, o que se deve ter a devida preocupação no Direito Desportivo.

Na labuta forense, e também como não poderia deixar de ser na Justiça Desportiva, constata-se diuturnamente a ocorrência de distorções dignas do nome que alhures lhe apusemos de patologia da tutela de urgência – sem exagero algum, pois talvez coubesse até falar-se de teratologia. Com grande desenvoltura, têm sido requeridos e deferidos em juízo, sob a invocação absolutamente imprópria de medida cautelar, provimentos jurisdicionais claramente satisfativos, no sentido de que esgotam completamente a lide, sem deixar resíduo algum capaz de servir de objeto a outro processo. Logo veremos que essa despreocupação pode conduzir, e por vezes tem conduzido, a resultados catastróficos, entre eles a inocultável e completa supressão da garantia constitucional do contraditório. É que, não satisfeitos em confundir cautelaridade com transitoriedade, os operadores do processo freqüentemente perdem a perspectiva até mesmo da provisoriedade dos provimentos conceitualmente destinados a uma duração limitada no tempo. Daí advém a preocupação antiga, renovada agora e mais do que nunca aguda em face da adoção pelo vigente Código de Processo Civil, em seu novo Art. 273, de um mecanismo de antecipação de tutela para o processo de conhecimento, até então infenso, com raras exceções, a essa modalidade de tutela diferenciada.

Este escrito, segundo o Prof. Adroaldo, não carrega qualquer veleidade de erudição nem aspira à disputa de lugar entre as lições dos mestres. É sobretudo o resultado da observação e das preocupações de um homem do Foro. Tem o exclusivo sentido de uma provocação aos especialistas para que repensem o tema e procurem uma definição mais clara dos lindes entre a cautela e a tutela antecipada, não em termos meramente doutrinários, mas nos que sejam capazes de solucionar o problema concreto com o qual se depara e se aflige o profissional do Direito. O Desembargador em sua obra renomada, faz uma pública exposição da perplexidade, na esperança de que a renovada meditação dos doutos possa clarear melhor as questões envolvidas, o que se torna mais necessário e mais urgente no momento em que se incorpora ao procedimento ordinário do processo de conhecimento o mecanismo de antecipação de tutela do novo Art. 273 do CPC, de aplicação subsidiária ao Processo desportivo, na forma do artigo 9, parágrafo 3º do CBJD. Bem por isso, e como pretensão maior do que essa não inspira, abster, propositadamente, de citar lições alheias, por demais conhecidas, que são as dos grandes processualistas que, aqui e alhures, têm cuidado do tema. Segundo grande parte da Doutrina, ainda que atrevidamente, há uma proposta de critério discretivo – sem ignorar que ela desagradará certamente a algum setor da doutrina, pois temos três grandes especialistas com obra importante dedicada ao processo cautelar, e igual número de posições contrastantes quanto ao tema.

a.7.2) Tutela de Urgência e Tutela da Evidência

A celeridade na entrega da prestação jurisdicional corresponde a um dos mais ardorosos e insistentes reclamos dos processualistas e dos profissionais do Direito em nossos dias, como valor geral a ser perseguido em toda a atividade judiciária. A preocupação com brevidade é universal e quase obsessiva. Dentre todas, porém, algumas situações são especialmente necessitadas dessa rapidez na solução do litígio mediante alguma modalidade de "tutela diferenciada", ou porque o provimento judicial na espécie só será efetivo se for rápido, ou porque a singeleza do litígio dispensa e até desaconselha o caminho longo e talvez tortuoso do trâmite mais solene. Essa não é uma realidade nova: nela se inspiravam os interdita romanos. Daí, a popularidade dos procedimentos abreviados (sumários formais), dos juízos especiais simplificados, das ações de modelo monitório e até mesmo dos chamados sucedâneos jurisdicionais, expedientes com os quais se busca, a todo custo e por vezes com demasiada sofreguidão, fugir à lenta, complexa e pesada tramitação do processo "comum", que deverá ser seguido pelo Direito Desportivo.

De outra banda, outras vias de encurtamento do tempo consumido entre o ajuizamento da demanda e a obtenção de um resultado efetivo podem consistir na introdução de mecanismos diferenciados no seio do mesmo procedimento ordinário. Na impossibilidade de conciliar por completo os interesses da celeridade e da segurança jurídica, separam-se em dois momentos do processo o provimento jurisdicional provisório e o definitivo na Justiça desportiva, com graus de celeridade e de certeza evidentemente diferentes, porque os níveis de aprofundamento da cognição jurisdicional desportiva são necessariamente diversos, como distintos são, por razões de lógica inelutável, os meios de convencimento disponíveis para o Auditor. Se a demora na entrega da prestação jurisdicional cria o risco de sua inutilidade prática quando ao fim sobrevier, ou de sua reduzida efetividade prática, podem-se instituir mecanismos assecuratórios tendentes a preservar o bem do esporte em disputa, colocando-se sob custódia do Tribunal a fim de que ele se conserve com o mínimo de desgaste ou deterioração até que se decida de sua titularidade. Se, por outro lado, a alta probabilidade de ter razão o autor desde logo se impõe ao espírito do Auditor, razoável é, por igual, que àquele se outorgue, mesmo provisoriamente, a fruição desse bem durante o curso do processo ou, quando menos, a subtração desse desfrute ao réu. Tem-se, no primeiro caso, a tutela da urgência e, no segundo, a tutela da evidência. Muito freqüentemente, esses dois requisitos são cumulativamente exigidos para que algum tipo de medida se possa antecipar à sentença final de conhecimento: a especial periclitação do resultado útil do processo e a particular plausibilidade das alegações do requerente. Têm-se de conjugar, então, o *periculum in mora* e o *fumus boni iuris*.

É perfeitamente correto afirmar-se, segundo essa doutrina inovadora, pois, que a tutela diferenciada se pode orientar ora pelo valor urgência, ora pelo valor evidência, assim como pode contemplar simultaneamente a ambos – como, aliás, é o mais freqüente. Quando o Auditor concede uma antecipação de produção de prova, está privilegiando a urgência em detrimento de qualquer outro interesse, sem se precisar cogitar da maior ou menor probabilidade de ter razão o requerente. Também assim quando autoriza o embargo liminar de uma pretensão discriminada e fundamentada. De outra banda, para deferir uma liminar com justo receio de dano emergente, basta-lhe uma presunção de veracidade do alegado, baseada em um dado objetivo, independentemente de qualquer idéia de urgência, assim como também ocorre na outorga da tutela antecipada com fundamento no abuso do direito de defesa por parte do réu (Art. 273, inc. II, do CPC, com a redação resultante da Lei nº 8.952). Já no autorizar um seqüestro, por exemplo, eis que o artigo 9, parágrafo 3º do CBJD, terá de indagar da presença de cada um desses dois pressupostos. Essa primeira distinção seria certamente insuficiente para delimitar os campos da cautela e da antecipação da tutela "principal" mas, a par de outras considerações a serem logo desenvolvidas, poderá contribuir para o deslinde.

a.7.3) Classificação Tradicional das Espécies de Tutela Jurisdicional

Quando se vai ao Tribunal Desportivo em busca da declaração do direito que se pensa ter (quanto à sua existência, sua configuração, seu alcance, seu modo de ser), instaura-se um processo de conhecimento, essencialmente (quando não exclusivamente) declaratório, no sentido de que se busca espancar dúvida ou incerteza quanto à pertinência subjetiva de um determinado bem esportivo juridicamente protegido. Aí se exerce, em regra, o máximo de cognição possível, dado que se trata de apurar se, a quem pertence a posse, direito ou o domínio de alguma coisa, ou como e em que medida determinados fatos produzem certas conseqüências jurídicas, e assim por diante. Em linguagem carneluttiana, a lide que se contém no processo consiste em uma pretensão resistida: o autor se atribui uma posição de supremacia jurídica que o réu se recusa a admitir. Do ângulo de vista do Auditor, o ponto de partida é uma completa insciência, e portanto uma total neutralidade relativamente às posições sustentadas por cada um dos litigantes; seu espírito está inteiramente livre de inclinação ou tendência, pronto a ser convencido a qualquer dos sentidos possíveis. À formação desse convencimento é que se há de orientar todo o esforço processual dele mesmo e das partes. Os meios postos à disposição de todos para a busca desse objetivo hão que ser os mais amplos; o debate o mais aberto; as vias de impugnação as mais variadas. Trata-se de conhecer, isto é, de apreender a realidade fática e jurídica do litígio para solvê-lo segundo o Direito, atribuindo a cada qual dos desavindos o que lhe corresponda. A declaração (o acertamento, como talvez mais expressivamente dizem os italianos) é o produto final por excelência do trabalho jurisdicional, embora se possa apresentar acrescida do elemento condenatório ou do constitutivo (elementos que, segundo algumas opiniões cuja análise aqui não vem a pêlo, já não pertencem ao âmbito do processo de conhecimento no mais estrito sentido).

Em contraposição, quando o socorro em via diferenciada na justiça Desportiva é procurado com o fim de tornar efetivo e concreto no mundo dos fatos o comando contido na Decisão ou Acórdão (ou em documento outro ao qual a Lei, decreto, portaria e etc atribui equivalente poder de submeter o sujeito passivo), já não se cuida de declarar ou conhecer. De antemão se sabe, *ex hypothesi*, qual é o direito do caso concreto, e tudo o que se quer é realizar esse direito, estabelecendo correspondência entre o estado jurídico previamente definido e o estado fático. As técnicas adequadas à busca desse objetivo são profundamente diversas daquelas pertinentes à atividade jurisdicional de conhecimento: apreendem-se valores ou bens e transferem-se de um para outro patrimônio; exercem-se pressões psicológicas e até físicas sobre a pessoa do réu para que se submeta ao comando do Tribunal Desportivo; utiliza-se a atividade de terceiros para produzir a situação fática que o Réu deveria ter produzido. O promovente da ação acha-se em posição sobranceira àquela do demandado; a situação inicial relativa não é de igualdade ou equilíbrio, mas de superioridade e submissão. A lide se traduz em pretensão já definida como induvidosa, mas ainda assim insatisfeita. O órgão jurisdicional não parte de uma condição de incerteza e neutralidade dialética, mas do pressuposto de que o Autor deve ser satisfeito em seu reclamo.

Uma terceira possibilidade é a da formação de processo cautelar, onde não se busca nem o acertamento do direito, nem a realização prática de um direito que já é certo, mas a tutela da segurança como um valor em si mesma. O ofício judicial é invocado para prover no sentido de garantir que o resultado útil de um processo (de conhecimento, sumário, especial ou até mesmo de execução; em andamento ou a instaurar-se) seja assegurado contra os riscos decorrentes da demora na sua ultimação ou das alterações que se possam introduzir, maliciosamente, ou não, no estado de fato sobre o qual a futura prestação jurisdicional desportiva deverá influir. O processo assim instaurado supõe, ao menos hipoteticamente, um outro processo, cujo resultado se trata de resguardar. (Pode suceder que este processo, dito principal, sequer venha a ter existência efetiva, ou porque as partes entrementes se compõem, ou por desinteresse do sujeito ativo ou por qualquer outra razão; entretanto, isso não afasta a realidade de que, ao instaurar-se o processo cautelar, isso só se admitiu em contemplação de processo principal que se esperava sobrevir). A lide, supondo-se que haja, consiste na pretensão à segurança manifestada pelo interessado na garantia, à qual se opõe a resistência do outro interessado. O Auditor também aí parte de uma situação de incerteza quanto ao cabimento, ou não, do provimento acautelador, devendo aquilatar da sua necessidade e conveniência; para esse efeito, necessariamente terá de lançar os olhos sobre a "lide principal", mas não para decidir dela, sim, e somente para verificar, em termos de probabilidade, se há mesmo o que acautelar (fumus boni iuris). De outra banda, terá de avaliar se o resultado prático esperado do processo principal corre efetivamente algum risco relacionado ao correspondente tempo de tramitação (*periculum in mora*). Não é difícil perceber que também aí se desenvolve típica atividade judicial de conhecimento, mas com a particularidade de voltar-se ela para esses aspectos particulares da plausibilidade da pretensão "principal" e do perigo na demora. A cognição exercida quanto à lide desportiva principal é imprescindível, mas superficial e não-exauriente, já que o Auditor a emitir-se será de probabilidade e não de certeza.

De resto, incontáveis situações existem em que se adotam, seja no processo de conhecimento, seja no sumário ou especial, medidas cautelares sem processo cautelar. Nem falta, aliás, quem negue a autonomia do processo cautelar, exatamente a partir da idéia de serem os provimentos acauteladores passíveis de emissão no âmbito de qualquer processo não-cautelar. Essa é outra discussão em que não nos embrenharemos, sobretudo porque nossa referência é o Direito Desportivo Nacional legislado, no qual se acha consagrado o processo cautelar como objeto de excepcionalidade do Código.

Por motivo similar, segundo o Ilustre Desembargador já citado, não se pode abster de questionar a exatidão científica da classificação tripartida que vem de ser mui sucintamente exposta. Fica apenas registrado que também no particular há vozes dissonantes, a sustentar a heterogeneidade de um critério classificatório que adita às funções de conhecimento de sumariedade e de especialidade um modo de exercício da atividade jurisdicional desportivo que tanto pode estar presente em uma quanto nas outras.

a.7.4) A Tutela Diferenciada na Experiência Brasileira Recente

As ações cautelares, como regra, admitiram sempre a antecipação de tutela pela via do mandado liminar (em estrito sentido ou após justificação com oitiva do requerido). Aliás, é fato bem conhecido, relevante para os propósitos do presente estudo, que em grande número de casos a cautela só interessa ao requerente se lhe for deferida *in limine litis*. Ao revés, até o advento da Lei nº 8.952/94 e a redação por ela emprestada ao Art. 273 do CPC, a norma sempre fora o descabimento de tal medida no processo de conhecimento, sumário e especial, com exceções raras e casuisticamente delimitadas na legislação processual de aplicação subsidiária.

Ora, como os trabalhadores do processo, particularmente os advogados, dificilmente aceitam com resignação a perspectiva de uma demora imprevisível, mas certamente longa na obtenção dos resultados que a decisão desportiva há que produzir, passou-se a utilizar com notável freqüência o falso processo cautelar como artificioso caminho para alcançar objetivos, como foi o caso do Mandado de Garantia delimitado nos antigos Códigos Desportivos. Construiu-se, à margem da Lei, um dispositivo de abreviação da entrega da prestação jurisdicional, ainda que em detrimento da segurança e qualidade dessa mesma prestação. Trata-se de fenômeno semelhante ao que está na base de outras tentativas de encurtamento do tempo gasto no processo, como a sumarização formal (sem prejuízo da plenitude da cognição), a multiplicação da adoção de procedimentos de modelo monitório e assim por diante (que o novo Código abriu o precedente.

Como igualmente é de geral sabença, de outra banda, não é rara uma certa ligeireza no deferir essas falsas cautelas em caráter liminar e *inaudita altera parte*, por vezes como simples e brevíssima referência, à guisa de fundamentação, às razões do pedido – ou nem mesmo isso. Liminares supostamente cautelares, mas envolvendo o fundo mesmo do litígio e, bastas vezes, profundamente invasivas da esfera jurídica do demandado, que vinham sendo concedidas por legislações desportivas ultrapassadas com a adoção do novo Código (CBJD).

Paralelamente, vicejou entre nós a ominosa doutrina segundo a qual os provimentos cautelares podem ser "satisfativos", de sorte que até nas classificações correntes dessas medidas aparece a categoria correspondente, como se a locução cautela satisfativa não envolvesse uma evidente e pasmosa contradição em termos. A cautela satisfativa não é tão desarrazoado e inaceitável quanto à idéia de gelo quente. Ou bem se fica com o substantivo ou com o adjetivo; ou se trata de cautela e não satisfaz, ou é medida satisfativa e não pertence ao universo das cautelas. Mas não parece ser esse o pensamento dominante, que aceita sem maiores reservas a simbiose – o que, aliás, é suficiente para evidenciar a importância do artigo 9, parágrafo 3º do Novo Código.

Tanto não bastasse, consolidou-se a praxe – apoiada, aliás, em doutrina da melhor qualidade – de reunir nos mesmos autos o processamento da ação cautelar e o da principal. Ou, apensar aos autos da ação principal aqueles da cautelar, logo após o deferimento da liminar nesta, ignorando-se por inteiro, desde então, a sua existência, processando-se a ação principal como se fosse a única, a ponto de, em alguns casos, sequer ser lembrada a necessidade de, ao final, julgar-se também a ação de cautela, mesmo que seja nos autos da outra, o que no processo desportivo poderá ocorrer, dado a sua evidente celeridade pretendida.

Concedida uma dessas liminares a título de cautela, mas em realidade envolvendo o fundo do direito, sem audiência da parte contrária e em termos tais que, por ser "satisfativa" a medida, decorre o completo e total atendimento da pretensão do autor relativamente àquela lide, vale dizer, a irreversível atribuição a ele do bem desportivo sob disputa – resulta esgotada por inteiro toda a jurisdição possível no caso concreto. E tudo isso com profundidade quase nula de cognição e, o que é mais, sem ter havido contraditório algum! É isso a negação dos próprios objetivos do processo e de sua estrutura necessariamente dialética; é, mais imediatamente, a postergação inocultável de uma garantia constitucional expressa das mais importantes e que o Tribunal Desportivo deve cuidar com bastante cautela.

a.7.5) Provimentos Liminares

A fim de se poder desde logo desembaraçar o raciocínio de um fator de perturbação, importa deixar registrado a esta altura que o adjetivo liminar não designa uma categoria pertencente à mesma ordem de idéias das expressões cautela e antecipação de tutela. Embora pareça comum a todas essas denominações a idéia de provisoriedade, nem mesmo isso é verdade, pois pode haver provimento judicial liminar sem esse caráter transitório, como é o caso do indeferimento da petição inicial in limine litis: se irrecorrida ou confirmada, a correspondente decisão ou Acórdão desportivo exaure a jurisdição possível no processo em questão e, sem embargo do que reza o Art. 267, inc. I, do CPC, pode ser inclusive definitiva do mérito (baste, para não falar de hipóteses mais complexas, comparar o disposto no Art. 295, IV, com o teor do Art. 269, IV, do mesmo Código).

Como no sentido comum dos dicionários leigos, liminar é tudo aquilo que se situa no início, na porta, no limiar. Em linguagem processual, como bem fundamenta o Douto Desembargador já citado acima em sua doutrina inovadora e fundamentada, a palavra designa o provimento judicial emitido in limine litis, no momento mesmo em que o processo se instaura. A identificação da categoria não se faz pelo conteúdo, função ou natureza, mas somente pelo momento da prolação. Nada importa se a manifestação judicial desportiva expressa juízo de conhecimento, sumário, especial ou cautelar; também não releva indagar se diz, ou não, com o *meritum causæ* nem se contém alguma forma de antecipação de tutela. O critério é exclusivamente topológico.

Rigorosamente, liminar é só o provimento que se emite inaudita altera parte, antes de qualquer manifestação do demandado e até mesmo antes de sua citação. Não é outra a constatação que se extrai dos próprios textos legais, que, em numerosas passagens, autorizam o Auditor a decidir liminarmente ou após justificação. Assim formulada alternativamente, a proposição já sugere que, na segunda hipótese, não se trata de liminar, pelo menos em estrito sentido. Certo é, entretanto, que se tem usado, sem maiores inconvenientes e sem prejuízo da clareza das idéias, a designação de liminar também para os provimentos judiciais proferidos após justificação, na qual se tenha inclusive ouvido o demandado.

A maior parte das antecipações de tutela a cujo manejo estamos habituados guarda essa característica de situar-se no limiar do procedimento. Assim, a liminar cautelar, a liminar em mandado de garantia, etc. Por aí talvez se possa explicar a tendência a crer que antecipação e liminar sejam noções correlatas e inseparáveis. Basta, porém, que se examine mesmo superficialmente a inovação introduzida pelo atual Art. 273 do CPC para perceber-se a erronia dessa suposição. A antecipação de tutela da qual se cuida aí pode tomar a forma de uma liminar (vale dizer, conter-se em decisão proferida no liminar do procedimento), mas de modo algum é obrigatória essa localização, ou inerente à natureza da antecipação. Tenha-se em conta que um dos fundamentos possíveis da decisão antecipatória regulada por esse texto normativo do novo Código é o abuso do direito de defesa, que evidentemente pressupõe já havê-lo exercitado o réu e, portanto, achar-se o processo em fase mais adiantada do que aquela onde podem ter lugar as verdadeiras liminares.

a.7.6) Antecipação de tutela com e sem nota de liminar

Ficou visto, pois, que (a) toda liminar é antecipatória de tutela; (b) nem toda antecipação de tutela é liminar, e (c) a antecipação de tutela pode ser, ou não, cautelar. Esclarecido também que o conceito de liminar é estritamente topológico, dizendo respeito à cronologia do processo, e não à sua substância ou função, resta dizer duas palavras ainda sobre cautela e tutela antecipada. (Sim, antecipada, e não antecipatória: antecipatório é o provimento judicial desportivo correspondente).

Anotação cuja rememoração se faz oportuna é a de que no processo cautelar, mais do que em outros, abre-se margem à emissão de provimentos liminares. Processo particularmente impregnado da preocupação com a urgência, abre espaço necessariamente maior à antecipação dos efeitos do provimento buscado, vale dizer, antecipação da cautela. É possível que essa realidade tenha contribuído para a tendência errônea a supor-se que toda liminar é cautelar, quando em realidade essas duas qualificações correspondem a diferentes critérios classificatórios. Trata-se de uma antecipação de tutela (cautelar) que coincide ser, outrossim, dispensada em caráter liminar.

Considerem-se agora dois momentos do processo cautelar: o de sua instauração, quando o Auditor apenas recebeu a petição inicial, e o outro extremo temporal, quando o processamento já se completou e os autos estão em condições de receber decisão final. Se o Auditor examina os requisitos do fumus boni iuris e do periculum in mora, convencendo-se de sua presença, no primeiro daqueles momentos deferirá a cautela em caráter liminar (e provisório). Se apenas ao final os constata, só então prestará a tutela no momento "normal", como definitiva. A eficácia prática do provimento é a mesma em um e outro caso; variam apenas o momento e a definitividade.

Se o sistema jurídico desportivo não o exclui para a espécie, pode também suceder que o deferimento venha a ocorrer em outro momento qualquer da tramitação do processo. Também nessa hipótese ocorre antecipação da tutela, porque o ato judicial faz recuar para um momento anterior ao ordinário a eficácia que, em regra, seria da decisão final apenas. Vale dizer, a decisão final do processo cautelar ainda não existe, mas sua eficácia já se opera como se ela existisse. Esse é o sentido da antecipação.

O mesmo pode suceder relativamente ao processo de conhecimento, sumário ou especial, nos casos em que a Lei autoriza decisão antecipatória. Liminarmente, ou não (i. é., no momento inicial do processo ou em qualquer outro anterior ao da decisão final), constatando a presença dos requisitos legais e do correspondente requerimento do interessado, o Auditor entrega ao autor prestação antecipada da proteção por ele pretendida a seu invocado direito, necessariamente a título provisional. Tal como na hipótese antes considerada, de antecipação da cautela, o provimento destina-se a duração limitada no tempo, não maior que a do próprio processo.

Daí se vê que, com ou sem a condição de liminar, seja em processo cautelar ou no de conhecimento, sumário ou especial, a tutela antecipada, sem ser substancialmente diversa da definitiva, dela se distingue pelas notas da provisoriedade e do adiantamento temporal em relação ao momento ordinário da prestação jurisdicional desportiva. Mais uma vez, pode-se dizer que a questão é apenas de momento processual.

a.7.7) Cautela e Antecipação da "Tutela Ddeclarativa"

Retorna-se, pois, à questão central, a saber, a de distinguir com segurança o provimento cautelar (sem importar se antecipado, ou não) daquele outro em que a prestação jurisdicional adiantada é satisfativa e, pois, "declarativa", no sentido de que pertence ao campo do processo de conhecimento, sumário ou especial. Daquilo que até aqui se veio exposto, parece resultar claro que os pressupostos da concessão de uma e outra medida, na legislação e na doutrina, são fundamentalmente os mesmos. Alhures se tem de buscar, portanto, a referência para a distinção.

Embora se costume dizer, sem erro, que o processo cautelar é duplamente instrumental, ou "instrumental ao quadrado", por ser instrumento de outro instrumento (o processo "principal"), essa realidade não é suficiente nem adequada para a identificação da função cautelar. Com efeito, a assertiva só é verdadeira quando realmente exista um processo separado em cujo bojo a tutela jurisdicional cautelar seja exercida. Mas, como já ficou registrado, isso nem sempre ocorre, pois provimentos tipicamente cautelares podem emanar dos autos do processo de conhecimento, sumário ou especial. Mais: há quem negue no plano ontológico a entidade chamada processo cautelar, que seria criação cerebrina do legislador – tese em certa medida reforçada pela notória resistência dos profissionais do Foro ao tratamento da ação cautelar como algo autônomo e independente da ação dita principal. Também não há que ser nesse critério formal, portanto, que se irá encontrar base satisfatória para a distinção.

Para esse efeito, salvo melhor juízo, a mais segura base está na própria função do provimento jurisdicional. Ao passo que a função cautelar se exaure na asseguração do resultado prático de outro pedido, sem solucionar sequer provisoriamente as questões pertinentes ao mérito deste, a antecipação de tutela supõe necessariamente uma tal solução, no sentido de tomada de posição do Juiz, ainda que sem compromisso definitivo, relativamente à postulação do autor no que se costuma denominar "processo principal" (no caso, o único existente). Em sede cautelar, certamente se faz algum exame dessa pretensão, mas com o fito único de apurar se ela é plausível (presença do *fumus boni iuris*) e se a demora inerente à atividade processual pode pôr em risco o seu resultado prático (*periculum in mora*). Não assim na hipótese de antecipação da tutela: aí, o sopeso da probabilidade de sucesso da postulação "principal" (e única) se faz para outorgar desde logo ao postulante o bem da vida que, a não ser assim, só lhe poderia ser atribuído pela decisão final.

Na expressão de Pontes de Miranda, no particular insuperável, cuida-se de adiantamento da eficácia da decisão final. É uma das tantas situações nas quais o Direito, desavindo com o tempo, busca ludibriá-lo mediante artifício: aquilo que ainda não existe (a sentença) produz efeitos como se já fosse presente. Nada disso é verdade com relação à tutela cautelar (salvo, é claro, se com respeito a ela mesma ocorre antecipação): em processo específico, cujo objeto se esgota na prestação de segurança, ou no próprio processo "principal", o provimento garante ao interessado não o próprio bem desportivo envolvido primariamente posto em liça, mas a certeza de que ele não sofrerá desgastes ou deteriorações enquanto se desenvolve a atividade cognitiva necessária à apuração de sua titularidade.

Com isso fica dito claramente que a tutela antecipada (= outorgada mediante provimento antecipatório), a mais da provisoriedade, tem por objeto a satisfação do interesse manifestado pelo autor. O que se lhe defere é aquela mesma situação de supremacia jurídica que ele busca no processo, não a simples garantia de conservação e indenidade do seu objeto ao longo do trâmite judicial. Não se trata de simplesmente tranqüilizar o interessado quanto à integridade do bem ou direito e à segurança de poder dele vir a desfrutar no futuro: esse desfrute mesmo lhe é desde logo assegurado.

Em regra, tanto a tutela antecipatória quanto a cautelar retiram algo ao demandado, invadindo sua esfera jurídica desportiva e privando-o do gozo, atual ou potencial, de um determinado bem ou direito. Mas os resultados não são idênticos do ponto de vista do autor: a cautela não lhe acrescenta de imediato nada ao ativo jurídico, salvo a segurança; já o provimento antecipatório outorga-lhe o desfrute imediato do bem ou direito. A cautela só dá ao autor a expectativa favorável da efetiva fruição do direito no futuro; a antecipação o coloca desde logo em condições de fruir dele. Em simplificação talvez demasiada, mas certamente esclarecedora, em ambos os casos o demandado perde, mas só no último deles o autor ganha. O que se tira ao réu mediante cautela permanece sob custódia judicial, sem se transferir de imediato ao autor; o que a este se concede a título de antecipação, acrescenta-se prontamente ao seu patrimônio jurídico desportivo.

b) CASOS OMISSOS

Na forma do Art. 42, Os atos relacionados ao processo desportivo serão realizados nos prazos previstos por este Código. Quando houver omissão, o presidente do Órgão Judicante fixará o prazo, tendo em conta a complexidade da causa e do ato a ser praticado, que não poderá exceder a 03 (três) dias. Não havendo preceito normativo nem fixação de prazo pelo presidente do Órgão Judicante, será de 3 (três) dias o prazo para a prática de ato processual a cargo da parte.

Prazo: Não havendo preceito normativo nem fixação de prazo pelo presidente do Órgão Judicante, será de 3 (três) dias o prazo para a prática de ato processual a cargo da parte.

c) Intervenção de Terceiro – De acordo com o Art. 55 A intervenção de terceiro será admitida, em qualquer grau de jurisdição, apenas quando houver legítimo interesse, devendo o pedido ser acompanhado da prova de legitimidade e desde que requerido até a véspera da sessão de julgamento.

Prazo: até a véspera da sessão de julgamento.

d) DA INSPEÇÃO

O Art. 70 e seguinte informa que o presidente do Órgão Judicante, de ofício, a requerimento da procuradoria ou da parte interessada, poderá promover a realização de inspeção, a fim de buscar esclarecimento sobre fato que interesse à decisão da causa. Concluída a inspeção, o presidente mandará lavrar auto circunstanciado, mencionando nele tudo quanto for útil ao julgamento da causa.

Prazo: Não é determinado, porém nos reportamos ao parágrafo 2º do artigo 42 do CBJD, até disposição ou entendimento contrário, que determina que não havendo preceito normativo nem fixação de prazo pelo presidente do Órgão Judicante, será de 3 (três) dias o prazo para a prática de ato processual a cargo da parte.

e) A SÚMULA

O Art. 75 esclarece que a súmula e o relatório da competição serão elaborados e entregues pelo árbitro e seus auxiliares dentro do prazo estipulado em Lei ou, em sendo omissa, no regulamento. A inobservância do prazo previsto no *caput* do artigo 75 não impedirá o início do processo pela procuradoria, independentemente de eventual punição dos responsáveis pelo atraso. A entidade responsável pela organização da competição dará publicidade aos documentos previstos no *caput* do mesmo artigo, na forma da Lei.

PRAZO: LEI Nº 10.671, DE 15 DE MAIO DE 2003 ESTATUTO DO TORCEDOR

Art. 11º – É direito do torcedor que o árbitro e seus auxiliares entreguem, em até 4 (quatro) horas contadas do término da partida, a súmula e os relatórios da partida ao representante da entidade responsável pela organização da competição.

No §1º – Em casos excepcionais, de grave tumulto ou necessidade de laudo médico, os relatórios da partida poderão ser complementados em até vinte e quatro horas após o seu término.

No §2º – A súmula e os relatórios da partida serão elaborados em três vias, de igual teor e forma, devidamente assinadas pelo árbitro, auxiliares e pelo representante da entidade responsável pela organização da competição.

Em contrapartida, o §3º, a primeira via será acondicionada em envelope lacrado e ficará na posse de representante da entidade responsável pela organização da competição, que a encaminhará ao setor competente da respectiva entidade até as treze horas do primeiro dia útil subseqüente.

No §4º, informa que o lacre de que trata o §3o será assinado pelo árbitro e seus auxiliares.

No §5º, a segunda via ficará na posse do árbitro da partida, servindo-lhe como recibo. Por via de conseqüência, de acordo com o §6o A terceira via ficará na posse do representante da entidade responsável pela organização da competição, que a encaminhará ao Ouvidor da Competição até as treze horas do primeiro dia útil subseqüente, para imediata divulgação.

Por fim, na forma do Art. 12º da mesma Lei, a entidade responsável pela organização da competição dará publicidade à súmula e aos relatórios da partida no sítio de que trata o parágrafo único do Art. 5º até às 14h00 (quatorze horas) do primeiro dia útil subseqüente ao da realização da partida. O CBJD no seu Art. 76º esclarece que a entidade de administração do desporto, quando verificar existência de qualquer irregularidade anotada nos documentos mencionados no artigo anterior, os remeterá ao respectivo Órgão Judicante (STJD ou TJD), no prazo de um dia, contado do seu recebimento.

f) DO INQUÉRITO

O inquérito tem por fim apurar a existência de infração disciplinar e determinar a sua autoria, para subseqüente instauração do processo disciplinar. A instauração do inquérito será determinada de ofício pelo presidente do Órgão Judicante competente (STJD ou TJD), ou a requerimento da procuradoria ou da parte interessada. O requerimento deve conter a indicação de elementos que evidenciem suposta prática de infração disciplinar, das provas que pretenda produzir, das testemunhas a serem ouvidas, se houver, sendo facultado ao presidente a determinação de atos complementares. Deferido o pedido, o presidente designará auditor processante que terá o prazo de quinze dias para sua conclusão, prorrogável por igual período.

g) QUEIXA

De acordo com o Art. 73 do Código, o processo disciplinar será iniciado de ofício mediante denúncia da procuradoria, ou por queixa a ela endereçada, formulada pela parte interessada. Vale esclarecer, que, conforme Art. 74 qualquer pessoa poderá provocar a iniciativa da procuradoria, fornecendo-lhe informação circunstanciada sobre o fato.

Prazo – Art. 167 Ocorre a decadência quando a parte não exerce o direito de queixa no prazo de dez dias, a contar da ocorrência do ato ou conhecimento do fato que lhe deu causa.

h) DA IMPUGNAÇÃO DE PARTIDA, PROVA OU EQUIVALENTE EM CADA MODALIDADE OU DE SEU RESULTADO

O procedimento é bem esclarecido pelo Art. 84 que informa que o pedido de impugnação será dirigido ao presidente do Órgão Judicante (STJD ou TJD), em duas vias, acompanhado dos documentos que comprovem os fatos alegados, devidamente assinado pelo impugnante ou por procurador com poderes especiais, e da prova do pagamento dos emolumentos. Vale lembrar que de acordo com o §1° do mesmo artigo, são partes legítimas para promover a impugnação as pessoas físicas ou jurídicas que tenham disputado a partida, prova ou equivalente em cada modalidade ou as que tenham imediato e comprovado interesse no seu resultado, desde que participante da mesma competição. A petição inicial será liminarmente indeferida pelo presidente do Órgão Judicante competente quando:

I – manifestamente inepta;

II – manifesta a ilegitimidade da parte;

III – faltar condição exigida pelo Código para a iniciativa da impugnação;

IV – não comprovado o pagamento dos emolumentos.

O §3° é bem claro em informar que o presidente do Órgão Judicante (STJD ou TJD), ao receber a impugnação, dará imediato conhecimento da instauração do processo ao presidente da entidade, para que não aprove a partida, prova ou equivalente até a decisão final da impugnação.

Segundo o Regulamento Geral das Competições, segundo a CBF O pedido de impugnação da validade da partida ou de seu resultado será processado perante a Justiça Desportiva, na forma das disposições do Código. O Departamento Técnico da CBF verificando que uma associação incluiu na relação, inclusive entre os substitutos, atletas sem condição legal, encaminhará a documentação ao órgão competente da Justiça Desportiva.

Prazo: Art. 85 – A impugnação deverá ser protocolada no Órgão Judicante competente, em até 2 (dois) dias depois da entrada da súmula na entidade de administração do desporto, conseqüentemente, na forma do Art. 86, recebida a impugnação, dar-se-á vista à parte contrária, pelo prazo de 2 (dois) dias, para pronunciar-se, indo o processo, em seguida, à procuradoria, por igual prazo, para manifestação.

h.1) Da Condição de jogo dos Atletas

De acordo com o Regulamento Geral das Competições, segundo a CBF, as Associações só poderão inscrever para qualquer competição organizada pela CBF os atletas cujos contratos estejam devidamente nela registrados até a data do limite final de inscrição para o respectivo evento. As associações remeterão ao Departamento Técnico da CBF uma relação de seus atletas profissionais e não-profissionais, de acordo com os prazos previstos nas Normas Especiais de cada competição. Novos contratados poderão participar desde que tenham seus contratos registrados na CBF, de acordo com de acordo com os prazos constantes das Normas Especiais de cada competição. O recebimento da ficha de inscrição, não implica em que os atletas tenha condição de jogo se não estiverem regularmente registrados na CBF. Somente terão condição de jogo os atletas que estiverem nas condições previstas nas norma legais e regulamentares (BID). A relação dos atletas deverá conter a indicação nominal dos atletas e o nome pelo qual são conhecidos (apelido), de forma datilografada, que contenha a assinatura de cada um, o número do Registro na CBF, o número da carteira expedida pela Federação e a data do término do contrato, quando profissional. A relação deverá ser protocolada na Federação de origem, de acordo com os prazos constantes das Normas Especiais de cada competição, devendo a Federação no mesmo dia comunicar por fax, telex ou *e-mail* o pedido à CBF e remetê-lo no dia seguinte. A comunicação posterior de novos contratados, obedecendo as mesmas condições exigidas no parágrafo anterior, deverá ser protocolada na Federação de origem, no prazo previsto nas Normas Especiais de cada competição, devendo a respectiva Federação adotar o procedimento estabelecido acima. Os atletas de cada equipe, 45 (quarenta e cinco) minutos antes da hora marcada para o início da partida, deverão assinar a súmula correspondente, após se identificarem perante o representante da CBF e um dos componentes da equipe de arbitragem (Árbitro, Árbitros-Assistentes ou Árbitro reserva). A identificação será feita pela exibição da carteira expedida pela respectiva Federação. No caso de perda ou extravio, por documento de identidade expedido por órgão público oficial do país. A assinatura da súmula deverá ser feita, primeiramente pelos atletas da associação que tenha o mando de campo. O atleta inscrito por uma associação não poderá competir por outra, na mesma competição, caso já tenha atuado no campeonato, sob pena de aplicação das sanções relativas ‘a impugnação de partida. O atleta que assinar a súmula na qualidade de substituto (Regra 3), e não participar da partida, poderá transferir-se para participar das partidas da mesma ou outra SÉRIE, observando o disposto no Art. 18 e seus parágrafos, desde que como substituto (Regra 3), não tenha sido apenado na competição. As associações poderão incluir até 02 (dois) atletas estrangeiros profissionais nos jogos das competições, dentre os relacionados na súmula. Nas partidas das competições é vedada a participação de atletas não-profissionais quando completarem 20 (vinte) anos. Até completarem 20 (vinte) anos, 4 (quatro) atletas não-profissionais poderão participar das partidas das competições.

Vale esclarecer ainda, que a condição de jogo do Atleta a nível de Federação Regional se dá no protocolo do Contrato de Trabalho, por prazo determinado cedido pela CBF, com assinatura de próprio punho, inclusive da data da contratação, do atleta profissional, acompanhado de carta endereçada ao Presidente da Federação Regional, assinada pelo Presidente da Associação ou representante legal encaminhando o contrato de trabalho. Juntamente com o contrato de trabalho, o Atleta profissional de futebol deverá apresentar carta para Federação que encaminhará toda documentação à CBF, informando se possui ou não Agente FIFA que o represente.

A condição de jogo dos atletas também pode ser verificada, em alguns casos, com o encaminhamento pela Federação responsável do atleta profissional, em caso de empréstimo, para Federação em que será registrado. Neste caso, deve-se verificar se o contrato de trabalho foi protocolado antes do empréstimo para demonstrar a irregularidade, essa mesma irregularidade também pode acontecer na medida que o empréstimo internacional não é recebida na CBF e o Clube inscreve o atleta, antes da liberação formal da FIFA.

i) Mandado de Garantia – conforme Art. 88 conceder-se-á mandado de garantia sempre que, ilegalmente ou com abuso de poder, alguém sofrer violação em seu direito líquido e certo, ou tenha justo receio de sofrê-la por parte de qualquer autoridade desportiva. A petição inicial, dirigida ao presidente do Órgão Judicante (STJD ou TJD) e acompanhada do comprovante do pagamento dos emolumentos, será apresentada em duas vias, devendo os documentes que instruir a primeira via serem reproduzidos na outra. Após a apresentação da petição inicial não poderão ser juntados novos documentos nem aduzidas novas razões.

Da decisão que julgar o pedido de mandado de garantia caberá recurso voluntário para a instância imediatamente superior.

O pedido de mandado de garantia poderá ser renovado se a decisão denegatória não lhe houver apreciado o mérito.

Prazos: o prazo para interposição do mandado de garantia extingue-se decorridos 20 (vinte) dias contados da prática do ato ou decisão. Na forma do Art. 91, ao despachar a inicial, o presidente do Órgão Judicante ordenará que se notifique a autoridade coatora, à qual será enviada uma via da inicial, com a cópia dos documentos, para que, no prazo de 3 (três) dias, preste informações. Findo o prazo para as informações, com ou sem elas, o Presidente do Órgão Judicante, depois de designar o relator, mandará dar vista do processo à procuradoria, que terá 02 (dois) dias para manifestação.

i.1 – DIREITOS E GARANTIAS FUNDAMENTAIS PARA IMPETRAR MANDADO DE GARANTIA

i.1.1 – Conceito: são os considerados indispensáveis à pessoa humana, necessários para assegurar a todos uma existência digna, livre e igual.

i.1.2 – Histórico: as primeiras limitações ao poder do Estado surgiram no final da Idade Média; o antecedente mais importante apontado pelos autores é a Magna Carta, na Inglaterra, em 1215, reconhecendo direitos dos barões, com restrições ao poder absoluto do monarca; em seguida, surgiram diversas outras declarações limitando o poder do Estado; contudo, só no século XVIII, com as Revoluções Francesa e Americana, foram editados os primeiros enunciados de direitos individuais; a 1ª Declaração foi a da Virgínia, em 1776, estabelecendo, entre outros princípios fundamentais, igualdade de direitos, divisão de poderes, eleição de representantes, direito de defesa, liberdade de imprensa e liberdade religiosa; em seguida, merece destaque a Declaração dos Direitos do Homem e do Cidadão, proclamada após a Revolução Francesa, em 1789; possuí um caráter de universalidade, pois se considerava válida para toda a humanidade; estabelecia que o Estado que não possuísse separação dos poderes e um enunciado de direitos individuais não teria uma Constituição; após a 2ª Guerra Mundial, em 1948, foi editada, pela ONU, a Declaração Universal dos Direitos do Homem, realçando a preocupação com o respeito aos direitos humanos em todos os países do mundo.

i.2 – Espécies de direitos, onde a expressão "direitos fundamentais" é gênero:

a) individuais; b) vida;
c) liberdade; d) igualdade;
e) segurança; f) propriedade;
h) sociais; g) coletivos;
i) nacionais; j) políticos
k) esportivos.

i.3 – MANDADO DE GARANTIA CONCEITO, ESPÉCIE E PROCEDIMENTO:

i.3.1 – Conceito: é a ação fundada em princípio constitucional para a tutela de direitos individuais líquidos e certos (é o que se apresenta manifesto na sua existência, delimitado na sua extensão e apto a ser exercido no momento da impetração; é o que não depende da produção de prova em juízo), quando o responsável pela ilegalidade ou abuso de poder for autoridade desportiva ou agente de pessoa jurídica no exercício de atribuições do Poder desportivo.

i.3.2 – Espécies:

- repressivo: visa cessar constrangimento ilegal já existente.
- preventivo: busca pôr fim à iminência de constrangimento ilegal a direito líquido e certo.

i.3.3 – procedimento: a petição inicial deve ser apresentada em duas vias com todos os documentos comprobatórios, com os documentos necessários que comprovem a certeza e a liquidez do direito pleiteado, sendo encaminhado ao Presidente do Tribunal Correspondente para apreciar o pedido de liminar; instaurado o processo a segunda via será encaminhada à autoridade apontada como coatora para prestar as informações necessárias no prazo estipulado pelo Código; em seguida será aberta vista à Procuradoria para apresentação de parecer; a última etapa é a remessa dos autos para Julgamento.

O problema crucial do instituto tem sido definir o direito líquido e certo. Themístocles Brandão Cavalcanti lembra, oportunamente, que "todo direito é líquido e certo; o que nem sempre se pode é provar, desde logo, a certeza e a liquidez, principalmente quando decorre de um fato que exige prova mais substancial". Houve época em que se considerava direito líquido e certo todo direito evidente, a salvo de qualquer impugnação, pois que a própria norma em que se fundasse estaria estreme de qualquer dúvida.

Modernamente, adverte Celso Ribeiro Bastos, "a solução correta é a que faz residir o caráter de líquido e certo não na vontade normativa, mas nos fatos invocados pelo impetrante". A expressão mandado de garantia pode ser tomada num sentido amplo e, em outro, estrito. No primeiro caso, designa uma ação de conhecimento revestida de características próprias e, no segundo caso, designa uma liminar emitida pela autoridade desportiva competente, a fim de que se tutele um direito líquido e certo.

j) DA REABILITAÇÃO

O Art. 99 declara que a pessoa física que houver sofrido eliminação poderá pedir reabilitação ao Órgão Judicante que lhe impôs a pena definitiva, se decorridos mais de 04 (quatro) anos do trânsito em julgado da decisão, instruindo o pedido com a documentação que julgar conveniente e, obrigatoriamente, com a prova do pagamento dos emolumentos, com a prova do exercício de profissão ou de atividade escolar e com a declaração de no mínimo, 3 (três) pessoas vinculadas ao desporto, de notória idoneidade, que atestem plenamente as condições de reabilitação. Recebido o pedido, será dada vista à procuradoria, pelo prazo de 3 (três) dias, para emitir parecer, sendo o processo encaminhado ao Presidente que, designando relator, incluirá em pauta de julgamento.

Prazo: Decai o Direito de reabilitação, se decorridos mais de 04 (quatro) anos do Trânsito em julgado.

k) DA DOPAGEM

De acordo com o Art. 101, Dopagem é a utilização de substância, método ou qualquer outro meio proibido, com o objetivo de obter modificação artificial de rendimento mental ou físico de um atleta, que agrida à saúde ou o espírito de jogo, por si mesmo ou por intermédio de outra pessoa, devidamente configurado mediante processo regular de análise, observadas as normas nacionais e internacionais. Configurado o resultado anormal na análise antidopagem, o Presidente da entidade de administração do desporto ou quem o represente, em 24 (vinte e quatro) horas, remeterá o laudo correspondente, acompanhado do laudo da contraprova, ao Presidente do Órgão Judicante (STJD ou TJD), que decretará, também em 24 (vinte e quatro) horas, o afastamento preventivo do atleta, pelo prazo máximo de 30 (trinta) dias. No mesmo despacho, assinará ao atleta, à entidade de prática ou entidade de administração do desporto a que pertencer e aos demais responsáveis, quando houver, o prazo comum de 5 (cinco) dias, para oferecer defesa escrita e as provas que tiver. Esgotado o prazo a que se refere o parágrafo anterior, com defesa ou sem ela, o Presidente do Órgão Judicante competente, nas 24 (vinte e quatro) horas seguintes, remeterá o processo à Procuradoria para oferecer denúncia no prazo de 2 (dois) dias. Oferecida a denúncia, o Presidente do Órgão Judicante, nas 24 (vinte e quatro) horas seguintes, designará o auditor relator e marcará, desde logo, dia para a sessão de julgamento, que se realizará dentro de 10 (dez) dias. Na sessão de julgamento não será permitida a produção de novas provas e as partes terão o prazo máximo de 10 (dez) minutos para sustentação oral.

Conforme Art. 105, proclamado o resultado do julgamento, a decisão produzirá efeitos a partir do dia imediato, independentemente da presença das partes ou de seus procuradores, desde que regularmente intimados para a sessão de julgamento, cabendo detração nos casos de cumprimento do afastamento preventivo.

Vale ficar frisado, de conforme Art. 106 a decisão proferida no processo fica sujeita a recurso necessário, que será remetido, em 3 (três) dias, à instância superior, ressalvada a hipótese de interposição de recurso voluntário, que não poderá ser recebido com efeito suspensivo.

l) DAS INFRAÇÕES PUNIDAS COM ELIMINAÇÃO

Como elucida o Art. 107, nos casos de denúncia por infração cuja pena prevista seja de eliminação, o denunciado será citado para apresentar, no prazo de 03 (três) dias, defesa escrita, e requerer diligências, inclusive a audiência das testemunhas que arrolar.

Prazo: de 3 (três) dias, defesa escrita, e requerer diligências, inclusive a audiência das testemunhas que arrolar.

m) DA REVISÃO

De acordo com o Art. 112 e seguinte, a revisão dos processos findos será admitida:

I – quando a decisão houver resultado de manifesto erro de fato ou de falsa prova;

II – quando a decisão tiver sido proferida contra literal disposição de Lei ou contra a evidência da prova;

III – quando, após a decisão, se descobrirem provas da inocência do punido.

Não cabe revisão da decisão que houver imposto pena de perda de pontos, de classificação ou de renda, se a competição estiver definitivamente homologada. A revisão só pode ser pedida pelo prejudicado, que deverá formulá-la em petição escrita, desde logo instruída com as provas que a justifiquem, nos termos do artigo 112.

Prazo: Art. 113

A revisão é admissível até 3 (três) anos após o trânsito em julgado da decisão condenatória, mas não admite reiteração ou renovação, salvo se fundada em novas provas.

n) RECURSO VOLUNTÁRIO E NECESSÁRIO – ART. 138

Os recursos são:

I – necessário, interposto na própria decisão;

II – voluntário, interposto mediante oferecimento de razões, se quiser, no prazo de 03 (três) dias, contados da proclamação do resultado do julgamento.

§1° – O recurso será interposto para a instância imediatamente superior desde logo, acompanhado da prova do pagamento dos emolumentos devidos.

§2° – A parte contrária, tem o prazo comum de 3 (três) dias para impugnar o recurso, a partir do despacho que lhe abrir vista do processo.

§3° – A Procuradoria terá 3 (três) dias para emitir parecer.

O recurso devolve à instância superior o conhecimento de toda a matéria discutida no processo, salvo quando só tiver por objeto parte da decisão. Os recursos não terão efeito suspensivo, salvo quando houver previsão legal, ou concedido nos termos do disposto no inciso XII do artigo 9° do presente Código. Protocolado o recurso na secretaria do órgão judicante de origem, verificada por seu presidente as condições de admissibilidade, será ele remetido ao tribunal competente para o devido processamento. Será considerado deserto o recurso que não estiver acompanhado do seu devido preparo. Em grau de recurso não será admitida a produção de novas provas.

- Prazo: de 3 (três) dias, contados da proclamação do resultado do julgamento.
- Prazo de Resposta: A parte contrária, tem o prazo comum de 3 (três) dias para impugnar o recurso, a partir do despacho que lhe abrir vista do processo

O) PRINCÍPIOS PROCESSUAIS CONSTITUCIONAIS QUE REGEM O PROCESSO DESPORTIVO

Sobre esse tema, podemos ter uma noção exata do funcionamento processual junto aos Tribunais Desportivo, que deve ser levado em consideração na apresentação, na fundamentação e na Decisão de qualquer peça processual desportiva.

Os princípios processuais constitucionais, conforme admitido pela doutrina majoritária são os princípios do devido processo legal, da isonomia, do contraditório e ampla defesa, do juiz natural, da inafastabilidade da jurisdição, da publicidade dos atos processuais, da motivação das decisões, do duplo grau de jurisdição e proibição da prova ilícita.

A grande parte dos princípios processuais constitucionais estão insculpidos no artigo 5 da Constituição Federal, inserido dentro do Título Dos Direitos e Garantias Fundamentais, demonstrando, assim, a sua importância dentro do ordenamento jurídico do Direito Desportivo Brasileiro.

Portanto, o presente tema tratará basicamente, e, de forma sintética, dos principais pontos de cada um dos princípios processuais constitucionais, fundamentais para o determinar a possibilidade de resguardar o direito básico de cada Associação na propositura e na defesa de suas peças processuais.

o.1) Princípios de Direito

Os princípios constituem-se em fontes basilares para qualquer ramo do direito, influindo tanto em sua formação como em sua aplicação. Em relação ao Direito Desportivo, não poderia ser diferente, já que os princípios estão presentes em dois instantes, em sua formação e na aplicação de suas normas.

Toda forma de conhecimento filosófico ou científico implica na existência de princípios. Diante disso, através das peculiaridades dos princípios inerentes a cada ramo do direito e da importância de sua influência, é que se torna extremamente necessário o estudo de tais princípios.

De início, a fim de desenvolver um estudo mais completo, faz-se necessário averiguar qual o significado do vocábulo princípios dentro do ordenamento jurídico. Para MIGUEL REALE os princípios são "certos enunciados lógicos admitidos como condição ou base de validade das demais asserções que compõem dado campo do saber".

Em sua lição, PLÁCIDO E SILVA, estudioso dos vocábulos jurídicos, ensina que os "princípios são o conjunto de regras ou preceitos que se fixam para servir de norma a toda espécie de ação jurídica, traçando a conduta a ser tida em uma operação jurídica".

Segundo CLÓVIS BEVILÁCQUA "os princípios são elementos fundamentais da cultura jurídica humana". Para COVIELLO, "os princípios são os pressupostos lógicos e necessários das diversas normas legislativas".

A título de ilustração, expõe-se o comentário tecido por CELSO ANTÔNIO BANDEIRA DE MELLO acerca dos princípios em geral:

"Princípio é, por definição, mandamento nuclear de um sistema, verdadeiro alicerce dele, disposição fundamental que se irradia sobre diferentes normas, compondo-lhes o espírito e servindo de critério para a sua exata compreensão e inteligência, exatamente por definir a lógica e a racionalidade do sistema normativo, no que lhe confere a tônica e lhe dá sentido harmônico. É o conhecimento dos princípios que preside a intelecção das diferentes partes componentes do todo unitário que há por nome sistema jurídico positivo".

Resta assim, revelada a gigantesca importância de um princípio no sistema jurídico, de maneira que, insofismaticamente, pode-se concluir que, ao se ferir uma norma, diretamente estar-se-á ferindo um princípio daquele sistema, que na sua essência estava embutido. No Direito Desportivo devemos levar em consideração principalmente a Constituição Federal, a Lei 9.615/98 e suas alterações, o Estatuto do Torcedor, o presente Código Brasileiro de Justiça Desportiva, além dos diversos Códigos Brasileiros de aplicação subsidiária ao processo desportivo, sempre, e é lógico, atendendo-se ao princípio da Hermenêutica.

Portanto, conclui-se, das definições trazidas acima, que os princípios são os pontos básicos e que servem de base para a elaboração e aplicação do direito no processo desportivo.

Depois de verificada a importância dos princípios dentro do ordenamento jurídico, passa-se doravante a analisar os princípios constitucionais de processo inseridos na Constituição Federal.

o.2) PRINCÍPIO DO DEVIDO PROCESSO LEGAL

O princípio do devido processo legal encontra-se expressamente consagrado na Constituição Federal, insculpido no artigo 5, inciso LIV, onde está consagrado que "ninguém será privado da liberdade ou de seus bens sem o devido processo legal". Grifou-se. Uma grande parte da doutrina entende que os demais princípios processuais constitucionais atinentes ao processo civil, possuem a sua gênese no princípio do devido processo legal.

Segundo TUCCI e CRUZ E TUCCI, derivam do devido processo legal outros princípios tais como o da isonomia, do juiz natural, da inafastabilidade da jurisdição, do contraditório, da proibição da prova ilícita, da publicidade dos atos processuais, do duplo grau de jurisdição e da motivação das decisões judiciais.

Dentre os que admitem a tese apresentada pelos autores acima mencionados, pode-se indicar NELSON NERY JÚNIOR em sua obra Princípios de processo civil na constituição federal, pois, entende, que bastando à adoção do devido processo legal, já decorrerão todos os outros que ensejam a garantia de um processo e de uma sentença justa.

Em sua lição, ADHEMAR FERREIRA MACIEL afirma que o princípio do devido processo legal tem a sua origem diretamente de duas emendas à Constituição Federal Norte-Americana. Comenta da seguinte forma:

Emenda n. V: (...) ninguém será compelido em nenhum processo penal a testemunhar contra si próprio, ou ser privado da vida, liberdade, ou propriedade, sem o devido processo legal.

Emenda n. XVI: nenhum Estado privará qualquer pessoa da vida, liberdade, ou propriedade, sem o devido processual legal.

o.3) PRINCÍPIO DO DEVIDO PROCESSO LEGAL

O princípio do devido processo legal pode ser encontrado sob outras definições, tais como o princípio do processo justo ou princípio da inviolabilidade da defesa em juízo.

Não basta que o membro da coletividade tenha direito ao processo, tornando-se, pelo contrário, inafastável também a absoluta regularidade deste, com a verificação de todos os corolários daquele, para o atingimento da referida meta colimada.

Para ARTURO HOYO, o princípio do devido processo legal está inserido no contexto, mais amplo, das garantias constitucionais do processo, e que somente mediante a existência de normas processuais, justas, que proporcionem a justeza do próprio processo, é que se conseguirá a manutenção de uma sociedade sob o império do Direito.

Em sua lição, LUIZ AIRTON DE CARVALHO menciona que o princípio do devido processo legal protege a liberdade, em seu sentido amplo – liberdade de expressão, liberdade de ir e vir, liberdade de fazer e não fazer, de acordo com a Lei –, e os bens, também, em amplo sentido – bens corpóreos (propriedades, posses, valores) e bens incorpóreos (direitos, ações, obras intelectuais, literárias, artísticas, sua imagem, seu conceito, sua expressão corporal etc.).

O devido processo legal é uma garantia do cidadão, constitucionalmente previsto em benefício de todos os cidadãos, assegurando tanto o exercício do direito de acesso ao Poder Judiciário, no caso em tela, o direito de acessar a Justiça Desportiva, como o desenvolvimento processual de acordo com normas previamente estabelecidas.

O devido processo legal, como princípio constitucional, significa o conjunto de garantias de ordem constitucional, que de um lado asseguram às partes o exercício de suas faculdades e poderes de natureza processual e, de outro, legitimam a própria função jurisdicional. A condenação, se cabível, deverá ser aplicada. Mas jamais poderá ser aplicada antes do devido processo legal. Não há como presumir a necessidade de aplicação da pena.

Destarte, é possível notar que o mais importante dos princípios é o do devido processo legal, já que assegurando este, estar-se-á garantindo os demais princípios elencados na Constituição Federal.

o.4) PRINCÍPIO DA ISONOMIA

A igualdade das partes advém da garantia constitucional da qual goza todo cidadão que é a igualdade de tratamento de todos perante a Lei. O *caput* do Art. 5 da Constituição Federal de 1988 menciona que:

"Todos são iguais perante a Lei, sem distinção de qualquer natureza, garantindo-se aos brasileiros e aos estrangeiros residentes no País a inviolabilidade do seu direito à vida, à liberdade, à igualdade, à segurança e à propriedade, nos termos seguintes". (grifou-se)

O Art. 5 da Constituição Federal, não só declara a igualdade de todos perante a Lei, como também garante essa igualdade através de outros princípios insculpidos no próprio artigo. A título de exemplo, pode-se mencionar:

a) Princípio do devido processo legal (CF, Art. 5, LIV)

b) Princípio da motivação das decisões (CF, Art. 93, IX)

c) Princípio da publicidade dos atos processuais (CF, Art. 5, LX)

d) Princípio da proibição da prova ilícita (CF, Art. 5, LVI)

e) Princípio da presunção da inocência (CF, Art. 5, LVII)

Enfim, a própria Constituição Federal criou mecanismos que visam assegurar a igualdade das pessoas perante a Lei, conforme se pode constar dos seus incisos. Pode-se dizer que é do princípio da igualdade, insculpido no *caput* do artigo 5 da Constituição Federal, é que deriva o princípio da igualdade das partes no processo.

o.5) PRINCÍPIO DA ISONOMIA PROCESSUAL

Tal como ocorre na vida cotidiana, o mesmo deve ocorrer no processo desportivo, ou seja, as pessoas também possuem o direito e devem ser tratadas de forma igual perante a Lei. Daí que deriva o que se chama de princípio da isonomia processual.

Para COUTURE, o princípio da igualdade domina todo o processo civil e, por força da isonomia constitucional de todos perante a Lei, impõe que ambas as partes da lide possam desfrutar, na relação processual, de iguais faculdades e devam se sujeitar a iguais ônus e deveres.

Em sua lição, NELSON NERY JÚNIOR afirma que dar tratamento isonômico às partes significa tratar igualmente os iguais e desigualmente os desiguais, na exata medida de suas desigualdades.

Porém, o que se busca neste princípio é a efetiva igualdade entre as partes, visando preservar os interesses das Associações Desportivas e dos Atletas não-profissionais e Profissionais.

Busca-se a denominada igualdade real ou substancial, onde se proporcionam as mesmas oportunidades às partes.

Para ANTÔNIO CARLOS MARCATO, o princípio da igualdade das partes relaciona-se intimamente com o princípio do contraditório, já que dentro do estabelecimento do contraditório, viabiliza-se os dois preceitos constitucionais, o da ampla defesa e o da igualdade.

Em síntese, a substância do princípio da isonomia processual, derivado da isonomia insculpida no *caput* do artigo 5 da Constituição Federal, resume-se no tratar igualmente os iguais e desigualmente os desiguais, ou seja, a busca da igualdade substancial dos litigantes.

o.6) PRINCÍPIO DO CONTRADITÓRIO E AMPLA DEFESA

O princípio do contraditório e ampla defesa trata-se de princípio insculpido de forma expressa na Constituição Federal, podendo ser encontrado no artigo 5 inciso LV, onde está determinado que "aos litigantes, em processo judicial ou administrativo, e aos acusados em geral são assegurados o contraditório e a ampla defesa, com os meios e recursos a ela inerentes" (Grifou-se).

Passa-se, portanto, a analisar um dos princípios basilares do processo, seja civil, penal ou desportivo, contido na Constituição Federal entre os direitos e garantias fundamentais.

O Auditor Desportivo, face ao seu dever de imparcialidade, coloca-se entre as partes, mas de forma eqüidistante a elas, quando ouve uma, necessariamente deve ouvir a outra, somente assim se dará a ambas a possibilidade de expor as suas razões, de apresentar as suas provas, de influir sobre o seu livre convencimento.

Somente pela porção de parcialidade das partes, uma apresentando a tese e outra a antítese, é que o auditor desportivo pode fazer a sua síntese. Este procedimento seria estabelecer o contraditório entre as partes.

Neste sentido, LUIZ GUILHERME MARINONI faz as seguintes considerações acerca do princípio do contraditório:

> *"O princípio do contraditório, na atualidade, deve ser desenhado com base no princípio da igualdade substancial, já que não pode se desligar das diferenças sociais e econômicas que impedem a todos de participar efetivamente do processo".*

Para ROSENBERG, contraditório significa poder deduzir ação em juízo, alegar e provar fatos constitutivos de seu direito e, quanto ao réu, ser informado sobre a existência e conteúdo do processo e fazer-se ouvir.

Em relação ao princípio do contraditório, ENRICO TULLIO LIEBMAN tece o seguinte comentário:

> *"A garantia fundamental da Justiça e regra essencial do processo é o princípio do contraditório, segundo este princípio, todas as partes devem ser postas em posição de expor ao juiz as suas razões antes que ele profira a decisão. As partes devem poder desenvolver suas defesas de maneira plena e sem limitações arbitrárias, qualquer disposição legal que contraste com essa regra deve ser considerada inconstitucional e por isso inválida".*

o.7) PRINCÍPIO DA INAFASTABILIDADE DA JURISDIÇÃO

A inafastabilidade da jurisdição também poderá ser encontrada sob a denominação princípio do direito de ação e se aplica diretamente ao Processo Desportivo.

Confira-se que este princípio da inafastabilidade da jurisdição está situado na Constituição Federal em seu Art. 5, XXXV, onde está prescrito que "a Lei não excluirá da apreciação do Poder Judiciário lesão ou ameaça a direito".

3.4) ATOS PROCESSUAIS

a) Sessão de Instrução e Julgamento

O Art. 124 informa que durante a sessão de instrução e julgamento, após a apresentação do relatório, as provas deferidas serão produzidas na seguinte ordem:

I – documental
II – cinematográfica
III – fonográfica
IV – depoimento pessoal
V – testemunhal
VI – outras pertinentes.

Concluída a fase instrutora, com a produção das provas, será dado o prazo de 10 (dez) minutos, sucessivamente, à Procuradoria e cada uma das partes, para sustentação oral.

Quando duas ou mais partes forem representadas pelo mesmo defensor, o prazo para sustentação oral será de quinze minutos.

Em casos especiais, poderão ser prorrogados os prazos previstos neste artigo, a critério do Presidente do órgão.

b) Depoimento Pessoal – Art. 60

O Presidente do Órgão Judicante pode, de ofício, ou a requerimento da procuradoria ou da parte interessada, determinar o comparecimento pessoal da parte a fim de ser interrogada sobre os fatos da causa.

Prazo – Não é determinado, porém nos reportamos ao parágrafo 2º do artigo 42 do CBJD, até disposição ou entendimento contrário, que determina que não havendo preceito normativo nem fixação de prazo pelo presidente do Órgão Judicante, será de 3 (três) dias o prazo para a prática de ato processual a cargo da parte.

c) Prova Documental – Art. 61

Compete à parte interessada produzir a prova documental que entenda necessária.

Prazo: Não é determinado, porém nos reportamos ao parágrafo 2º do artigo 42 do CBJD, até disposição ou entendimento contrário, que determina que não havendo preceito normativo nem fixação de prazo pelo presidente do Órgão Judicante, será de 3 (três) dias o prazo para a prática de ato processual a cargo da parte.

d) Exibição de Documento ou Coisa – Art. 62 O Presidente do Órgão Judicante poderá ordenar, de ofício ou a requerimento motivado da parte, a exibição de documento ou coisa necessária à apuração dos fatos.

Prazo: Não é determinado, porém nos reportamos ao parágrafo 2º do artigo 42 do CBJD, até disposição ou entendimento contrário, que determina que não havendo preceito normativo nem fixação de prazo pelo presidente do Órgão Judicante, será de 3 (três) dias o prazo para a prática de ato processual a cargo da parte.

e) Prova Testemunhal – Art. 63

Toda pessoa pode servir como testemunha, exceto o incapaz, o impedido ou o suspeito, assim definidos na Lei. A testemunha assumirá o compromisso de bem servir ao desporto, de dizer a verdade sobre o que souber e lhe for perguntado, devendo qualificar-se e declarar se tem parentesco ou amizade com as partes. Quando o interesse do desporto o exigir, o Órgão Judicante ouvirá testemunha incapaz, impedida ou suspeita, mas não lhe deferirá compromisso e dará ao seu depoimento o valor que possam merecer. De acordo com o Art. 64 Incumbe à parte, até o início da sessão de instrução e julgamento, apresentar suas testemunhas. É permitido a cada parte apresentar, no máximo, 3 (três) testemunhas. Nos processos com mais de 3 (três) interessados, o número de testemunhas não poderá exceder a nove 9 (nove). As testemunhas deverão comparecer independentemente de intimação, salvo nos casos previstos nos procedimentos especiais. É vedado à testemunha trazer o depoimento por escrito, ou fazer apreciações pessoais sobre os fatos testemunhados, salvo quando inseparáveis da respectiva narração. Os auditores diretamente, a procuradoria e as partes por intermédio do presidente, poderão reinquirir as testemunhas. O relator ouvirá as testemunhas separada e sucessivamente; primeiro, as da procuradoria e, em seguida, as das partes, providenciando para que uma não ouça os depoimentos das demais

Prazo – Art. 64

Incumbe à parte, até o início da sessão de instrução e julgamento, apresentar suas testemunhas.

f) Dos Meios Audiovisuais – Art. 65 As provas fotográficas, fonográficas, cinematográficas, de videoteipe e as Imagens fixadas por qualquer meio ou processo eletrônico serão apreciadas com a devida cautela, cabendo à parte que as quiser produzir o pagamento das despesas com as providências que o Órgão Judicante determinar.

Prazo – Art. 66 As provas previstas no artigo anterior deverão ser requeridas pela parte até o dia anterior ao da sessão de instrução e julgamento, quando serão produzidas.

g) Da Prova Pericial – Art. 68

A prova pericial consiste em exame e vistoria.

Parágrafo único – O Presidente do Órgão Judicante indeferirá a produção de prova pericial quando:

I – o fato não depender do conhecimento especial de técnico

II – for desnecessária em vista de outras provas produzidas ou passíveis de produção

III – for impraticável

IV – for requerida com fins meramente protelatórios.

Prazo – Art. 69 – Deferida a prova pericial, o presidente do Órgão Judicante nomeará perito, formulará quesitos e fixará prazo para apresentação do laudo. É facultado às partes indicar assistente técnico e formular quesitos, no prazo de 24 (vinte e quatro) horas. A nomeação de peritos deverá, necessariamente, recair sobre agente público com qualificação técnica. O prazo para conclusão do laudo será de 48 (quarenta e oito) horas, podendo o presidente prorrogá-lo a pedido do perito, em casos excepcionais.

h) Prescrição e Decadência

Na forma do Art. 165 e seguintes Prescreve a ação em 60 (sessenta) dias, contados da data do fato ou, nos casos de falsidade ideológica ou material e nas infrações permanentes ou continuadas, contados do conhecimento da falsidade ou da cessação da permanência ou continuidade. A condenação prescreve, em 1 (um) ano, quando não executada, a contar da data que transitou em julgado a decisão. Ocorre a decadência quando a parte não exerce o direito de queixa no prazo de dez dias, a contar da ocorrência do ato ou conhecimento do fato que lhe deu causa. Prescreve a ação em 60 (sessenta) dias, contados da data do fato. A condenação prescreve, em 1 (um) ano, quando não executada. Ocorre a decadência quando a parte não exerce o direito de queixa: prazo de dez dias.

i) Reincidência

Na forma do Art. 179 §2º, para efeito de reincidência, não prevalece a condenação anterior se, entre a data do cumprimento ou execução da pena e a infração posterior tiver decorrido período de tempo superior a 2 (dois) anos.

Prazo: 2 (dois) anos de intervalo.

j) Determina o Art. 39 que O acórdão só será redigido quando requerido pela parte e deverá conter, resumidamente, relatório, fundamentação, parte dispositiva e, quando houver, a divergência.

k) Súmula Presunção

Esclarece o Art. 58 que a súmula e o relatório dos árbitros, auxiliares e representantes da entidade ou aquele que lhes faça as vezes, gozarão da presunção relativa de veracidade. A presunção de veracidade contida no *caput* do artigo em referência servirá de base para a formulação da denúncia pela procuradoria ou como meio de prova, não constituindo verdade absoluta. Quando houver indício de infração praticada pelas pessoas referidas no *caput*, não se aplica o disposto neste artigo.

l) Auditor Usar da Palavra – Art. 129

O auditor pode usar da palavra 2 (duas) vezes sobre a matéria em julgamento.

m) Auditor Só Pode Votar – Art. 130

Só poderá votar o auditor que tenha assistido ao relatório.

n) Empate na Votação – Art. 131

Nos casos de empate na votação, ao presidente é atribuído o voto de qualidade, salvo quando se tratar de imposição de pena disciplinar, caso em que prevalecerão os votos mais favoráveis ao denunciado, considerando-se a pena de multa mais branda do que a de suspensão.

o) Aplicação da Pena – Art. 132

Quando, na votação para a aplicação da pena, não se verificar maioria, em virtude da diversidade de votos, considerar-se-á o auditor que houver votado por pena maior como tendo votado pela pena em concreto imediatamente inferior.

p) Efeitos da decisão – Art. 133 Proclamado o resultado do julgamento, a decisão produzirá efeitos a partir do dia imediato, independentemente de publicação ou da presença das partes ou de seus procuradores, desde que regularmente intimados para a sessão de julgamento.

DO DESCUMPRIMENTO DA LEI 10671/03 – ESTATUTO DO TORCEDOR

Determina o Art. 34 que é direito do torcedor que os órgãos da Justiça Desportiva, no exercício de suas funções, observem os princípios da impessoalidade, da moralidade, da celeridade, da publicidade e da independência. No Art. 35 impõe que As decisões proferidas pelos órgãos da Justiça Desportiva devem ser, em qualquer hipótese, motivadas e ter a mesma publicidade que as decisões dos tribunais federais. Não correm em segredo de justiça os processos em curso perante a Justiça Desportiva. As decisões de que trata o *caput* do artigo serão disponibilizadas no sítio de que trata o parágrafo único do Art. 5 do Estatuto.

Determina o Art. 36 que São nulas as decisões proferidas que não observarem o disposto nos arts. 34 e 35.

p.1) Do Efeito Suspensivo

Esclarece o Art. 147 do CBJD que os recursos não terão efeito suspensivo, salvo quando houver previsão legal, ou concedido nos termos do disposto no inciso XII do artigo 9o do presente Código que esclarece que são atribuições do Presidente do STJD ou do TJD, além das que lhes forem conferidas por Lei ou Regimento Interno:

> *XII – conceder efeito suspensivo a qualquer recurso, em decisão fundamentada, quando a simples devolução da matéria possa causar prejuízo irreparável ao recorrente;*

Desde a publicação da Lei 9.615/98 alguns preceitos legais, salvo melhor Juízo, não são consagrados, inclusive sendo ultrapassado pelo novo Código na Obrigação do recebimento de recurso com efeito suspensivo.

Limitar o entendimento do efeito suspensivo ao Recurso do Tribunal Regional, para o Superior Tribunal de Justiça Desportiva, sem que a legislação seja regulamentada por Decreto, no nosso entendimento, é totalmente, no nosso modo de interpretação, equivocado, eis que a Legislação não objetivou limitar tal entendimento.

Não basta tal entendimento ter sido consagrado no presente Código, tendo em vista que é obrigação do Auditor o recebimento de recurso com efeito suspensivo (Art. 53, par. 4º da Lei 9.615/98) onde atletas sejam condenados por mais de 02 (dois) jogos ou suspensos por mais de 15 (quinze) dias e não transferir os poderes para recebimento de recurso com efeito suspensivo para o Presidente do Tribunal Regional ou para o Presidente do Superior Tribunal.

Assim determina a legislação no Art. 53 da Lei 9.615/98. Junto ao Superior Tribunal de Justiça Desportiva, para julgamento envolvendo competições interestaduais ou nacionais, e aos Tribunais de Justiça Desportiva, funcionarão tantas Comissões Disciplinares quantas se fizerem necessárias, compostas cada qual de cinco membros que não pertençam aos referidos órgãos judicantes e que por estes serão indicados. (Redação dada pela Lei nº 9.981, de 14/7/2000). No §2º esclarece que a Comissão Disciplinar aplicará sanções em procedimento sumário, assegurados a ampla defesa e o contraditório.

Por via de conseqüência, o §3º informa que das decisões da Comissão Disciplinar caberá recurso ao Tribunal de Justiça Desportiva e deste ao Superior Tribunal de Justiça Desportiva, nas hipóteses previstas nos respectivos Códigos de Justiça Desportiva. (Redação dada pela Lei nº 9.981, de 14/7/2000). Assim, determina o §4º do mesmo artigo: O recurso ao qual se refere o parágrafo anterior será recebido e processado com efeito suspensivo quando a penalidade exceder de duas partidas consecutivas ou quinze dias." .

q) Do Prejuízo Irreparável

Tendo o presente Código transferido na forma do artigo 9º, inciso XII o poder para os Presidentes de Tribunais o recebimento dos Recursos com efeito suspensivo, o mesmo trouxe um requisito básico para que seja verificada a atribuição de efeito suspensivo à Recurso, qual seja: o Prejuízo Irreparável.

Não querendo esgotar a matéria, por ser de uma amplidão inesgotável, a doutrina esportiva e os entendimentos recentes dos tribunais superiores atualmente vem entendendo que para manifestar o Prejuízo irreparável alguns requisitos devem ser preenchidos.

O *justo receio* para justificar a segurança há que revestir-se dos atributos da objetividade e da atualidade. Naquela, a ameaça deve ser traduzida por fatos e atos, e não por meras suposições, e nesta é preciso que exista no momento, não bastando tenha existido em outros tempos e desaparecido (*Revista dos Tribunais, 631/201*).

Essas considerações se impõem, e atualizadas se tornam, porque sendo o processo um instrumento da realização da Justiça, a decisão que dele promana como prestação jurisdicional há de resultar de um julgamento obediente ao *due process of law*.

Com efeito, a ciência de julgar obedece a certas normas rígidas, rigidez que é, aliás, a grande garantia dos jurisdicionados. O Auditor interpreta com rigor e cumpre exatamente a Lei; só quando esta for omissa, decidirá de acordo com a analogia, os costumes e os princípios gerais do Direito, consoante permissão do Art. 4 da LICC; ou, então, quando autorizado a julgar por eqüidade, aplicará a norma que estabeleceria se fosse legislador, sem esquecer que, na aplicação da Lei, atenderá aos fins sociais a que ela se dirige e às exigências do bem comum (Art. 5, LICC).

Há, portanto, nítida distinção entre os pedidos de efeito suspensivo na Justiça Desportiva. De efeito, as providências suspensivas, arroladas ao longo do Código têm caráter administrativo, inobstantemente aplicadas pelo, neste caso pelo Auditor com competência designada para assegurar a normalidade da atuação processual. Já as medidas suspensivas propriamente ditas têm natureza jurisdicional, sendo concedidas quando houver fundado receio de que uma parte, antes do julgamento da lide, cause ao direito da outra, prejuízo irreparável, notem bem que o legislador no Código não menciona como requisito para concessão de efeito suspensivo a lesão grave e de difícil reparação que são elas de caráter genérico na forma do Código de Processo Civil de aplicação subsidiária.

O processo de aplicação de efeito suspensivo à decisão que cabe recurso ou media competente, portanto, tem por objeto, tão-só, a mantença provisória do primitivo *status quo* a fim de que a decisão de mérito não caia num vazio, quando chegar a ser proferida.

A boa doutrina vem ressaltando, com merecido destaque, que embora o Processo de efeito suspensivo busque precipuamente a garantir o êxito final do chamado processo principal, em verdade a tutela cautelar tem por objeto não apenas o resultado do processo, mas inclusive a própria existência deste, em sua complexidade.

Todos os processos desportivos carecem de pressupostos jurídicos para sua instauração: há necessidade de um conjunto de elementos que formam e constituem uma pretensão razoável, que será julgada procedente ou improcedente em seu mérito.

No processo de pedido de efeito suspensivo, entretanto, dois são os pressupostos:

a) a probabilidade de êxito da pretensão material e

b) o perigo de ficar comprometida, irremediavelmente, pela demora processual.

Nesta espécie de processo administrativo, de cunho provisório e tendente a garantir o resultado útil do futuro e correspondente processo de conhecimento, consoante a doutrina da "instrumentalidade hipotética" de CALAMANDREI, hão de coexistir ambos os pressupostos de razoabilidade da pretensão (*fumus boni juris*) e possibilidade de ocorrência de lesão grave e de difícil reparação, ou prejuízo irreparável (*periculum in mora*), que são, também e paradoxalmente, o mérito da pretensão de efeito suspensivo, que é meramente instrumental.

Desse contexto geral, apoiado na exegese da boa doutrina, resulta claro ser dúplice a função instrumental do pedido de efeito suspensivo em geral. Consiste ela, de um lado, em dispensar proteção a direito suscetível de grave dano de prejuízo irreparável; de outro, a garantir a eficácia da ulterior decisão da causa, no ponto em que evitar o perecimento do objeto da demanda. Como ressaltou, com brilho, o Ministro CELSO DE MELLO, do STF, somente a título de ilustração:

> *"A excepcionalidade da Medida Cautelar impõe, no entanto, que se lhe dispense tratamento estrito" (MC 395-1 – RJ, DJU 20.10.89, p. 16.017).*

Por último, a previsão constitucional (inovadora, no particular) de que *"a Lei não excluirá da apreciação do Poder Judiciário lesão ou ameaça a direito"* (CF, Art. 5, XXXV) ao mesmo tempo em que assegura *"aos litigantes, em processo judicial..., a ampla defesa, com os meios e recursos a ela inerentes"* (inc. LV).

A ameaça, à evidência, por sua índole de urgência, somente pode ser combatida – em certos e especiais casos – com a providência expedita de efeito suspensivo na autoridade desportiva competente, que é um meio contemplado pelo ordenamento jurídico desportivo atual, e que não pode ser suprimido ou cerceado, neste momento, pela Lei ordinária, sob pena de mau trato ao indicado preceito constitucional.

r) Processos Deverão Estar na Secretaria Antes da Pauta – Art. 134

Os processos incluídos em pauta deverão estar na secretaria na véspera da sessão, sendo, caso contrário, adiado seu julgamento, desde que requerido pela parte.

s) Hora Marcada para Sessão – Número de Auditores – Art. 135

Se até 30 (trinta) minutos após a hora marcada para o início da sessão não houver auditores em número legal, desde que requerido pela parte, o julgamento do seu processo será automaticamente adiado para a sessão seguinte, independentemente de nova intimação.

t) Regras Mantidas nos Processos Anteriores – Art. 286

Este Código entrará em vigor na data de sua publicação, mantidas as regras anteriores aos processos em curso.

u) O que foi revogado – Art. 287

Ficam revogadas as Portarias MEC nº 702, de 17 de dezembro de 1981; nº. 25 de 24 de janeiro de 1984; nº 328, de 12 de maio de 1987; relativas ao Código Brasileiro Disciplinar de Futebol (CBDF); Portarias MEC nº 629, de 2 de setembro de 1986; nº 877, de 23 de dezembro de 1986, relativas ao Código Brasileiro de Justiça e Disciplina Desportivas (CBJDD), e as Resoluções de Diretoria das entidades de administração do desporto que se tenham incorporado às Portarias ora revogadas, e demais disposições em contrário.

v) Aplicação das multas auferidas pelo Novo Código, sem a apresentação de uma digressão de valores, ou tabela a ser seguida.

Outra distorção estabelecida pelo no Código é na gradação sobre a aplicação de multas, em especial, pelo atraso de jogo (Art. 206 do CBJD), onde é estabelecida a multa de até, frise-se, R$5.000,00 (cinco mil reais) por minuto, tanto no início quanto no reinício da partida de futebol.

Com a redação do artigo 206 do CBJD e dado ao valor substancial de multa máxima por atraso de um minuto para a equipe que der causa ao início da realização de uma partida, estão as Associações e Sociedades Desportivas preocupadas com o entendimento diversificado que pode se instalar de forma diferenciada em cada Tribunal desportivo estadual e no próprio Superior Tribunal de Justiça Desportiva – STJD.

Como é do conhecimento geral todas as equipes de futebol do Brasil são multi-reincidentes em atraso de início e reinício de partida, o que poderá enseja, sempre, a punição máxima do valor estabelecido no artigo 206 do CBJD.

Caso não seja revista tal distorção pela legislação, os próprios Tribunais devem estabelecer uma tabela crescente, anunciando o valor mínimo para cada minuto de atraso, além da discriminação do agravamento da pena, dado à reincidência, o que inviabilizaria a condição de jogo para uma equipe condenada a valor que não possui em seu caixa, com base no iminente engessamento dos fluxos de caixa dos clubes com suas receitas já devidamente direcionadas e achatadas por razões explícitas com a perda de receita direta e indireta, principalmente após a publicação da Lei 9.615/98.

b.1) Aplicação de multa somente em clube que participe de esporte de rendimento

O Código deveria ter feito uma distinção clara sobre a aplicação da pena de multa, estabelecendo que só tem incidência para os Clubes Profissionais que participem de competição lucrativa, esclarecendo que a pena de multa somente poderá ser aplicada a equipes de cunho estritamente profissional.

Quanto aos valores das penas de multas passíveis de aplicação pelas mais variadas infrações, inclusive sob a imputação da responsabilidade objetiva, entende-se serem elas de valores excessivos. A pena deve ser entendida como correção e não como inviabilização de um determinado seguimento. Sabe-se que qualquer clube que vier a sofrer uma punição pecuniária no valor de R$50.000,00 (cinqüenta mil reais) ou superior, corre sério risco de ter suas atividades encerradas. Pois, conforme determina o próprio CBJD, o não pagamento da multa no prazo legal ou estipulado pelo Tribunal, ensejará a suspensão automática do devedor até o efetivo pagamento, o que, com certeza, provocará prejuízos irreparáveis.

3.5) COMPETÊNCIAS

a) Do Presidente – Art. 9

São atribuições do Presidente do STJD ou do TJD: V – sortear ou designar os relatores dos processos; VI – dar publicidade às decisões prolatadas; XI – acolher e processar os recursos voluntários e os necessários; XII – conceder efeito suspensivo a qualquer recurso, em decisão fundamentada, quando a simples devolução da matéria possa causar prejuízo irreparável ao recorrente; Compete ao Presidente da Comissão Disciplinar, além das atribuições que forem definidas pelo regimento interno do Órgão Judicante (STJD e TJD), examinar os requisitos de admissibilidade do recurso, encaminhando-o à instância superior. O presidente do STJD ou do TJD, perante seus órgãos judicantes e dentro da respectiva competência, em casos excepcionais e no interesse do desporto, em ato fundamentado, poderá permitir o ajuizamento de qualquer medida não prevista neste Código, desde que requerida no prazo de 05 (cinco) dias contados da decisão, do ato, do despacho ou da inequívoca ciência do fato, podendo conceder efeito suspensivo ou liminar quando houver fundado receio de dano irreparável.

b) Do Vice-presidente – Art. 10

Compete ao Vice-presidentes: I – substituir o Presidente nos impedimentos eventuais e definitivamente quando da vacância; III – exercer as funções de Corregedor, na forma que dispuser o regimento interno.

c) Da Procuradoria – Art. 21

A Procuradoria da Justiça Desportiva é exercida, no mínimo, por dois procuradores, nomeados pelo respectivo Órgão Judicante (STJD ou TJD), com mandato idêntico ao estabelecido para os auditores, aos quais compete: I – oferecer denúncia, nos casos previstos em Lei; II – dar parecer nos processos de competência do órgão judicante ao qual esteja vinculado; III – exercer as atribuições que lhes forem conferidas pela legislação desportiva; IV – interpor os recursos previstos em Lei.

d) Do STJD – Art. 25

Compete ao Superior Tribunal de Justiça Desportiva (STJD):

I – Processar e julgar, originariamente:

a) seus auditores, os de suas Comissões Disciplinares e os procuradores;
b) os litígios entre entidades regionais de administração do desporto;

c) os membros de poderes e órgãos da entidade nacional de administração do desporto;
d) os mandados de garantia contra atos dos poderes das entidades nacionais de administração do desporto e outras autoridades desportivas;
e) a revisão de suas próprias decisões e as de suas Comissões Disciplinares;
f) os pedidos de reabilitação;
g) os conflitos de competência entre Tribunais de Justiça Desportiva

II – Julgar, em grau de recurso:

a) as decisões de suas Comissões Disciplinares (CD) e dos Tribunais de Justiça Desportiva (TJD);
b) os atos e despachos do Presidente do Tribunal;
c) as penalidades aplicadas pelas entidades nacional de administração do desporto e de prática desportiva, que lhe sejam filiadas, que imponham sanção administrativa de suspensão, desfiliação ou desvinculação.

III – declarar os impedimentos e incompatibilidades de seus auditores e procuradores;

IV – criar Comissões Disciplinares, indicar seus auditores, destituí-los e declarar a incompatibilidade;

V – instaurar inquéritos;

VI – estabelecer súmulas de sua jurisprudência predominante;

VII – requisitar ou solicitar informações para esclarecimento de matéria submetida a sua apreciação;

VIII – expedir instruções aos Tribunais de Justiça Desportiva e às Comissões Disciplinares;

IX – elaborar e aprovar o seu regimento interno;

X – declarar a vacância do cargo de seus auditores e procuradores;

XI – deliberar sobre casos omissos.

Parágrafo único – A súmula dos julgados será estabelecida por 2/3 (dois terços) dos auditores do Superior Tribunal de Justiça Desportiva.

e) Dos Tribunais Regionais – Art. 27

Compete aos Tribunais de Justiça Desportiva (TJD):

I – processar e julgar, originariamente:

a) os seus auditores, os de suas Comissões Disciplinares e procuradores;
b) os mandados de garantia contra atos dos poderes das entidades regionais de administração do desporto;
c) os dirigentes da entidade regional de administração do desporto e das entidades de prática desportiva;
d) a revisão de suas próprias decisões e as de suas Comissões Disciplinares;
e) os pedidos de reabilitação.

II – julgar em grau de recurso:

a) as decisões de suas Comissões Disciplinares (CD);
b) os atos e despachos do presidente do Tribunal;
c) as penalidades aplicadas pela entidade regional de administração do desporto e de prática desportiva que imponham sanção administrativa de suspensão, desfiliação ou desvinculação.

III – Declarar os impedimentos e incompatibilidades de seus auditores e procuradores;

IV – Criar Comissões Disciplinares e indicar-lhes os auditores, podendo instituí-las para que funcionem junto às ligas constituídas na forma da legislação anterior;

V – Declarar a incompatibilidade dos auditores das Comissões Disciplinares;

VI – Instaurar inquéritos;

VII – Requisitar ou solicitar informações para esclarecimento de matéria submetida a sua apreciação;

VIII – Elaborar e aprovar o seu Regimento Interno;

IX – Deliberar sobre casos omissos.

f) Impedimentos – Art. 17

Não podem integrar o mesmo Órgão Judicante auditores que tenham parentesco na linha ascendente ou descendente, nem auditor que seja cônjuge, irmão, cunhado durante o cunhado, tio, sobrinho, sogro, padrasto ou enteado de outro auditor.

g) Do Artigo 20 e suas Restrições – Limites a serem Estabelecidos:

Determina o artigo 20 do CBJD:
O auditor tem livre acesso a todas as dependências do local, seja público ou particular, onde esteja sendo realizada qualquer competição da modalidade do Órgão Judicante a que pertença, devendo ser-lhe reservado assento em setor designado para as autoridades desportivas ou não.

Parágrafo único – O descumprimento do previsto no *caput* deste artigo deverá ser imediatamente comunicado ao Presidente do STJD, que poderá interditar, liminarmente, o local para a prática de qualquer atividade relativa à respectiva modalidade, intimando a entidade nacional de administração do Desporto para que, incontinente, tome as medidas necessárias ao cumprimento da decisão, sob pena de suspensão até que o faça.

Com todo respeito que merecem os Auditores da Justiça Desportiva, sejam de caráter Estadual ou Nacional, não podem as Associações e Sociedades desportivas aceitarem duas exigências contundentes do novo código, a uma, em evidente descumprimento à Constituição Federal e, a duas, com relação as despesas extraordinárias que deverão os clubes arcar com as suas já mitigadas receitas de bilheteria. Primeiro, pelo livre acesso a todas as dependências do local de competição seja público ou particular e, segundo, pela imposição de custos com a disponibilidade às expensas dos Clubes de reservas de assento.

No que tange à primeira imposição de livre acesso sobre as dependências públicas e particulares com imposição de suspensão às Associações e Sociedades desportivas que descumprirem, com o devido respeito à Portaria que implementou o Novo Código desportivo não pode e não deve extrapolar os mandamentos constitucionais a saber:

Art. 5 – Todos são iguais perante a Lei, sem distinção de qualquer natureza, garantindo-se aos brasileiros e aos estrangeiros residentes no País a inviolabilidade do direito à vida, à liberdade, à igualdade, à segurança e à propriedade, nos termos seguintes:

> II – ninguém será obrigado a fazer ou deixar de fazer alguma coisa senão em virtude de Lei;
>
> X – são invioláveis a intimidade, a vida privada, a honra e a imagem das pessoas, assegurado o direito a indenização pelo dano material ou moral decorrente de sua violação ;
>
> XI – a casa é asilo inviolável do indivíduo, ninguém nela podendo penetrar sem consentimento do morador, salvo em caso de flagrante delito ou desastre, ou para prestar socorro, ou, durante o dia, por determinação judicial;
>
> XVIII – a criação de associações e, na forma da Lei, a de cooperativas independem de autorização, sendo vedada a interferência estatal em seu funcionamento;
>
> XIX – as associações só poderão ser compulsoriamente dissolvidas ou ter suas atividades suspensas por decisão judicial, exigindo-se, no primeiro caso, o trânsito em julgado
>
> XXII – é garantido o direito de propriedade;
>
> XXXV – a Lei não excluirá da apreciação do Poder Judiciário lesão ou ameaça a direito;
>
> XLI – a Lei punirá qualquer discriminação atentatória dos direitos e liberdades fundamentais;
>
> LIII – ninguém será processado nem sentenciado senão pela autoridade competente;
>
> LIV – ninguém será privado da liberdade ou de seus bens sem o devido processo legal;

Salvo melhor juízo, a imposição do artigo 20 do CBJD de livre acesso sobre a propriedade alheia é vedada impreterivelmente, não tendo a Presente Portaria Ministerial competência constitucional e provimento judicial para ultrapassar aquele direito, inclusive quanto à liberdade dos bens de terceiros, o devido processo legal judicial, o direito a intimidade e a sua imagem, a interferência estatal, além de que as associações só poderão ser compulsoriamente dissolvidas ou ter suas atividades suspensas por decisão judicial.

Não pode uma Autoridade desportiva compelir uma Entidade Associativa, mais uma vez, com todo o respeito a posição de cada um, ultrapassar os mandamentos constitucionais, como por exemplo: ter livre acesso ao vestiário de uma Associação ou Sociedade desportiva, dado a inviolabilidade da propriedade e do sigilo de sua intimidade.

Quanto à reserva em assento reservado, deveria o Código, no mesmo artigo, explicitar de quem é a responsabilidade financeira, se das Federações Estaduais ou da Confederação Brasileira de Futebol, pois no regime de contenção de despesas que os clubes vêem se adaptando, não podem os mesmos serem onerados, seja a que título for.

3.6) Dos Defensores:

De acordo com o Art. 29 do Código qualquer pessoa maior e capaz poderá funcionar como defensor, observados os impedimentos legais. A declaração formalizada pela parte habilita o defensor a intervir no processo, até o final e em qualquer grau de jurisdição, podendo as entidades de administração do desporto e de prática desportiva credenciar defensores para atuar em seu favor, de seus dirigentes, atletas e outras pessoas que lhes forem subordinadas, salvo quando colidentes os interesses.

3.7) Da Suspensão Preventiva

Art. 35 Cabe suspensão preventiva quando a gravidade do ato ou fato infracional a justifique e desde que requerido pela Procuradoria. Deve ser esclarecido que, segundo o Código, para não mais gerar qualquer dúvida e até mesmo não mais dar margens a uma impugnação de partida, o prazo da suspensão preventiva deverá ser compensado no caso de punição.

3.8) Da Suspensão automática – Revogação da Portaria MEC 27/84

Trazemos ao conhecimento do leitor o texto integral da Portaria MEC. 27/84 que foi totalmente revogada pela nova Portaria do Ministério dos Esportes nº 17, de 27 de fevereiro de 2004, com objetivo de transferir o poder de decisão sobre a suspensão automática, para a Entidade de Administração. Desta forma, a partir daquela data, qualquer federação ou a CBF pode decidir em não mais haver suspensão automática por aplicação de cartão vermelho ou punição pelo recebimento do segundo (ou seja qual o número que o regulamento de cada entidade dimensionar) cartão amarelo.

Sobre esse tema, a CBF já expediu Ofício a todos os Clubes filiados, determinando o cumprimento de Ofício exarado pela FIFA, determinando que seja cumprido a suspensão automática, o que não pode levar a mesma a rever sua posição, além de serem as federações independentes e com regulamentos diferenciados.

Para aclarar mais o conhecimento de todos sobre a suspensão automática e derivações impostas pela Portaria, que, por decisão da FIFA, em janeiro de 2004, em processo administrativo apresentado pelo Fluminense Football Club, em face do Clube de Regatas do Flamengo e Clube de Regatas Vasco da Gama, foi determinado a entidade maior do esporte, CBF., que é obrigado o cumprimento da suspensão automática do Atleta expulso ou por aplicação de cartões amarelos.

DETERMINA A PORTARIA Nº 17, DE 27 DE FEVEREIRO DE 2004

O MINISTRO DE ESTADO DO ESPORTE, no uso de suas atribuições legais, acolhendo sugestão da Comissão de Estudos Jurídicos Desportivos, criada pela Portaria nº 164, de 17 de dezembro de 2003, atendendo aos termos da Nota nº 17/04 da Consultoria Jurídica e

Considerando que, a teor do Art. 217, I, da Constituição Federal, é de competência exclusiva de cada entidade de administração do desporto dispor sobre os efeitos desportivos decorrentes da aplicação de cartões amarelo e vermelho;

Considerando que, no disciplinamento de efeitos desportivos decorrentes da aplicação de cartões amarelo e vermelho, a Portaria MEC nº 27, de 27 de janeiro de 1984, de modo discriminatório, ficou adstrita à modalidade futebol;

Considerando, ainda, que os diplomas legais fundamentadores da Portaria MEC nº 27, de 27 de janeiro de 1984, em face da Constituição e da Lei nº 9.615, de 24 de março de 1998, estão de há muito derrogados;

Considerando ser peculiar às regras e normas do sistema desportivo nacional e internacional, o detalhamento sobre a arbitragem e orientação acerca de registro de ocorrências geradoras de punição e demais incidentes que possam implicar na disciplina competição e na condição de jogo do atleta punido;

Considerando, ademais, que a regulamentação da advertência e da expulsão do atleta durante a prática desportiva, mediante exteriorização plástica gestual do árbitro, indicativa de infração às regras em virtude de atitude desleal, inconveniente ou antidesportiva, não é da competência regulamentar do Poder Público, adstrito ao dever de fomentar práticas desportivas;

Considerando, finalmente, que a Portaria MEC nº 328/87, que deu nova redação aos artigos 1º, 6º, 8º, 9º e 21, da Portaria MEC nº 27/84, foi expressamente revogada pelo Art. 287 do Código Brasileiro de Justiça Desportiva, aprovado pela Resolução nº 1, do Conselho Nacional do Esporte, de 23 de dezembro de 2003, resolve:

Art. 1 – Declarar revogada, para todos os efeitos jurídicos e desportivos, a Portaria MEC nº 27, de 27 de janeiro de 1984, com as alterações da Portaria MEC nº 328/87.

Art. 2 – Esta Portaria entra em vigor na data de sua publicação.

AGNELO QUEIROZ
Ministro dos Esportes

AS REGRAS DO FUTEBOL, SEGUNDO A FIFA

ÍNDICE

1. REGRAS DO JOGO SEGUNDO A FIFA QUE INFLUENCIAM NO JULGAMENTO DOS TRIBUNAIS DESPORTIVO NO BRASIL:

Regra 3 – O Número de Jogadores

Jogadores

A partida será jogada por duas equipes formadas por um máximo de 11 (onze) jogadores cada uma, dos quais um jogará como goleiro. A partida não se iniciará se uma das equipes tiver menos de sete jogadores.

Competições oficiais

Poderão ser utilizados como máximo 3 (três) substitutos em qualquer partida de uma competição oficial jogada sob os auspícios da FIFA, das Confederações ou das Associações Nacionais.
O regulamento da competição deverá estipular quantos substitutos poderão ser designados, desde 3 (três) até um máximo de sete.

Outras partidas

Em outras partidas se poderão utilizar substitutos, sempre que:

- as equipes em questão cheguem a um acordo sobre o número máximo
- o árbitro tenha sido informado antes do início da partida.

Caso o árbitro não tenha sido informado, ou não se tenha chegado a um acordo antes do início da partida, não se permitirão mais de três substitutos.

Todas as partidas

Em todas as partidas, os nomes dos substitutos deverão ser entregues ao árbitro antes do início da partida. Os substitutos que não tenham sido designados desta maneira, não poderão participar da partida.

Procedimento de substituição

Para substituir-se a um jogador por um substituto deverão ser observadas as seguintes condições:

- o árbitro deverá ser informado da substituição proposta antes que esta seja efetuada

- o substituto não poderá entrar no campo de jogo até que o jogador o qual substituirá tenha abandonado o campo de jogo e recebido o sinal do árbitro
- o substituto entrará no campo de jogo unicamente pela linha central e durante uma interrupção do jogo
- uma substituição ficará consumada quando o substituto entra no campo de jogo
- a partir desse momento o substituto se converte em jogador, e o jogador ao qual substitui deixa de ser jogador
- um jogador que tenha sido substituído não poderá participar mais da partida
- todos os substitutos estão submetidos à autoridade e jurisdição do árbitro, sejam chamados ou não a participar do jogo

<u>Troca de Goleiro</u>

Qualquer dos jogadores poderá trocar de posição com o goleiro, sempre que:

- o árbitro tenha sido previamente informado
- a troca se efetue durante uma interrupção do jogo

Contravenções/Sanções

Se um substituto entra no campo de jogo sem a autorização do árbitro:

- o jogo será interrompido
- o substituto receberá como sanção o cartão amarelo e a ordem para que saia do campo de jogo
- o jogo se reiniciará mediante bola ao chão no mesmo lugar que se encontrava quando o jogo foi interrompido

<u>Troca de Goleiro</u>

Se um jogador trocar de posição com o goleiro sem a autorização prévia do árbitro:

- jogo continuará
- os jogadores em questão serão sancionados com o cartão amarelo imediatamente depois da próxima interrupção do jogo

Para qualquer outra infração à regra:

- os jogadores serão sancionados com o cartão amarelo

Se o árbitro interrompe o jogo para aplicar uma advertência:

- a partida será reiniciada por meio de um tiro livre indireto executado por um jogador da equipe contrária e do lugar onde a bola se encontrava no momento em que o jogo foi interrompido

Jogadores e Substitutos Expulsos

Um jogador expulso antes do tiro inicial somente poderá ser substituído por um dos substitutos designados.

Um substituto designado expulso antes do tiro inicial ou depois do começo da partida não poderá ser substituído.

<u>Decisão 1</u>

Sujeito às disposições básicas da Regra 3, o número mínimo de jogadores em uma equipe deixa-se a critério das Associações Nacionais. Não obstante, o Board estima que uma partida não deverá continuar se tiver menos de sete jogadores em uma das equipes.

Decisão 2

Um funcionário oficial da equipe poderá dar instruções táticas aos jogadores durante a partida e deverá voltar a seu lugar. Os funcionários oficiais deverão permanecer dentro dos limites da área técnica, nos estádios onde exista, e deverão comportar-se de forma correta.

Regra 5 – O Árbitro

A autoridade do Árbitro

Cada partida será controlada por um árbitro, que terá autoridade total para fazer cumprir as Regras de jogo na partida para a qual tenha sido designado.

Poderes e deveres

O Árbitro:

- fará cumprir as regras de jogo
- controlará a partida em cooperação com os Árbitros-Assistentes e, sempre que o caso o requeira, com o quarto árbitro
- se assegurará de que as bolas utilizadas correspondam às exigências da Regra 2
- se assegurará de que o equipamento dos jogadores cumpra as exigências da Regra 4
- atuará como cronometrista e tomará nota dos incidentes na partida
- interromperá, suspenderá ou finalizará a partida quando o julgue oportuno, no caso de que se cometam infrações às Regras de Jogo
- interromperá, suspenderá ou finalizará a partida por qualquer tipo de interferência externa
- interromperá o jogo se julga que algum jogador tenha sofrido uma lesão grave e se encarregará de que o mesmo seja transportado para fora do campo de jogo
- um jogador lesionado só poderá regressar ao campo de jogo depois que a partida tenha sido reiniciada
- permitirá que o jogo continue até que a bola esteja fora de jogo se julga que um jogador está só levemente contundido
- se assegurará de que todo jogador que sofra uma lesão com sangramento saia do campo de jogo
- O jogador só poderá regressar depois do sinal do árbitro, que se certificará de que a ferida tenha deixado de sangrar
- permitirá que o jogo continue se a equipe contra a qual se tenha cometido uma infração se beneficia de uma vantagem, e sancionará a infração cometida inicialmente se a vantagem prevista não se concretiza nesse momento

- castigará a falta mais grave quando um jogador comete mais de uma infração ao mesmo tempo
- tomará medidas disciplinares contra jogadores que cometam faltas merecedoras de advertência ou expulsão
- Não está obrigado a tomar as medidas imediatamente, porém deverá fazê-lo apenas logo que se detenha o jogo
- tomará medidas contra os funcionários oficiais das equipes que não se comportem de forma correta e poderá, se o julga necessário, expulsá-los do campo de jogo e de seus arredores
- atuará conforme as indicações de seus Árbitros-Assistentes em relação com incidentes que não tenha podido observar
- não permitirá que pessoas não-autorizadas entrem no terreno de jogo
- reiniciará o jogo após uma interrupção
- remeterá às autoridades competentes um informe da partida, com dados sobre todas as medidas disciplinares tomadas contra jogadores ou funcionários oficiais das equipes e sobre qualquer outro incidente que tenha ocorrido antes, durante e depois da partida

Decisões do Árbitro

As decisões do árbitro sobre fatos em relação com o jogo são definitivas. O árbitro poderá modificar sua decisão unicamente se dá conta de que é incorreta ou, se o julga necessário, conforme a uma indicação por parte de um árbitro assistente, sempre que não tenha reiniciado ainda o jogo.

DECISÃO 1

Um árbitro (ou no caso que proceda, um árbitro assistente ou um quarto árbitro) não será responsável de:

- Qualquer tipo de lesão que sofra um jogador, funcionário oficial ou espectador
- Qualquer dano a todo tipo de propriedade
- Qualquer outra perda sofrida por um indivíduo, clube, companhia, associação ou entidade similar, a qual se deva ou possa dever-se a alguma decisão que tenha podido tomar conforme as regras de jogo ou com respeito ao procedimento normal requerido para celebrar, julgar e controlar uma partida.

Entre tais situações podem compreender-se:

- uma decisão quanto as condições do campo de jogo, do recinto ou meteorológicas sejam tais que não permitam disputar o encontro
- uma decisão de suspender definitivamente uma partida por qualquer razão
- uma decisão no que diz respeito ao estado dos acessórios e equipamentos utilizados durante uma partida, incluindo as traves de meta, o travessão, as bandeirinhas de córner e a bola.
- uma decisão de suspender ou não suspender uma partida devido a interferência dos espectadores ou por qualquer problema na área dos espectadores
- uma decisão de interromper ou não o jogo para permitir que um jogador lesionado seja transportado para fora do campo de jogo para ser atendido
- uma decisão de solicitar ou insistir que um jogador lesionado seja retirado do

campo de jogo para ser atendido

- uma decisão de permitir ou não a um jogador levar certa indumentária ou equipamento
- uma decisão (na medida em que isto possa ser de sua responsabilidade) de permitir ou não a toda pessoa (incluindo os funcionários das equipes e do estádio, pessoal da segurança, fotógrafos ou outros representantes dos meios de informação) estar presente nos arredores do campo de jogo
- qualquer outra decisão que possa tomar conforme as regras de jogo ou em conformidade com seus deveres e de acordo com estipulado pelas normas ou regulamentos da FIFA, Confederação, Associação ou Liga sob cuja jurisdição se dispute a partida

DECISÃO 2

Em torneios ou competições em que tenha sido designado um quarto árbitro, as tarefas e os deveres deste deverão ser conforme as diretivas aprovadas pelo International F. A. Board.

DECISÃO 3

Os fatos relacionados com o jogo compreenderão se um gol tenha sido ou não consignado e o resultado da partida.

Regra 6 – Os Árbitros-Assistentes

Deveres

Serão designados 2 (dois) Árbitros-Assistentes que terão, sem prejuízo do que decida o árbitro, a missão de indicar:

- Se a bola tenha ultrapassado em sua totalidade os limites do campo de jogo
- A que equipe corresponde efetuar os tiros de canto, de meta ou o arremesso lateral
- Quando se deverá sancionar a um jogador por estar em posição de impedimento
- Quando se solicita uma substituição
- Quando ocorre alguma falta ou outro incidente fora do campo visual do árbitro
- Quando se cometem infrações mais próximas do assistente que do árbitro (em particular, quando ocorrem na área penal)
- Se, nos tiros penais, goleiro se adianta antes que se chute a bola e no caso que esta tenha cruzado a linha.

Assistência

Os Árbitros-Assistentes ajudarão igualmente o árbitro a dirigir a partida conforme as Regras. Em particular, poderão entrar no campo de jogo para ajudar a controlar que se respeite a distância de 9,15 metros.

Em caso de intervenção indevida ou conduta incorreta de um árbitro assistente, o árbitro prescindirá de seus serviços e elaborará um informe para as autoridades pertinentes.

Regra 12 – Faltas e Conduta Anti-esportiva

As faltas e conduta anti-esportiva serão sancionadas da seguinte maneira:

Tiro Livre Direto

Será concedido um tiro livre direto à equipe adversária se um jogador comete uma das seguintes seis (6) faltas de uma maneira que o árbitro considere imprudente, temerária ou com o uso de uma força excessiva:

- dar ou tentar dar um pontapé em um adversário
- dar ou tentar dar uma rasteira em um adversário
- saltar sobre um adversário
- trancar a um adversário
- agredir ou tentar agredir a um adversário
- empurrar a um adversário

Será concedido assim mesmo um tiro livre direto à equipe adversária se um jogador comete uma das seguintes 4 (quatro) faltas:

- dar um pontapé no adversário antes de tocar a bola
- agarrar a um adversário
- cuspir em um adversário
- tocar a bola com as mãos deliberadamente (exceto o goleiro dentro de sua própria área penal)

O tiro livre direto será lançado desde o lugar onde se cometeu a falta.

Tiro Penal

Será concedido um tiro penal se um jogador comete uma das dez (10) faltas mencionadas dentro de sua própria área penal, independentemente da posição da bola e sempre que a mesma esteja em jogo.

Será concedido assim mesmo um tiro livre indireto à equipe adversária se um jogador, na opinião do árbitro:

- joga de forma perigosa
- obstrui o avanço de um adversário
- impede que o goleiro possa jogar a bola com as mãos
- comete qualquer outra falta que não tenha sido anteriormente mencionada na Regra 12, pela qual o jogo seja interrompido para advertir ou expulsar a um jogador

O tiro livre indireto será lançado desde o lugar onde se cometeu a falta.

Tiro Livre Indireto

Será concedido um tiro livre indireto à equipe adversária se um goleiro comete uma das seguintes 4 (quatro) faltas dentro de sua própria área penal:

- tardar mais de 6 (seis) segundos em pôr a bola em jogo depois de havê-la controlado com suas mãos
- voltar a tocar a bola com as mãos depois de havê-la posto em jogo e sem que qualquer outro jogador a tenha tocado

- tocar a bola com as mãos depois que um jogador de sua equipe a tenha cedido com o pé
- tocar a bola com as mãos depois de tê-la recebido diretamente de um arremesso lateral lançado por um companheiro

Regra 12 – Sanções Disciplinares

Só se poderá mostrar cartão amarelo ou vermelho aos jogadores, substitutos ou jogadores substituídos.

Faltas puníveis com uma advertência

Um jogador será advertido e receberá o cartão amarelo se comete uma das seguintes 7 (sete) faltas:

1. for culpado de conduta anti-esportiva
2. desaprovar com palavras ou ações as decisões do árbitro
3. infringir persistentemente as regras de jogo
4. retardar o reinício do jogo
5. não respeitar a distância regulamentar em um tiro de canto ou tiro livre
6. entrar ou voltar a entrar no campo de jogo sem a permissão do árbitro
7. abandonar deliberadamente o campo de jogo sem a permissão do árbitro.

Faltas puníveis com uma expulsão

Um jogador será expulso e receberá o cartão vermelho se cometer uma das seguintes 7 (sete) faltas:

1. for culpado de jogo brusco grave
2. for culpado de conduta violenta
3. cuspir a um adversário ou em qualquer outra pessoa
4. impedir com mão intencional um gol ou frustrar uma oportunidade manifesta de gol (isso não vale para o goleiro dentro de sua própria área penal)
5. frustrar a oportunidade manifesta de gol de um adversário que se dirige até a meta do jogador mediante uma falta punível com tiro livre ou penal
6. empregar linguagem ou gesticular de maneira ofensiva, grosseira ou obscena;
7. receber uma segunda advertência na mesma partida.

O jogador expulso deverá abandonar os arredores do campo de jogo e a área técnica.

DECISÃO 1

Se um jogador comete uma falta punível com uma advertência ou uma expulsão, seja dentro ou fora de campo de jogo, contra um adversário, um companheiro, o árbitro, um árbitro assistente ou contra qualquer outra pessoa, será punido conforme a natureza da falta cometida.

DECISÃO 2

Se considerará que o goleiro controla a bola quando a toca com qualquer parte de suas mãos ou braços. A posse da bola incluirá assim mesmo a defesa intencional do goleiro, porém não inclui quando segundo o árbitro, a bola rebota acidentalmente no goleiro, por exemplo, depois de efetuar uma defesa.

DECISÃO 3

Em virtude do estipulado na Regra 12, um jogador poderá passar a bola ao seu goleiro utilizando sua cabeça, o peito, o joelho etc. Não obstante, se na opinião do árbitro um jogador emprega um truque deliberado para burlar a Regra, enquanto a bola está em jogo, o jogador será culpado de conduta anti-esportiva. Será advertido, receberá o cartão amarelo e será concedido um tiro livre indireto à equipe adversária desde o lugar onde se cometeu a falta.

Um jogador que empregue um truque para burlar a regra enquanto executa um tiro livre será punido por conduta anti-esportiva e receberá o cartão amarelo.

Se voltará a lançar o tiro livre.

Em tais circunstâncias, será irrelevante se o goleiro toca ou não posteriormente a bola com as mãos. A falta é cometida pelo jogador que tenta burlar tanto a letra como o espírito da Regra 12.

DECISÃO 4

Uma entrada (carrinho) por detrás que ponha em perigo a integridade física de um adversário deverá ser punida como jogo brusco grave.

DECISÃO 5

Toda simulação no campo de jogo que tenha por finalidade enganar o árbitro será punida como conduta anti-esportiva.

5. HISTÓRICO LEGISLATIVO

O primeiro diploma legal a tratar do atleta profissional de futebol foi o Decreto nº 53.820, de 24 de março de 1964, que instituiu, entre outros aspectos, a participação do atleta no preço cobrado pelo respectivo "passe", no montante de 15% sobre o valor total. Além disso, passou o atleta de futebol a ter direito a férias e a intervalo mínimo de 60 horas entre partidas.

Relativamente ao contrato de trabalho, estabeleceu o período de tempo mínimo de três meses e máximo de dois anos, para sua vigência. No respectivo instrumento, deveriam, ainda, constar cláusula de assistência médico-hospitalar obrigatória, além do direito do atleta a ausentar-se do trabalho para prestação de provas e exames, quando estudante.

Como requisitos essenciais para validade do contrato, o Art. 3, §1º, dispunha que o atleta deveria ser alfabetizado, estar em dia com o serviço militar e ter mais de 16 anos na data da celebração do contrato, devendo ser assistido pelo pai ou responsável, se menor de 21 anos.

Em seguida, veio a Lei nº 6.354/76, ainda em vigência, com algumas alterações provocadas pela Lei nº 8.672/93 e pela Lei nº 9.615/98 ("Lei Pelé").

A Lei nº 8.672, popularmente conhecida como "Lei Zico", foi publicada em 1993 e revogada expressamente, em sua totalidade, pelo Art. 96 da Lei nº 9.615/98 (Lei Pelé). É considerada por muitos como o embrião da Lei Pelé, por esta conter claramente dispositivos inspirados naquela Lei (3).

Pela primeira vez, regulou-se a situação de atletas convocados para seleções, quando, em seu Art. 21, §1°, previa que "a entidade convocadora indenizará a cedente dos encargos previstos no contrato de trabalho, pelo período em que durar a convocação do atleta".

Poderia, ainda, haver a inclusão de cláusula penal para descumprimento ou rompimento unilateral de contrato de trabalho (Art. 22, *caput*). Admitiu-se, de forma inédita até então, a aplicação da legislação trabalhista e de seguridade social ao atleta profissional, embora não fosse suficiente para convencer certos doutrinadores da desnecessidade de esgotar as instâncias da Justiça Desportiva, antes de recorrer à Justiça do Trabalho, ao contrário do que prevê o Art. 29 da Lei n° 6.354/76 (4).

Quanto à vigência do contrato, a Lei n° 8.672/93 ampliava o prazo previsto pelo Decreto n° 53.820/64 e recepcionado pela Lei n° 6.354/76: mínimo de 3 meses e máximo de 36 meses. Havia uma exceção, prevista no parágrafo único do Art. 23, contemplando a hipótese de celebração do primeiro contrato profissional, que poderia ter prazo máximo de 48 meses, se realizado junto a entidade de prática desportiva, na qual o atleta vinha exercendo a mesma atividade, nos últimos 24 meses.

5.1. Legislação Comparada e Internacional

O Estatuto dos Jogadores da FIFA, em vigor desde 1° de outubro de 1997 (Art. 45), traz disposições gerais a respeito do contrato de trabalho de atleta profissional de futebol, como a obrigatoriedade do contrato por escrito (Art. 5, 1), da estipulação do prazo (Art. 5, 2) e concede às associações nacionais de futebol o direito de estabelecer disposições adicionais. Prevê a suspensão de atleta profissional que firmar contratos de trabalho com duas associações desportivas distintas. Caso o jogador receba proposta de outro clube, este deverá comunicar imediatamente à entidade empregadora do atleta, sob pena de pagar uma multa mínima de 50.000 francos suíços (Art. 13, 2). Dispõe, ainda, sobre as indenizações de formação e de promoção, adotadas pelo legislador brasileiro.

Em Portugal, a minuciosa Lei n° 28/98, de 26 de julho, "estabelece um novo regime jurídico do contrato de trabalho do praticante desportivo e do contrato de formação desportiva e revoga o Decreto-Lei n° 305/95, de 18 de novembro", como informa a sua ementa. O Art. 2, "a", conceitua o contrato de trabalho desportivo como "aquele pelo qual o praticante desportivo se obriga, mediante retribuição, a prestar actividade desportiva a uma pessoa singular ou colectiva, que promova ou participe em actividades desportivas, sob a autoridade e direcção desta". Ademais, aborda a questão da capacidade, estabelecendo a idade mínima de 16 anos para firmar contrato (Art. 4, 1). A forma deverá ser sempre escrita, em duas vias, ficando cada contratante com um exemplar (Art. 5, 1). A exemplo da maioria dos países, estabelece duração mínima e máxima para o contrato de trabalho de atleta profissional, sendo a mínima de uma época, e a máxima de oito épocas (Art. 8, 1), entendendo-se "época" como a temporada desportiva, que nos países do centro-sul europeu vai, geralmente, de agosto de um ano a maio do ano seguinte. Legisla também a respeito da promessa de contrato de trabalho, do período de experiência, dos direitos, deveres e garantias das partes, retribuição, transferências, hipóteses de rescisão contratual e contrato de formação desportiva.

O Real Decreto 1006/85, de 26 de junho, regula as relações laborais dos desportistas profissionais que militam na Espanha. Um aspecto interessante é a ausência de estipulação de prazos mínimo e máximo para o contrato de trabalho, embora o Art. 6 preveja que o contrato deve necessariamente ser de prazo determinado. Assim, são possíveis situações como a do jogador brasileiro Denílson, que em 1998 transferiu-se ao Real Betis, da cidade de Sevilha (Espanha), e assinou contrato válido por 11 anos. Tal hipótese não seria possível em nosso país. A forma do contrato deverá ser escrita, em três vias (Art. 3). O Real Decreto 1006/85 também dá margem à estipulação de retribuição mediante "convenio colectivo" (Art. 8).

FONTES DE CONSULTA

CONSTITUIÇÃO FEDERAL;

ACQUAVIVA, Marcos Cláudio. *Dicionário Jurídico Brasileiro*. Acquaviva. Jurídica Brasileira, São Paulo. 1995, 7ª ed.

ADHEMAR FERREIRA MACIEL – *Devido Processo Legal*;

ADROALDO FURTADO FABRÍCIO – *Desembargador aposentado do TJRS*;

ÁNGELIS, Dante Barrios de. *Introducción al Estúdio del proceso*. Depalma, Buenos Aires: 1983.

ANTÔNIO CARLOS MARCATO – *Princípios Constitucionais*;

ARTURO HOYO – *Normas Processuais*;

ASSIS, Araken de. *Manual do Processo de Execução*. Revista dos Tribunais, São Paulo: 2000, 6ª ed.

BAPTISTA DA SILVA, Ovídio A. *Curso de Processo Civil – Processo de Conhecimento. Revista do Tribunais*. São Paulo, 2000, vol. 1, 5ª ed.

BARBOSA MOREIRA, José Carlos. *Comentários ao Código de Processo Civil*. Forense, Rio de Janeiro: 1998, 7ª ed.

BARROS, Alice Monteiro de. *O Atleta Profissional do Futebol em Face da "Lei Pelé" (nº 9.615, de 24.03.98)*, in Revista da Amatra VI, Recife, nº 9, Março de 2000, p. 28. Idem, ibidem, p. 28.

BARROSO, Carlos Eduardo Ferraz de Mattos, *Sinopses Jurídicas*, Teoria Geral do Processo e Processo de Conhecimento, Saraiva, São Paulo: 1997.

BARROSO, Carlos Eduardo Ferraz de Mattos. *Teoria Geral do Processo de Conhecimento*. Saraiva, São Paulo: 2000, 3ª ed.

BUENO, Cássio Scarpinella. *Execução Provisória e Antecipação da Tutela: Dinâmica do Efeito Suspensivo da Apelação e da Execução Provisória*. Saraiva, São Paulo: 1999.

BUZAID, Alfredo. *Do Mandado de Segurança*. Saraiva, São Paulo: 1989.

CALDAS, Gilberto. *A Técnica do Direito*. Leia Livros, São Paulo: 1984, 3ª ed.

CALDAS, Gilberto. *A Técnica do Direito*. Leia Livros. São Paulo, 1984, vol. 1.

CÂNDIA, Ralph, apud BARROS, Alice Monteiro de. Op. Cit., p. 28.

CASTRO, Amílcar de. *Comentários ao Código de Processo Civil*. RT, São Paulo: 1976, 2ª ed.

CASTRO, José Antonio de. *Execução no Código de Processo Civil*. Saraiva, São Paulo: 1983, 3ª ed.

CELSO ANTÔNIO BANDEIRA DE MELLO – *Princípios Gerais de Direito*;

CHIARLONI, Sérgio. *Prime Reflessioni Sui Calori Sottesi Allà Novella del Processo Civile.* RDP 46, Cedam, Pádua: 1991.

CINTRA, Antônio Carlos de Araújo, et alii. *Teoria Geral do Processo*, Malheiros, São Paulo, 1995, 9ª ed.

CLÓVIS BEVILACQUA – *Comentários ao Código Civil*;

CONFEDERAÇÃO BRASILEIRA DE FUTEBOL (CBF)

COUTURE. *Princípio da Igualdade, Processo Civil*;

COVIELLO – *Princípios Constitucionais*;

CURSO DE DIREITO CONSTITUCIONAL POSITIVO. José Afonso da Silva;

DANTAS, Francisco Wildo Lacerda. *Jurisdição, Ação (Defesa) e Processo.* Dialética, São Paulo: 1997.

DIAS, José de Aguiar. *Da Responsabilidade Civil.* Forense, Rio de Janeiro: 1983, 7ª ed.

DINAMARCO, Cândido Rangel. *Execução Civil.* Malheiros, São Paulo: 2000, 7ª ed.

DINIZ, Maria Helena. *Dicionário Jurídico.* V. 1. Saraiva. São Paulo, 1998.

DIREITO DESPORTIVO. Editora Mizuno

ENRICO TULLIO LIEBMAN – *Princípios Constitucionais*;

FURTADO, Paulo. *Execução.* Saraiva, São Paulo: 1991.

GERMANO, Heliana Lucena. *A Ação Declaratória Autônoma.* Curso Preparatório para concursos. São Paulo: 1997.

GOMES, Orlando. *Obrigações*, 6ª edição, Rio de Janeiro, Forense, 1981, p. 189.

GRANDE DICIONÁRIO JURÍDICO – RGFENIX

GRECCO FILHO, Vicente. *Direito Processual Civil Brasileiro.* Saraiva, São Paulo: 1997, 2º vol.

GRINOVER, Ada Pellegrini. *Ação Declaratória Incidental.* Revista dos Tribunais. São Paulo, 1972.

LEIBMAN, Enrico Tullio. *Eficacia ed autorià della sentenza.* Giufrè, Milão: 1962, reimpressão.

LIMA, Alcides Mendonça de. *Comentários ao Código de Processo Civil.* Forense, Rio de Janeiro: 1987, 5ª ed.

LOPES DA COSTA, Alfredo Araújo. *Da intervenção de terceiros no processo.* C. Teixeira, São Paulo: 1930.

LOPES, João Batista. *Ação Declaratória.* 3 ed. Revista do Tribunais. São Paulo, 1991.

LUCON, Paulo Henrique dos Santos. *Eficácia das Decisões e Execução Provisória*. Revista dos Tribunais, São Paulo: 2000.

LUIZ AIRTON DE CARVALHO – *Princípio do Devido Processo Legal*;

LUIZ GUILHERME MARINONI – *Princípios Constitucionais e Processuais*;

MEIRELLES, Hely Lopes – *Mandado de Segurança*;

CALMON DE PASSOS, J. J. – *Mandado de Segurança*;

MARCATO, Antônio Carlos. *Apontamentos de Direito Processual Civil*. Curso Preparatório para Concursos, São Paulo: 1997.

MARCATO, Antônio Carlos. *Roteiros de Estudo de Direito Processual Civil*. Curso Preparatório para Concursos, São Paulo: 1997.

MARINONI, Luiz Guilherme. *Tutela Antecipatória, Julgamento Antecipado e Execução Imediata da Sentença*. Revista dos Tribunais, São Paulo: 1999, 3ª ed.

MELO FILHO, Álvaro. *Lei Pelé: Comentários à Lei nº 9.615/98*, 1ª edição, Brasília, Brasília Jurídica, 1998, p. 103.

MILHOMES, Jônatas. *Manual de Prática Forense – Civil e Comercial*. José Confino. São Paulo, 1977.

MIRANDA, ERSIO – *Execução de Tutela Antecipada*;

MIRANDA, Francisco Cavalcanti Pontes de. *Tratado das Ações*. Bookseller, Campinas: 1999, tomo 1.

MIRANDA, Francisco Cavalcanti Pontes de. *Tratado das Ações*. Bookseller, Campinas: 1999, tomo 6.

MIRANDA, Francisco Cavalcanti Pontes de. *Tratado das Ações*. Revista dos Tribunais. São Paulo, 1974, tomo 3.

MONTELEONE, Girolamo. *Diritto Processuale Civile*. Cedam, Pádua: 1994/5.

MONTENEGRO, César. *Proponha uma Ação no Procedimento Ordinário*. São Paulo, 1980.

MOURA, Mário Aguiar. *O Processo de Execução*. Emma, Porto Alegre: 1975.

NELSON NERY JÚNIOR. *Princípios de Processo Civil na Constituição Federal*;

NERY Jr., Nelson. *Execução Provisória*. RT, São Paulo: 1980, RePro 18.

NERY JÚNIOR, Nelson. *Princípios Fundamentais: Teoria Geral dos Recursos*. 5ª. ed. Revista dos Tribunais. São Paulo, 2000.

NORMAS ORGÂNICAS DO FUTEBOL BRASILEIRO

ORIONE NETO, Luiz. *Liminares no Processo Civil e Legislação Processual Civil Extravagante*. LEJUS, São Paulo: 1999.

PAJARDI, Piero. *Procedura Civile*. Giufrè, Milão: 1989.

PASSOS, José Joaquim Calmon de. *Inovações no Código de Processo Civil*. Forense, Rio de Janeiro: 1995, 2ª ed.

PLÁCIDO E SILVA, *Vocábulos Jurídicos*;

PLÁCIDO E SILVA. *Comentários ao Código de Processo Civil*. Guairá, Curitiba: 1949, 3ª ed.

PONTES DE MIRANDA, Francisco Cavalcante. *Comentários ao Código de Processo Civil*. Forense, Rio de Janeiro: 1974, Vol. IX.

ROSENBERG – *Normas do Processo*;

SANTOS, Ernani Fidélis dos. *Manual de Direito Processual Civil*. Saraiva, São Paulo: 1985/9.

SILVA, Ovídio A. Batista da. *Curso de Processo Civil*. Revista dos Tribunais, São Paulo: 2000, 5ªed. rev. e atual.

SILVA, Ovídio Baptista da. *Do Processo Cautelar*. Forense, Rio de Janeiro: 20000, 5ª ed.

SILVA, Ovídio Baptista da. *Curso de Processo Civil*. RT, São Paulo: 1998, vol. III, 2ª ed.

THEODORO Jr., Humberto. *Processo Cautelar*. LEUD, São Paulo: 1999, 18ª ed. Curso de Direito Processual Civil. Forense, Rio de Janeiro: 1985.

SINOPSES JURÍDICAS, Coleção. Editora Saraiva

SÜSSEKIND, Arnaldo; MARANHÃO, Délio; VIANNA, Segadas. *Instituições de Direito do Trabalho*, vol. 1, 9ªed., Rio de Janeiro, Freitas Bastos, 1984, p. 533.

TUCCI e CRUZ E TUCCI – *Devido Processo Legal*;

WATANABE, Kazuo. Da Cognição no Processo Civil, Central de Publicações Jurídicas, São Paulo: 1999, 2ª ed. atual.

WATANABE, Kazuo. *Da Cognição no Processo Civil*. Central de Publicações Jurídicas: Centro Brasileiro de Estudos e Pesquisas Judiciais, São Paulo: 1999, 2ª ed.

Impresso nas oficinas da
SERMOGRAF - ARTES GRÁFICAS E EDITORA LTDA.
Rua São Sebastião, 199 - Petrópolis - RJ
Tel.: (24) 2237-3769